TODAS ESTAMOS
DESPIERTAS

*Testimonios de la
mujer nicaragüense de hoy...*

por

MARGARET RANDALL

siglo
veintiuno
editores

MÉXICO
ESPAÑA
ARGENTINA
COLOMBIA

siglo veintiuno editores, sa
CERRO DEL AGUA 248, MEXICO 20, D.F.

siglo veintiuno de españa editores, sa
C/PLAZA 5, MADRID 33, ESPAÑA

siglo veintiuno argentina editores, sa

siglo veintiuno de colombia, ltda
AV. 3a. 17-73 PRIMER PISO, BOGOTA, D.E. COLOMBIA

edición al cuidado de carmen valcarce
portada de anhelo hernández

primera edición, 1980
© siglo xxi editores, s. a.

ISBN 968-23-1011-3

ÍNDICE

Este libro es para las mujeres y los hombres que con sus vidas dinamitaron la vieja Nicaragua... y a los que con sus vidas construyen la patria nueva...

El trabajo de campo, previo al montaje de este libro, se llevó a cabo en el terreno del 1 de noviembre de 1979 al 31 de enero de 1980. Respondió a una invitación del Ministerio de Cultura nicaragüense, organismo que puso a mi disposición vivienda y comida, el uso de un jeep con chofer, ayuda secretarial y operativa. También conté con la estrecha colaboración de la Asociación de Mujeres Nicaragüenses "Luisa Amanda Espinosa", del Ministerio de Bienestar Social, y de incontables amigos sumamente generosos con sus ideas, solidaridad y prestaciones materiales.

En Nicaragua fue esencial la ayuda de Gloria Carrión, Lea Guido, Yvonne Siu, Doris Tijerino, Ricardo Wheelock, Gladys Zalaquette, Mónica Zalaquette y Daisy Zamora. Dieron su tiempo y esfuerzo en la ardua tarea de transcribir las entrevistas: Irene Barillas Montiel, Auxilio e Yves Chaix, César Delgado, Arturo J. Díaz Villanueva, Verónica Mercedes Gutiérrez, María Helena López Cerpas, Lesbia del Socorro Rodríguez Bojorge, Esperanza Román y Tacho Sánchez. Me brindaron una ayuda desinteresada y constante en la parte fotográfica el compañero Alfonso Zamora ("Zamorita") y sus hijos. No podría dejar de mencionar la ayuda imprescindible del compañero Jaime Carrero Zúñiga. En Cuba los compañeros Antonio Castro, Álex Fleites, Víctor Rodríguez Núñez, María Inés Ruz, Sandra Stevenson y Vladimir Zamora leyeron el manuscrito y aportaron una valiosa ayuda crítica y de corrección de estilo. El compañero Grandal ayudó en el laboratorio fotográfico. Tengo una deuda especial con el Frente Sandinista de Liberación Nacional (FSLN) que —desde mucho antes de la victoria— me ha permitido acercarme a la fuerza motriz de su pueblo heroico.

Realicé más de 80 entrevistas a compañeras de todas las edades, condiciones sociales e integra-

ción política, en todos los rincones del país. Tomé
aproximadamente 4 000 fotografías en blanco y negro, utilizando una Pentax K1000 con lentes de 17,
28, 35, 50 y 150 mm y película Kodak y Orwo. Em-
prendí la búsqueda de todos los materiales exis-
tentes tales como estudios e informes sobre distintos aspectos de la situación de la mujer en Nicaragua.

INTRODUCCIÓN

En la historia reciente de Nicaragua, la mujer ha tenido una participación cualitativa y cuantitativamente mayor que en otras luchas. Como señala la comandante Dora María Téllez,[1] "...si ahorita la participación de la mujer en el proceso revolucionario nicaragüense no tiene precedentes, seguramente en la próxima revolución —se dé donde se dé—, la mujer va a tener una participación aún mayor de la que tuvo aquí". Es el reconocimiento de una evolución ascendente y universal, en cuanto a la plena integración social del antaño considerado "sexo débil". Y estamos de acuerdo. Pero por lo extraordinario y aleccionador de su ejemplo, vale la pena detenernos en el caso de Nicaragua, situar a las mujeres nicaragüenses en su contexto social —pasado y presente—, seguir su historia de integración y —sobre todo— escuchar en sus propias voces su problemática, compromiso, decisión, entrega, abnegación, coraje, inventiva, brillantez e insuperable condición de combatiente.

I. EL MUNDO INDÍGENA

Por lo que toca a su vida y sus costumbres,
hombres y mujeres andan completamente
    desnudos.
Son de mediana estatura y de buenas
    proporciones.
Su carne tira a roja como el pelo de los leones,
y soy de opinión que si anduvieran vestidos
serían tan blancos como nosotros.

[1] Dora María Téllez, conocida también como la "Comandante Dos", la "Comandante Patricia" y la "Comandante Claudia", tiene 24 años. Integra la plana mayor del comando sandinista que tomó el Palacio Nacional en agosto de

Tienen sus pelos largos y negros,
especialmente las mujeres,
a las que sienta bien la larga y atezada cabellera.
No son muy hermosos sus semblantes
porque tienen las caras chatas o aplastadas
semejantes a las de los tártaros.
Son de extremo ligeros y veloces para correr
tanto los hombres como las mujeres.
Nadan maravillosamente en el agua, como peces,
y las mujeres mejor que los hombres.
Sus armas son arcos y saetas
que fabrican con mucha habilidad.
Carecen enteramente de hierro y otros metales
y arman sus saetas con dientes de bestias y de
     peces.
No tienen jefes ni capitanes de guerra
sino que andan sin orden, cada uno libremente.
Esta gente vive en libertad, no obedece a nadie
no tiene ley ni señor. No riñen entre sí.
En el modo de hablar parecen muy sencillos
pero en realidad son muy astutos y sagaces.
Hablan muy rara vez y en tono muy bajo
usando los mismos acentos que nosotros.
Las voces las forman entre los dientes y los
     labios;
y tienen vocablos distintos de los nuestros.
Su modo de comer es muy bárbaro
y no tienen horas determinadas para ello;
comen cuando tienen hambre, sea de día o de
     noche.
Para comer se sientan en el suelo;
y no usan manteles ni servilletas,
pues no tienen lienzo ni paño alguno.
Duermen en grandes redes colgadas en el aire.
Son muy aseados y limpios porque se bañan
     mucho.
Sus casas están construidas a manera de
     campañas.
Sus riquezas son plumas de aves de varios colores

1978, y entre sus muchas otras hazañas se incluye la de la
toma de León —segunda ciudad nicaragüense— en los días
finales de la guerra. Esta cita es de la entrevista que le hace
el periodista cubano Carlos Piñeiro Loredo para la revista
Bohemia, año 71, núm. 43, 26 de octubre de 1979, pp. 84-91.
En este libro se escucha su voz, entre otras, en el capítulo
"Las comandantes".

o cuentas que hacen de los huesos de los peces
o piedrecitas verdes y blancas.
Pero desprecian el oro y las piedras preciosas.[2]

Así tenemos, en palabras de sus conquistadores,
una descripción de los habitantes originales de Nicaragua. Aun cuando la perspectiva europea deja
mucho que desear en cuanto a una comprensión
real del indígena, de algo nos sirve para concebir
al hombre y a la mujer precolombinos, y a su
modo de relacionarse en el contexto que les rodea.

La indígena nicaragüense, según los relatos que
nos han llegado (desgraciadamente la mayoría sa-
lidos de la pluma del conquistador, y ninguno —que
se sepa— desde el punto de vista femenino), era
un ser tan hermoso como socialmente activo. Según Fernández de Oviedo en su *Historia general
y natural de las Indias,* las mujeres más hermosas
de las llamadas Indias eran las de Nicaragua. Laurette Séjourné hace la observación que "debía ser
principalmente su prestancia de soberanas lo que
las hacía superiores a las otras".[3] Y, ¿por qué
soberanas? Porque la mujer nicaragüense, desde
la época precolombina, muestra una postura de
dignidad poco común.

En primer término, su situación socioeconómica: "En Nicaragua eran los hombres los que se
ocupaban de la agricultura, de la pesca y del hogar; la mujer se consagraba al comercio".[4] Más
adelante, Séjourné consigna: "...el mercado es del
dominio de la mujer, quien no admite en él al
hombre más que si es extranjero. Los hombres
del lugar no pueden pararse en él, ni siquiera por
curiosidad, sin provocar un escándalo, recibir in-
sultos y hasta golpes".[5] Veremos, más adelante, la

[2] Ernesto Cardenal, "El estrecho dudoso", *Poesía,* La Habana, Casa de las Américas, 1979. pp. 127-128.
[3] Laurette Séjourné, *América Latina I. Antiguas culturas
precolombinas* (Historia Universal Siglo XXI, vol. 21), México, Siglo XXI Editores, 1979, 10ª ed., p. 148.
[4] Ídem, p. 131.
[5] Ídem, p. 137.

importancia hasta nuestros días de esta tradición
del manejo femenino de asuntos económicos.

De la base económica se deriva la superestruc-
tura, incluidas las costumbres. La nicaragüense de
antes de la conquista española tenía un dominio
sobre sí poco común, incluso en otras tierras americanas. (En este aspecto son similares a las tehua-
nas del Istmo de Tehuantepec, en México.) Séjourné nos dice que "La igualdad social de la mujer, la
total libertad del cuerpo de que goza, así como
la aceptación exacta de sus necesidades, parecen
patentes en ciertas licencias que la comunidad
concede también a las parejas, pues, a pesar de la
comprobación de una fidelidad total, las faltas a
la norma eran abiertamente toleradas".⁶ Comenta, además, que "no hay que decir que estas costumbres ponían fuera de sí a Oviedo: ...nunca
oí de otra cosa más donosa o viciosa e de bellaca
generación que la que estos indios hacen...".⁷
Ciertamente, esta libertad debía poner fuera de sí
a la casi totalidad de los cronistas: hombres todos, y la mayoría al servicio de la ideología de las
clases dominantes.

Nos es particularmente interesante la interpretación que Séjourné le da al concepto de la virginidad y el trato que ella recibe: "El papel desem-
peñado por la virginidad no es comprensible de
inmediato, pues aparece al mismo tiempo como requisito y como molestia. Una joven no virgen puede
ser repudiada después de la noche de bodas mientras que, en la mayor parte de los casos, parece
que los jóvenes prefieren a una joven ya iniciada.
Nos parece ver la razón de esta ambigüedad en
ciertas frases del mismo informante: ⁸ 'Es pre-
guntado al padre o madre de la novia... si viene
virgen; e si dicen que sí y el marido no la halla
tal, se la torna, y el marido queda libre y ella por
mala mujer conosida; pero si no es virgen y ellos

⁶ Ídem, p. 129.
⁷ Ídem, p. 129.
⁸ Francisco de Bobadilla.

son contentos, pasa el matrimonio, cuando antes de consumar la cópula avisaron que no era virgen, porque mucho hay que quieren más las corrompidas que no las vírgenes.' Se deduce de ahí que la causa del repudio sería la falta de rectitud; la falta moral no era la pérdida de la virginidad, sino la mentira." [9] Esto parecería confirmarse con el hecho de que sin lugar a dudas una de las características sobresalientes del pueblo nicaragüense de hoy es precisamente ésa: la honestidad, la rectitud, una actitud llana y directa hacia los hechos.

Séjourné ahonda aún más en este particular: "Varios indicios confirman esta hipótesis; para empezar, la actitud sana y responsable que queda manifiesta en el conjunto del comportamiento habitual. En sí mismo, que las vírgenes no fueran buscadas por el hecho de serlo, que lejos de ser una condición para el casamiento constituyera la virginidad únicamente un factor físico como otro cualquiera susceptible de atraer o de repeler, supone una libertad en la mujer tanto más verdadera que, a la vez que se daba a la joven la facultad de prostituirse antes de la boda sin que eso fuera motivo de escándalo, existía el voto de virginidad fuera de toda implicación religiosa. El hecho de que los cronistas (Gómara y Mártir) relaten varios casos de mujeres violadas, por venganza, por toda una tripulación de cristianos, pone en evidencia que el estado de virginidad era reconocido y respetado al mismo título que otros estados sociales... Además, la violación era castigada en Nicaragua con la reducción a esclavitud del culpable a beneficio de los padres de la víctima..." [10]

Pasando a un tema aparte aunque ligado al de la virginidad, esta antropóloga nos explica que la prostitución en Nicaragua "era considerado un trabajo tan respetable como cualquier otro; era corriente que una joven se ganara la vida con amantes de paso y acumulara así su dote. Los pa-

[9] Séjourné, *op. cit.*, p. 127.
[10] Ídem, pp. 127-128.

dres estaban no sólo de acuerdo sino que guar-
daban con ella un entendimiento perfecto: seguía
viviendo con ellos —su actividad se verificaba en
un lugar especial del mercado—, los sostenía en
caso de necesidad y cuando quería casarse su padre
le cedía una parcela de su terreno".[11]

Los cronistas más escandalizados afirman la aceptación social de esta práctica. Incluso anotan un
precio oficial que suponemos corresponde a una
visita: 10 granos de cacao.[12] El trato que recibían
estas mujeres de parte de sus compañeros varones, es descrito por Séjourné: "...los muchachos
del barrio la rodeaban, la querían, la acompañaban
a su trabajo o la iban a buscar... esos hombres, a
los que (Oviedo) no sabe dar otro nombre que el
de 'rufianes', no recibían dinero ni favores especiales".[13] No hay confusión posible entre ése y el
papel más "moderno" del proxeneta.

"Cuando la mujer anunciaba su deseo de casarse, sin revelar el nombre del elegido, pedía a los
galanes que le construyesen su casa... Ella no
señala al objeto de su amor sino al final del ban-
quete de bodas, después de excusarse de no poderse
multiplicar y quedarse con todos; palabras que no
tenían nada de convencional puesto que había siempre suicidios entre los que quedaban desechados"[14]
—continúa explicando la autora.

Aunque tenemos poca información, o por lo menos no la suficiente para poder llegar a conclusiones absolutas, parece razonable afirmar que la
estructura social de las antillas y de la América
al sur de México —incluida Nicaragua— era ma-
trilineal, y que la mujer tenía una serie de poderes
bastante amplios. Estar en contacto con la mujer
nicaragüense de hoy hace pensar en una historia
de fuerza, voluntad y un papel preponderante en
la sociedad.

[11] Ídem, pp. 128-129.
[12] Ídem, p. 129.
[13] Ídem, p. 129.
[14] Ídem, p. 129.

II. LA COLONIA

Cuando al principio del siglo XVI el dominio español se asienta en el continente americano, Nicaragua —como otras tierras— recoge las influencias
europeas que —mezclándose con sus rasgos indígenas— empiezan a forjar un conjunto humano
que perfila sus primeros contornos nacionales. Los
chibchas y los mayas tenían culturas altamente
desarrolladas, sobre todo estos últimos. Sus prácticas sociales, en muchos casos, manifestaron valores perdidos desde entonces y sólo hoy se acercan
al rescate de algunos de ellos nuevamente. Como
dice John Collier, "los indígenas fueron conquis-
tados porque no podían concebir el tipo de hombre
a que pertenecía el conquistador".[15]

Distintos textos nos dicen que —exceptuando casos aislados— las mujeres de la conquista llegaron
unos cien años después que los hombres. Naturalmente, los pioneros de esa aventura "en busca de
las Indias" fueron en su gran mayoría varones. Se
hacía necesario no sólo la dominación del indio
por el europeo sino también la dominación de la
india (o hembra, habitante de estas tierras equi-
vocadamente consideradas de "las Indias") por el
español. Este hecho establece una relación particular entre los sexos que marcará la naturaleza tanto
de la mujer como del hombre.

Las indias nicaragüenses, en determinado momento de la cruel conquista, se negaban a acos-
tarse con sus maridos para no parir hijos de
esclavos. Recordando este hecho, el comandante
Humberto Ortega añadió recientemente [16] que "en
momentos en que la victoria se acercaba, las mujeres querían parir más hijos para parir más combatientes..." Desde el período de la colonia, y
antes, la mujer ha puesto su condición reproduc-

[15] Idem, p. 150. John Collier, *Los indios de las Américas*, p. 97.
[16] Discurso pronunciado en la clausura del III Congreso
de la Federación de Mujeres Cubanas, La Habana, 8 de
marzo de 1980.

tora al servicio de la causa de la justicia social; y de esa justicia social aspira, también, alcanzar la real dimensión de su propia condición como ser humano.

Indudablemente, durante el período colonial la mujer se ve afectada por la necesidad de bregar a solas con dos categorías de hombres: el de su tierra, y el de afuera. Hasta ese hecho, probablemente, se remontan las raíces de la fuerza que la mujer centroamericana va a mostrar a lo largo de su historia.

No olvidemos tampoco que mientras el hombre se ocupaba de la agricultura, de la pesca y del hogar, la mujer llevaba el comercio: la economía, tanto del hogar como afuera de él. Lo que se puede ver como rasgo del grado de desarrollo de una sociedad —en los tiempos coloniales— podrá verse como señal de atraso cuatro siglos después. Más adelante veremos como el hecho de que la mujer sea eje económico de su casa —en el período del capitalismo dependiente— influye enormemente en su capacidad de tomar parte beligerante en la lucha.

III. LAS MUJERES EN EL EJÉRCITO DE SANDINO

Todos los textos nos refieren que la mujer tuvo participación activa en el Ejército de Hombres Libres, como se llamara el extraordinario conjunto de obreros y campesinos que derrotara al imperialismo norteamericano por primera vez en nuestro continente (1927-1934). No hay indicios de que la mujer haya sido organizada precisamente para combatir; es decir, no conocemos de la existencia de destacamentos de mujeres combatientes en esa guerra. Pero hay fotos que ofrecen testimonios de la mujer con el arma en la mano —Angelita Arauz— así como mujeres retratadas al lado de Sandino y su Estado Mayor.[17]

[17] Fotos históricas, entre las páginas 16 y 17, *Frente San-*

Sandino, en sus cartas e informes, le llama "Generala" a María de Altamirano, y habla con gran respeto de la esposa del general Pedro Altamirano que fue jefa de un campamento guerrillero en Las Segovias. La propia esposa de Sandino, Blanca Arauz, tuvo un papel destacado en la guerra. Era telegrafista cuando Sandino la conoció, y siguió desempeñando tareas de comunicación. Parece que Sandino tuvo más de una mujer, y tenemos el testimonio de la comandante Dora María Téllez, hablando de la tradición histórica de la participación de la mujer revolucionaria en su país: "...el caso de la compañera del general Sandino, Teresa Villatoro, que jefeaba una columna de aquella guerra; dicen que era una salvadoreña chaparrita, de carácter muy fuerte..."[18] Si era salvadoreña, no sólo era mujer sino internacionalista. Y si jefeaba una columna, es la referencia que más se acerca a la mujer combatiente.

En una entrevista con Augusto César Sandino, reproducida en el libro *Maldito país*,[19] el general habla específicamente de la participación de la mujer en la guerra:

También muchísimas mujeres de Nicaragua dieron su valiosa colaboración. De todas las clases sociales salieron grandes partidarias de la causa que sirvieron de muy diferentes maneras: Espionaje, correo, proselitaje y aun directamente en el ejército, en enfermería y menesteres domésticos. Muchas de esas mujeres que siguieron a diferentes columnas para dar sus servicios en cuanto fuera necesario, al igual que los soldados se jugaban la vida y muchas también murieron en esos servicios.

Los actos de heroísmo de las mujeres que colaboraron en el Ejército, no sólo son muchísimos, sino que

dinista diciembre victorioso, Comando Juan José Quezada, México, Diógenes, 1976.

[18] Entrevista con Dora María Téllez, *Bohemia*, op. cit., p. 85.

[19] José N. Román, *Maldito país*, Ediciones El Pez y la Serpiente, 1979. Reedición del original publicado en 1933, Río Coco (Bocay), Las Segovias, pp. 136-137.

además la mayoría requieren largas historias para explicar los sacrificios que sufrieron y los peligros que enfrentaron por amor a la Patria y todas, campesinas, maestras de escuela, enfermeras, amas de casa y aun Señoritas de sociedad, rindieron servicios sin los cuales nuestra guerra no habría sido posible. De todas estas mujeres y sus actos heroicos guardamos minucioso detalle en el Archivo. Por el momento debo al menos mencionar las siguientes:

Blanca Arauz de Sandino. No porque sea mi esposa, sino porque los servicios de enlaces confidenciales que nos prestó como telegrafista, son imponderables. Además, en la última etapa de la guerra sirvió como Secretaria Privada mía.

Señora Juana Cruz. Tenía una cantina en Jinotega y cambiaba licor por tiros con los guardias y obtenía informes confidenciales con los marinos, por medio de sus muchachas adiestradas. También fue una importante Directora de Correo y Espionaje en esa región. No sólo no se le pagaba por sus servicios, sino que ayudaba económicamente también.

Señora Tiburcia García Otero. Natural de Cua, donde poseía una hacienda grande que fue destruida, al igual que sus hijos y empleados, según ella misma contó, por los aviones y tropas de los marinos. La destrucción fue tan bárbara, que llegó hasta el punto de no dejar ni un perro vivo. Además, le envenenaron el pozo.

Desde entonces se volvió gran partidaria nuestra. Fue encarcelada y vapuleada en la penitenciaría de Managua por órdenes del propio Moncada, para que dijera lo que sabía sobre mí, pero esa mujer prefirió la tortura y la muerte si fuese necesario. No lograron sacarle nada, y muy enferma tuvieron que sacarla de la cárcel, lo que aprovechó para escaparse a Costa Rica. Luego, dando una gran vuelta por Honduras, volvió al ejército a servir de cocinera, enfermera y lavandera. Actualmente se encuentra atendiendo a mi esposa hasta después del parto, cuando regresará a rehabilitar su hacienda.

Si quisiera ahora enumerar los nombres y acciones de todas las mujeres que se sacrificaron por nuestra causa tomaría un espacio desproporcionado de este libro y del tiempo de que disponemos, pero los pocos casos aquí mencionados dan una idea de las grandes diferencias entre las personas que actuaron, sus motivaciones y las clases de servicios rendidos. Oportunamente me encargaré de una publicación especial para rendirles a estas mujeres el homenaje que merecen, pues sus nombres y sus hechos constituyen una verdadera gloria para Nicaragua y deben incorporarse a la Historia Patria, como en el caso de la Legión Latinoamericana.

Entre las entrevistas que hicimos en la Nicaragua de hoy, encontramos varias compañeras que recuerdan la lucha de Sandino, e incluso tuvieron participación en ella. En la Casa "Erlinda López", sede nacional de la Asociación de Mujeres Nicaragüenses "Luisa Amanda Espinosa", en Managua, hablamos con doña Nazaria. Tiene 61 años y sin embargo trabaja regularmente en el local. Cuenta:

"...Mi papá era mensajero del Ejército de Sandino, y nosotras las mujeres éramos las encargadas de alistar los abastecimientos. Ellos tenían sus campamentos: uno quedaba arriba de Achuapa, otro quedaba al occidente, que se llamaba El Jocote. Yo desde la edad de 14 años entré en colaboración con Augusto César Sandino, y allá miré muchas compañeras que también tenían participación. Me acuerdo de Paula Velásquez, caída en la comarca Los Llanitos...

"Había una crítica, pues, en la mayoría de la gente. No entendían bien la participación de la mujer, que puede ser igual a la del hombre. Que así como el hombre puede ser combatiente, también la mujer. Por eso la mujer que participaba tenía aun más valor. A veces nosotras mismas nos marginábamos. Decían que eso era andar en cosas incorrectas, que no le convenía a la mujer, que era una locura andar en medio de los ejércitos. ¿Dónde iba a poder combatir una mujer?, decía la gente, y ya ves: hasta hoy todavía hay quienes piensan así. Pero la juventud no. La juventud ya felicita a uno, pues, por participar igual que ella."

Cuando le preguntamos a esta compañera acerca de su vida personal, nos dice que tiene nueve hijos —"todos integrados a la lucha"— pero que

lleva 18 años separada de su esposo, "por razones
de machismo. Yo me puse a pensar, ¿por qué seguir al lado de un marido para ser esclava. Por
eso me aparté, hace 18 años ya..."

Doña Nazaria nunca tuvo escuela. No sabe leer
ni escribir, y cifra sus esperanzas en la cruzada de
alfabetización que tiene lugar mientras este libro
se escribe. A pesar de ello, su participación actual es total como lo fue también su integración
durante la guerra recién pasada. "Mi hogar sirvió
de casa de seguridad. Allí se reunían, se hacían
bombas. Yo también repartía propaganda, de casa
en casa; la metíamos bajo las puertas. Cada compañera cogía tres o cuatro calles, y teníamos
nuestras señas para cuando venían los BECATS [20] de
la dictadura. Esas cosas son las que yo hacía...

"Veo que la mujer tiene que dar gracias a Dios"
—termina diciendo doña Nazaria— "porque esta revolución ha traído la liberación de la mujer. Así
como la dictadura trajo su esclavitud: el guardia
iba de plaza en plaza —tres meses en cada plaza— y dejaba su desperdicio de mujeres abandonadas con su poco de hijos. Entonces la mujer
no buscaba hombre particular, solamente guardia
para casarse con él. Se casaban por lo civil, y
así: donde pasaba la Guardia, uno encontraba su
cantidad de mujeres abandonadas. ¡Ahora la Revolución trae también el final del machismo!"

Resulta particularmente interesante ver cómo
esta mujer de 61 años liga la liberación de su sexo
con la liberación nacional.

Doña María Lidia, Vda. de López, campesina
chinandegueña de 68 años, también puede recordar
sus tiempos con Sandino. Veterana de la guerra
de los años 30 y de la de ahora, cuenta sus experiencias en pura poesía:

"Voy a decirles: mi Segovia, aquellos pinares,
aquellas montañas fueron nuestros amigos, ¿ve?,
con Sandino. No hacíamos nada más que decir luz

<hr/>

[20] BECATS, vehículos de la policía en el régimen de Somoza.

y sombra, eso era, y más allá decíamos hermosa Nicaragua de tus lagos es el rumor, y tus hijos te llaman siempre. Siempre, siempre, serás libre, y tu bandera ha de flotar, Nicaragua. Decíamos aquí no hay jefes, aquí no tenemos generales, aquí somos soldados nicaragüenses contra los machos. Yo serví de correo, ¿ve?...

"Por las noches salíamos, que era lo más seguro. Salíamos en burrito o en bueyito, alumbrados, porque a veces se nos terminaban las lámparas pero dejábamos palos prendidos y agarrábamos aquellas guías de ocotes y seguíamos. La montaña era cruda, no como ahora, ya está despalada: era montaña cruda de aquellos años que a mediodía parecían las cuatro de la tarde...

"Los machos andaban aquí en sus chaquetas: una manta azul hermosísima M hermosísima P que decía *polisman* para que los respetara. Pero nosotros respetábamos el arma y a ellos no...

"Yo no he dejado de participar en ningún momento. Yo no me he separado. Estos hilos me siguieron hasta el final. Sigo adelante, los años los aparto porque tengo mi espíritu hinchado de amor por mi patria adorada...

"¿El 19 de julio?[21] Pues la noticia me la dieron en la noche que quería correr. ¡Las campanas a repicar de alegría, cuando los muchachos triunfaron! Me parecía un sueño, ahora no, pero entonces me parecía un sueño. Y queda mucho por hacer... queda mucho por hacer..."

Es interesante el uso de la palabra *macho* para referirse a los yanquis. Sin más elucubración que el comentario en sí, doña Lidia María le otorga una actitud machista —del macho— a los invasores de la patria. Y no sólo doña Lidia María. Así se hablaba en los tiempos de Sandino. En Nicaragua, los que luchan por la dignidad del pueblo han sido el Ejército de Hombres Libres —y las valientes mujeres de aquel ejército—, los sandi-

[21] El 19 de julio de 1979, triunfo del pueblo nicaragüense sobre la dictadura de Somoza.

nistas de hoy, seguidores de aquéllos, los "muchachos", los compañeros o *compas* —hombres y mujeres— y los comandantes guerrilleros entre los
cuales se cuentan tres compañeras.

IV. LAS "COMPAS" DE AHORA

Hablando de la integración de la mujer a las tareas revolucionarias en la etapa actual,[22] la comandante Dora María Téllez nos dice: "En la etapa
nuestra, la mujer campesina luchó a niveles tremendamente heroicos, a pesar de la represión.
Pero, sin embargo, en la ciudad esta participación
se hizo más difícil. Se interpretaba mal el hecho
de que una mujer se incorporase a la lucha política
(decían que eran prostitutas)... Más o menos en
1972 o 1973 se van incorporando ya en mayor número las mujeres de la ciudad: se crean organizaciones como la Asociación de Mujeres ante la
Problemática Nacional (AMPRONAC), que, es curio-
so, pegó a nivel popular e incluso a nivel de alta
burguesía: pegó en todos los sectores, porque era
una respuesta antisomocista, y dirigida por el movimiento revolucionario contra la dictadura."[23]

Evidentemente hay que profundizar mucho más
en el porqué de este logro, tanto a nivel de la
compañera individual como en el de la organización de masas de mujeres. Queremos saber cómo
la mujer comenzó a ver la necesidad de su inte-

[22] Por etapa actual, vamos a limitarnos a los años com-
prendidos entre 1960 y el presente, por el hecho de que
en 1960 empezó a formarse lo que hoy es el Frente Sandinista de Liberación Nacional (FSLN), vanguardia que condujo al pueblo nicaragüense a la victoria; y aunque hubo
intentos revolucionarios anteriores, en términos generales el
asesinato del general Sandino en 1934 fue el comienzo de
una larga noche de terror y silencio forzado, que viene
rompiéndose de forma masiva sólo con la creación del FSLN.

[23] Entrevista con Dora María Téllez, *Bohemia, op. cit.,*
p. 85.

Julia García

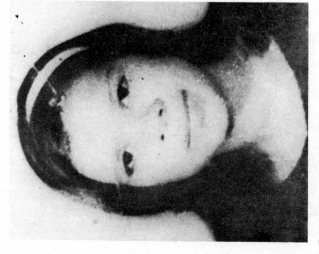

Luisa Amanda Espinosa

Doña Zulema [madre de Mónica Baltodano]

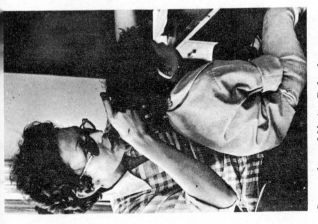

Comandante Mónica Baltodano

María Dora Téllez [madre de Dora María]

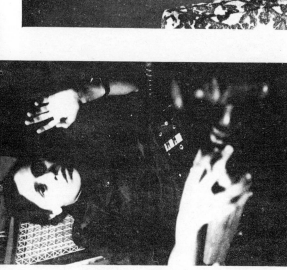

Comandante Dora María Téllez

Mujer campesina

En el centro, Ángela; justo a su derecha, Nila Mendiola

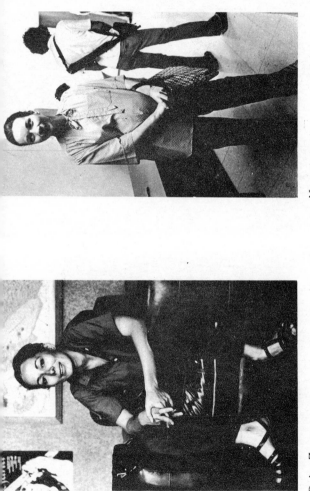

Nora Astorga

Daisy Zamora

Joven militar

Jóvenes de la Escuela Militar "Carlos Agüero"

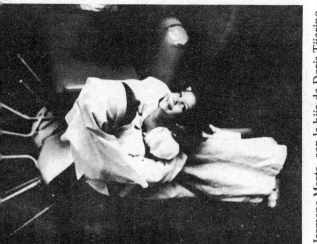

Hermana Marta, con la hija de Doris Tijerino,
Doris María

Hermana Marta

Dorothea Wilson, en la guerrilla

Dorothea Wilson, monja

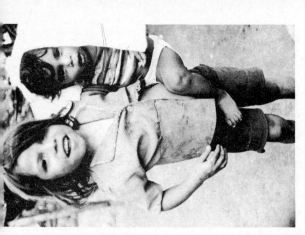

Así se empezaba a ser mujer en Nicaragua...

Gladys Báez

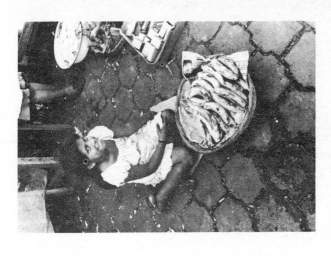

Joven soldado de Managua

Un contingente de mujeres de Masaya llega al primer encuentro nacional de la Asociación de Mujeres, Managua, diciembre de 1979

Barrio marginal de Managua

En la seca del café, entre Estelí y Managua

En el corte del café, cerca de Metepec

Mercado oriental, Managua

Presencia de la mujer que cayó en combate, Managua

Campesina en las Nuevas Segovias

Mujeres de Subtiava

gración en Nicaragua, cómo tomó una decisión
que iba a afectar su vida en todos los aspectos, y
cómo bregó con todos los obstáculos tradicionales
—la oposición de la familia, los prejuicios sociales
y culturales, el miedo, etc.— y la mecánica en sí
de esta integración en los distintos sectores. La
misma Dora María, cuando relata la toma de León,
ofrece el dato de que entre los 160 combatientes
regulares con quienes se contaba para la ofensiva, venían 60 mujeres.[24] Es un dato entregado con
la mayor naturalidad —como tantos otros, en la
heroica lucha nicaragüense— y será importante
aquí buscar tras la información las razones complejas por las cuales ha sido así.

Por su particular conformación de país contro-
lado por un poder imperialista, por el modo en
que el capitalismo dependiente se ha dado en Nicaragua, la mujer tiene cada vez más peso dentro
de la economía. Para comprender las características socioeconómicas del país, citaremos fragmentos
de las conclusiones del excelente trabajo *Imperialismo y dictadura*, del actual miembro de la Dirección Nacional del FSLN y Ministro de Reforma
Agraria nicaragüense, comandante Jaime Wheelock
Román: [25]

Antes de quedar insertada de modo definitivo al sistema capitalista mundial como una economía agroexportadora, Nicaragua se encontraba en una fase todavía mercantil caracterizada por el atraso, con fuertes
resabios de la dominación colonial española, teniendo
como base la ganadería señorial cerrada, y careciendo
de un mercado interior propiamente tal, si se atiende
al predominio de la economía de autoconsumo de la
que dependía la gran mayoría de la población.
Al quedar insertada al mercado mundial, se crean
condiciones para que Nicaragua entre en una fase de
desarrollo capitalista, cuyo carácter más esencial será
la dependencia y la naturaleza agrícola atrasada. La
economía nicaragüense dependerá primero de Ingla-

[24] Ídem, p. 85.
[25] Jaime Wheelock Román, *Imperialismo y dictadura*, México, Siglo XXI, 1975, pp. 183-187.

terra y más tarde, de modo prácticamente total, de
los Estados Unidos. El interés estratégico del territorio,[26] para los fines geopolíticos de las potencias
coloniales, es un factor sustancial para explicar la
subordinación del país; junto a ello debe destacarse
la dependencia de la economía nicaragüense, exporta-
dora masiva de materias primas de origen primario,
especialmente café, cuyo proceso económico se cumple
—salvo cultivarlo— en el exterior: transformación,
distribución, consumo.

A medida que se inserta en el esquema de división
internacional capitalista del trabajo, Nicaragua acentúa sus rasgos subdesarrollados...

La sociedad nicaragüense, con una dictadura repre-
siva ocupando la cúspide del poder local, contraída
económicamente por los efectos de la depresión mundial de los años 30, dependiendo en gran parte de
las exportaciones de oro (1933-45), queda subyugada
en una situación de aguda dependencia del imperialismo norteamericano...

La demagogia imperialista, incapaz de dar una mínima respuesta a los problemas económicos y sociales, deja como resultado un cuantioso endeudamiento
por parte de los países de América Latina y acentúa
los lazos de dependencia respecto al imperialismo
norteamericano. En Nicaragua la Alianza para el Pro-
greso fracasó rotundamente en su intento de frenar
el avance del movimiento revolucionario. A partir de
1967, el imperialismo, dejando a un lado la fachada
"reformista", recurre nuevamente a la estrategia abiertamente contrarrevolucionaria y la represión generalizada, en un intento por detener la presión popular: es impuesto en la Presidencia de Nicaragua un
nuevo agente de la dinastía, Anastasio Somoza Debayle...

Esta deformación de la economía, en beneficio no
de la población del país, sino del gobierno extranjero que lo domina, trae como consecuencia todos
los males conocidos como resultado de dicha situación: un alto índice de desempleo y de analfabe-
tismo y un sistema educacional inadecuado a las
necesidades del pueblo, una casi total carencia de

[26] Por la posibilidad de construir un canal interoceáni-
co. [M.R.]

atención médica, sobre todo en las áreas rurales, enfermedades curables a nivel de epidemias y muchos otros males.

Para dar una idea algo más específica, ofrecemos algunas estadísticas.[27] En las ciudades nicaragüenses, según datos de 1969 de la OIT, el promedio calórico diario es de 1 843. En el campo este promedio baja a 1 623. Un 25% de la población total del país padece el bocio endémico. La ceguera nocturna y demencia colectiva son males que sufren pueblos enteros en el norte. La mitad de las defunciones afectan a menores de 14 años, y la misma fuente señala que un 60% de los fallecidos no tuvieron nunca una posibilidad de que le atendiera un médico. La mortalidad infantil de Nicaragua es una de las más altas del continente: 130 por 1 000 nacidos vivos.

En la educación, el panorama es igualmente deprimente. El 70% de la población es analfabeta —o lo era, antes de la cruzada que se lleva a cabo en los momentos de escribir este libro— y esta cifra subía al 86.2% para las áreas rurales. La mujer en el campo alcanzaba el nada envidiable índice del 93%. Según la CEPAL, sólo un 5% de la población joven alcanza a superar el sexto grado, y la universidad es accesible apenas para el 0.3% de los nicaragüenses.

En la capital, Managua —una ciudad de aproximadamente 450 000 habitantes—, el 87% de la población carece de algunos de los servicios básicos comunes a los centros poblacionales de tipo medio: agua, luz, drenaje y alcantarillado, pavimentación, servicios higiénicos, etc. Sólo el 20% puede disfrutar de agua corriente. En las demás ciudades del país, por supuesto, la situación es mucho peor, y en el campo hay ausencia absoluta de servicios básicos. En Nicaragua, mientras una sola familia —los Somoza— se convertía en una de las más ricas del mundo, el pueblo se veía cada día más

---

[27] Tomadas del libro *Frente Sandinista diciembre victorioso*, *op. cit.*

empobrecido. Hasta que ese pueblo decidió labrarse
el futuro con sus manos, y —al precio de 50 000
vidas— derrocó a la dictadura dinástica para comenzar la construcción de una sociedad que le
beneficiará realmente.

Toda esta situación socioeconómica afecta a la
mujer aun más que al hombre. Cuando el hombre
no encuentra trabajo, o es despedido del subem-
pleo que tiene, a menudo se pierde en la desespe-
ranza y el alcoholismo. Abandona a mujer e hijos.
La sociedad "lo ha tragado". Pero, ¿qué hace
entonces la mujer? A todo costo va a tratar de
bregar con el problema de la subsistencia. Morirá
ella antes de ver a sus hijos perecer de hambre. Hará
cualquier cosa —las opciones incluyen poco más
que el servicio doméstico o la venta ambulante
de comida y objetos de escaso valor material. A
veces llega a la dolorosa necesidad de prostituirse
antes de huir de su responsabilidad con los seres
que ha traído al mundo.

Esta realidad ha producido un cuadro en el cual
el índice de la incorporación femenina al trabajo
asalariado sea sumamente alto. De una participación laboral femenina del 14% en 1950, sube al
21.9% en 1970, y sigue en incremento hasta registrar el 28.6% en 1977.[28] Éstas son cifras extraordinariamente altas para América Latina, e incluso
en el mundo "desarrollado", en lo que se refiere a
la incorporación numérica, sorprenden a primera
vista.

Igualmente inusitados resultan los datos relati-
vos al número medio de años de actividad de la
fuerza de trabajo femenina. En 1960 Nicaragua
mostraba un índice de 11.4 años, equivalente a
los indicadores obtenidos en ese mismo año por
Argentina, y sólo superado en todo el continente
por Uruguay y Panamá —países, todos, con mayor

[28] Antonio Ybarra Rojas, "La estructura ocupacional de la
fuerza de trabajo femenina en Nicaragua, 1950-1977", Banco
Central de Nicaragua, Departamento de Estudios Económicos, División de Estudios Sociales e Infraestructura, 23 de
julio de 1978.

industrialización que el que nos concierne. Además, si nos limitamos a la incorporación de la
mujer al área laboral en los centros urbanos, Nicaragua muestra índices aún más notables. Mientras el promedio de América Latina, como continente, arroja índices menores de los citados para
los países industrializados capitalistas y socialistas,
Nicaragua —dentro del cuadro latinoamericano—
mantiene índices extraordinariamente altos, incluso
comparables con algunos de los referidos países
industrializados.

Además, y es importante tenerlo en cuenta, la
estadística en estos casos muestra una realidad
parcial. La mujer tiene una actividad económica
en muchos renglones no señalada adecuadamen-
te en la estadística vigente. El servicio doméstico
a menudo cae afuera de los censos. Ciertos trabajos en el campo tampoco son fáciles de censar. Y
la prostitución, por supuesto, es raramente tabu-
lada. Por todo lo cual los indicadores pueden tomarse únicamente como indicios de una situación
aun más extrema.

La altísima participación revolucionaria que
muestra la mujer nicaragüense tiene mucho que
ver con su notable participación económica. Su
injerencia en la vida económica del país —desde
la época precolombina hasta el presente— la sitúa
fuera de los límites estrechos del hogar. Aun cuando la tradición (española, católica) le designa un
lugar hogareño, pasivo, de dependencia y "decoro",
la realidad que la rodea le ha exigido otra respuesta. La historia le ha empujado a una toma de
posiciones y decisiones que —partiendo de lo económico— ha ampliado su participación social y
política.

En este libro —en los testimonios aquí inclui-
dos— el lector encontrará un reconocimiento de
las opciones históricas y una decisión de lucha
que provocaron nuevos niveles de audacia y va-
lentía masivos. Las mismas palabras de las compañeras evidencian horizontes más amplios en cuanto al desarrollo de cualidades tradicionalmente

vistas como "propiedad del sexo masculino": tales como el ejercicio de la razón, la capacidad táctica y estratégica, el don de liderazgo y las artes militares y políticas.

Algunas de las mujeres que aquí hablan muestran una conciencia explícita de los cambios que se han operado en sus vidas. Otras carecerán, quizás, de la posibilidad de verbalizar estos cambios, pero en el simple relato de actitudes y acciones, transmitirán posiciones ideológicas y planteamientos teóricos. Nos interesa, naturalmente, el caso particular; pero nos interesa más la tendencia general. Lo que las exigencias históricas han significado y significan para las mujeres nicaragüenses en su conjunto.

Y las curvas son complejas, lógicamente. La liberación —de un pueblo y también de un sector de ese pueblo— nunca es cuestión de una línea ascendente sin reveses temporales, ascensos y períodos de aparente estancamiento o reflujo. Hay épocas de crisis en los que el ser humano es capaz de proezas y hazañas extraordinarias. Y hay épocas de receso en que la vanguardia tiene que proteger celosamente los logros alcanzados y ahondar en el terreno ideológico para no perder el terreno ganado.

Socorro Sirias es una compañera joven que en un momento dado tuvo que asumir la responsabilidad político-militar del departamento aguerrido de Estelí. Es alta y llena de cuerpo. Cuando la conocí ya tenía varios meses del embarazo de su segundo hijo. La primera —una niña que pronto cumpliría el año— había nacido en los momentos más difíciles de la guerra. Socorro —o La China, como le dicen sus allegados— profundizó en la situación de la mujer combatiente, y las actitudes mostradas hacia ella, cuando nos habló de sus experiencias durante la retirada táctica después de la primera insurrección en Estelí:

"Ya estaba embarazada, y mi esposo estaba preso. Con el repliegue salí para el monte con mis compañeros: caminamos como 14 horas, me acuer-

do —yo pensé que iba a abortar en el camino,
pero dichosamente no— y tuve que quedarme una
semana en el monte. Yo iba de responsable de
unas 40 personas, y no era fácil por muchas razones: por mi estado y porque íbamos con compañeros heridos, incluso heridos que se movilizaban
en camilla. Además llevábamos una serie de gente
que no era militante, que había tomado las armas
a última hora, y ante la realidad del repliegue,
pues, se atemorizaron. Allí entre esa gente es donde
más problemas de machismo podés encontrar.

"Hubo los que iban rapidísimo. No comprendían
que teníamos heridos, que los iban mojando, golpeando... Yo me enojé a tal grado que estuve a
punto de darles un balazo en una pierna; lograr
un poco de disciplina aunque cargáramos con
otro herido más. En un momento dado cruzamos
un río y yo les tuve que decir: 'Compañeros, cuando se pasa un río hay que hacerlo de uno en uno,
porque la Guardia puede estar emboscada.' Y todo
el mundo pasaba en aquel molote horrible...

"Lo duro en esa situación, como te digo, fue
que hubo hombres que no eran militantes y que
no tenían la costumbre de reconocer la autoridad
tanto del hombre como de la mujer. Porque yo te
puedo decir que entre los militantes podría haber
sus casos de los que no les parecía mucho tener
una mujer como responsable, pero ya eran excepciones. El militante ya había superado esos prejuicios dentro de la Organización. Pero cuando uno
tenía que cargar con gente que no tenía una militancia, que no había crecido en ese sentido, era
más difícil. De todos modos, con esas dificultades,
logré imponer mi autoridad. Y logramos retirarnos a zonas semiseguras, zonas montañosas donde
la red de colaboradores podía sacarnos para lugares mejores. Fue entonces que yo pude salir
para Matagalpa..."

Doris Tijerino, una de las primeras mujeres incorporadas al FSLN y actualmente su responsable
de Relaciones Internacionales, habla de los intentos iniciales de organizar políticamente a la mu-

jer: "...En el libro [29] se señalan dos intentos concretos de organizar a las mujeres. Uno en la primera parte de los años 60, y el otro en 1967. Me refiero a la primera organización de Mujeres Democráticas —que quisimos organizar apoyándonos en las compañeras de la Juventud Socialista— y a la Alianza Patriótica Nicaragüense que ya fue un esfuerzo concreto del Frente Sandinista. Ambos intentos fracasaron. No es hasta la organización de AMPRONAC, realmente, que se logra agrupar efectivamente a las compañeras.

"Yo he pensado mucho en esta problemática —continúa Doris—, y quise comprender por qué la experiencia de AMPRONAC logró un desarrollo y las otras experiencias abortaron. Y he llegado a la conclusión de que los primeros dos intentos se llevaron a cabo a partir de posiciones meramente partidarias. Creo que ése fue el principal obstáculo: pretendíamos crear una organización de mujeres que correspondiera a la organización política que la promovía. Indudablemente eso implicaba crear una organización de élite dentro de la masa femenina. Mujeres dentro de la vanguardia —en esos años— fueron pocas, y el desarrollo del mismo movimiento revolucionario tampoco llegaba a tanto todavía.

"La experiencia de AMPRONAC fue totalmente distinta. Las compañeras lograron resolver el problema llevando a la organización femenina a todas las mujeres que estuvieron dispuestas a participar en un movimiento de masas antisomocista, sin ser exigente en la selección de las mismas. Fíjate que en un primer momento las filas de AMPRONAC estaban integradas básicamente por mujeres provenientes de la pequeña burguesía, de la intelectualidad, mujeres profesionales, y recuerdo que yo personalmente tuve inquietudes en cuanto a la

[29] Margaret Randall, *Somos millones: la vida de Doris María, combatiente nicaragüense,* México, Extemporáneos, 1977. Edición en inglés: *Inside the Nicaraguan revolution: Doris Tijerino,* Vancouver, B. C. Canadá, New Star Books, 1978.

capacidad de la Organización de evitar el rumbo del feminismo burgués. Pero las compañeras que tuvieron a su cargo la creación y desarrollo del trabajo —compañeras sandinistas— emplearon una mecánica de trabajo muy ágil. Aseguraron que el trabajo que realizaban las compañeras no se saliera del marco de posibilidades de la masa femenina. Discutían los problemas no sólo de la mujer en la sociedad, sino los problemas de la sociedad en sí, los problemas de los nicaragüenses y dentro de ello las posibilidades de su participación como mujeres.

"Discutían todo esto en pequeños grupos, llevaban a plenarias las ideas y las volvían a la base, de tal manera que cada una de las mujeres que participaba, indistintamente del nivel de desarrollo político e ideológico que tuviera, podría tomar sus determinaciones —es decir, sus posiciones— sobre la base de una aceptación masiva, de una compenetración masiva y no de una comprensión que quedara en los niveles dirigentes. Creo que esa metodología fue fundamental."

En el capítulo sobre la historia de AMPRONAC y su devenimiento en la Asociación de Mujeres Nicaragüenses "Luisa Amanda Espinosa" —actual organización de masas de la mujer en el país— se profundiza más en lo que ha sido la trayectoria del movimiento femenino en los años recientes.

En Nicaragua hay una masa femenina jugando un papel determinante de la vida económica, política y social del país. Tenemos, además, ejemplos específicos de compañeras que ocupan lugares importantes en la dirección del gobierno, del Frente Sandinista y de la administración de planes agrícolas e industriales. El capítulo "Las comandantes" entrega el testimonio de las tres mujeres que han alcanzado ese alto grado militar. Pero la mujer nicaragüense, en la lucha y en la victoria, quizás se destaque aún más en el área política. La enorme mayoría de los puestos de organización en las juntas locales de gobierno departamentales son desempeñados por mujeres. Los comités del FSLN en cada departamento tienen una mayoría de mujeres en los frentes ideológicos. Y el 93% de los instructores políticos dentro de la Escuela Militar "Carlos Agüero" —escuela superior del Ejército Popular Sandinista— son compañeras.

Su alto sentido de responsabilidad por los hijos condujo a la mujer, en muchos casos, a una entrega política. La Revolución sandinista ha sido eminentemente una revolución de jóvenes. La juventud se lanzó primero a crear el movimiento capaz de derrocar al tirano. Muchas mujeres se involucraron apoyando a sus hijos. Muchas madres dieron sus primeros pasos para apoyar a sus hijos presos. Y hubo muchas madres, que a pesar de haber perdido el propio hijo, seguían trabajando por todos los hijos de la patria. En el capítulo "Las madres y las hijas" se examina este fenómeno y, en realidad, a través de todo el libro se siente la dinámica de las madres siguiendo los pasos de los hijos. Existe en Nicaragua una especie de dinámica generacional al revés: en que los jóvenes pasan sus valores y aspiraciones a sus padres.

Pero esta influencia es algo que se palpa mucho más entre las madres que entre los padres. Los jóvenes se integraron masivamente, independiente del sexo. Pero entre las personas mayores de 30, 35 años, la participación femenina supera ampliamente la del hombre. Esto también se profundiza más en el texto que sigue.

Por la misma visión tradicionalista que tenía el viejo régimen acerca del papel de la mujer en la sociedad, las compañeras pudieron llevar a cabo tareas excepcionales bajo la misma mirada de los aparatos represivos. Y la mujer, consciente de este uso de su condición femenina, aprovechó al máximo la posibilidad.

A veces la sensibilidad y solidaridad entre compañeras llegaban a extremos conmovedores. En este sentido hay una experiencia que nos confió Doris Tijerino, que vale la pena transmitir: Doris fue capturada por última vez en abril de 1978. Sufría cárcel en el momento en que su compañero

cayó. La noticia la recibió por medio de un pequeño radio clandestino, que tenía en su celda. Cuenta: "...estaba oyendo las noticias de la noche y
hubo algo que me hizo mantener abierto el radio
aun hasta después de que dieron el resumen. Habitualmente nosotros no escuchábamos el resumen,
para economizar las pilas, pero esa noche me hizo
mantener el aparato prendido. Y entonces vino el
flash.

"En ese momento se me ocurrió preguntarle a
una compañera que nosotros admirábamos mucho
—Rosa Argentina Ortiz, una compañera guerrillera— si estaba despierta. Sabía que ella también
tenía un radio. Me contestó: 'Sí, hermana, estoy
despierta.' Con eso me di cuenta de que ella sabía
la noticia. Entonces otra compañera, Margine Gutiérrez, me contestó de una celda más lejos: 'Todas
estamos despiertas.' De esa manera supe que todas sabían ya la información, que ya se había
pasado la voz por la galería. Esa simple frase de
TODAS ESTAMOS DESPIERTAS fue, digamos, en el plano
individual, el apoyo más fuerte que yo recibí..."

Posiblemente lo más impresionante de este nuevo despertar femenino sea la toma de conciencia
por parte de la mujer de sus propias capacidades
y posibilidades de proyección futura. Quisiera finalizar esta nota introductoria con dos textos en
los cuales esta conciencia se destaca, en contextos
muy distintos.

El primero es un pequeño trabajo escrito especialmente para este libro por Lea Guido, militante
sandinista y ministra de Bienestar Social en el
nuevo Gobierno de Reconstrucción Nacional. Lea
y yo tuvimos varias conversaciones durante el período del trabajo preliminar del libro, y de hecho
hay testimonio suyo en el capítulo sobre la historia del movimiento femenino. Pero un día me
dijo: "Sabés, me gustaría escribirte algo para el
libro." Unos días después, me entregó lo siguiente:

Al pensar en mis 32 años de vida.
  De todo lo hecho y por hacer.

Me digo que lo mejor que he hecho es el aspirar a ser un militante revolucionario. La militancia revolucionaria es la realización más plena para el ser humano. Ella contiene en esencia de la práctica cotidiana la construcción concreta del hombre y la mujer nueva, es la superación individual a través del esfuerzo colectivo.

Como militante mujer, creo que es la vía por la cual la mujer puede luchar en una forma consistente por la construcción de la sociedad nueva, y que en ese proceso de lucha conjuntamente con el hombre podremos ir destruyendo las cadenas que nos oprimen.

La práctica, la actividad militante nos da a la mujer la real y total dimensión del problema de nuestra opresión, sus raíces económicas, las limitaciones sociales y las justificaciones ideológicas de ésta.

Eso nos hace entender y comprender que la liberación de nosotras las mujeres no puede ser obra única de nosotras mismas, sino que debe ser en la militancia común de hombre y mujer donde nosotras tenemos un papel importante a jugar como punta de lanza, tomando conciencia de nuestra condición ubicándola y luchando para cambiarla.

Nuestra Revolución representa al igual que otras experiencias, no sólo la victoria de nuestro pueblo, sino la victoria de todos los pueblos oprimidos en un pedacito geográfico.

Creo, por eso, que la participación que logró y debe mantener la mujer en Nicaragua representa también una victoria de otras compañeras mujeres y de ahí el compromiso con nosotras mismas y la deuda histórica con otras mujeres del mundo para seguir adelante con la construcción de la mujer y el hombre nuevo por lo que todos los pueblos oprimidos luchamos.

Nos toca hacer que la participación que hemos logrado se mantenga y acreciente. El FSLN impulsa y orienta en ese sentido. Hay leyes decretadas por el Gobierno Revolucionario sobre la igualdad de la mujer. Nos toca hacer que esas leyes tomen cuerpo y vitalidad a través de la organización y militancia activa de todas nosotras.

El otro texto es una carta de la combatiente Idania Fernández —seudónimo "Ángela"—, caída en León el 16 de abril de 1979, a la edad de 24 años. Apenas un mes antes de su muerte, había escrito estas líneas a su pequeña hija, y quedan como legado de todas las madres revolucionarias a todos los niños que por el sacrificio de ellas, heredarán un mundo distinto:

8 de marzo de 1979

Querida hijita: Ahora en estos tiempos estamos pasando momentos de suma importancia para la humanidad, hoy en Nicaragua y más adelante en toda Latinoamérica para que algún día se realice en todos los continentes del mundo.

La revolución exige todo de cada uno de nosotros y nuestro grado de conciencia nos hace exigirnos individualmente poner todo el ejemplo posible para ser más útiles al proceso.

Mis mejores deseos son que un día no muy lejano vos podés vivir en una sociedad libre donde podés realizarte como verdadero ser humano, donde los hombres sean hermanos y no enemigos.

Me gustaría caminar con vos por las calles de la mano y ver la sonrisa feliz de todos los niños y ver los parques y los ríos. Sonreír de felicidad y ver crecer a nuestro pueblo como un niño feliz y verlo convertirse en el hombre nuevo, limpio y consciente de su responsabilidad para con la humanidad.

Tenés que saber valorar todo ese paraíso de paz y libertad del que vas a poder disfrutar, y te digo esto porque por esta causa han entregado su preciosa sangre los mejores hombres de nuestro valeroso pueblo y la han entregado con amor, con amor al pueblo, a la libertad y a la paz, por las generaciones futuras, por los niños como vos, para que no vivan la represión, la humillación, el hambre y la miseria en que han vivido tantos hombres, mujeres y niños en nuestra bella Nicaragua.

Te digo todo esto por si no te lo llegan a decir o por si yo no puedo llegar a decírtelo, y esto es posible porque estoy y estamos conscientes a lo que vamos y lo que es el enemigo, y nos sentimos tranquilos si sabemos que morimos como verdaderos en todo el sentido de la palabra. Porque nos hemos sabido ubicar en contexto histórico, y hemos sabido asumir nuestra responsabilidad y nuestro deber, ésa es la mayor satisfacción para nosotros como revolucionarios, como hombres y como madre.

Madre no es la mujer que pare un hijo y lo cuida; madre es sentir el dolor en carne propia de todos los niños y todos los hombres y jóvenes como si hubieran salido de nuestro propio vientre.

Y mi mayor deseo es que un día llegues a ser una verdadera mujer, con sentimientos puros y un gran amor a la humanidad. Y que sepas defender la justicia siempre que sea irrespetada, que la defendás contra lo que sea y contra quién sea.

Para esto, para que sepas lo que es ser un verdadero hombre, conoce, lee y asimila a los grandes hombres de nuestra revolución y de todas las revoluciones de otros países, toma como ejemplo lo mejor de cada uno y ponelo en práctica para que seas cada vez mejor. Sé que lo vas a hacer y que lo podés hacer. Eso me da una gran tranquilidad.

Yo no te quiero dejar palabras, promesas ni moralejas, yo te dejo una actitud de vida, la mía (aunque sé, no es todavía lo mejor) y la de todos mis hermanos sandinistas, sé que sabrás asimilarla.

Bueno mi gordita. Si tengo el privilegio de volverte a ver que también es muy posible, hablaremos de la vida y de la revolución largamente e iremos de la mano cumpliendo las tareas que nos imponga el proceso y vamos a cantar con la guitarra y vamos a estar juntas para jugar, trabajar y conocernos mejor y aprender una de la otra.

Cuando recuerdo tu lindo rostro
Lindo como las flores y la libertad
Aumento mi esfuerzo en la lucha
Uniendo tu risa y nuestra realidad
Diariamente te recuerdo
Imagino siempre como estás
Amá siempre a nuestro pueblo y a la humanidad.

Con todo el amor de tu madre Idania.
Hasta la Victoria Siempre.
Patria Libre o Morir.

1. DE "AMPRONAC" A LA "ASOCIACIÓN DE MUJERES"

La Asociación de Mujeres Nicaragüenses "Luisa Amanda Espinosa" nace de la experiencia de AMPRONAC, que a su vez viene siendo la consolidación de la participación individual y colectiva de la mujer a lo largo de años de lucha. Escuchemos, ahora, a compañeras de la dirección y de la base quienes, cada una desde su perspectiva particular, nos ayudan a recrear la historia.

Lea Guido es ministra de Bienestar Social en el Gobierno de Reconstrucción Nacional. Su abuela materna vendía carne, y su madre —doña Eva— sigue en ese mismo oficio, en el enorme Mercado Oriental de Managua. Su padre también es de origen proletario: de joven trabajó como limpiabotas, albañil y luego maestro de obras. Pero apoyó a la dictadura somocista, se hizo de dinero —y de la protección del régimen— y apenas un mes después del triunfo sandinista se fue del país.

Los padres de Lea se separaron poco después de su nacimiento. Pasa la niñez y la adolescencia con uno y otro, alternamente, y esto da lugar a su rara mezcla formativa: por un lado una excelente instrucción, producto de buenas escuelas europeas; por otro, la sabiduría popular y proletaria, adquirida entre las vendedoras del mercado.

LEA: Recuerdo que fue en abril de 1977 cuando recibí una notita, un papelito del compañero Jaime Wheelock. Orientaba la formación de una comisión de trabajo para examinar el problema de la mujer, y la creación de una asociación de mujeres. Ya el Frente Sandinista había tenido dos intentos anteriores de organizar a la mujer. Pero ése fue el decisivo.

Yo tenía la experiencia europea; ya sabía cómo funcionaba un sindicato, una asociación de masas, más o menos cómo deberían funcionar. De entrada se hizo un equipo a nivel interno del Frente. Nos pusimos a escribir algo sobre la importancia de organizar a la mujer. Acordate que 1977 es un año de gran represión, a todos los niveles. De sanguinaria represión. Entre otras cosas intentamos agrupar a mujeres de distintos sectores para hacer frente al problema: a las pésimas condiciones y a la tortura que sufrían nuestros compañeros en las cárceles, a la ausencia total de los derechos humanos en el país.

La primera reunión fue de señoras más bien burguesas y algunas periodistas; de ese grupo que nos reunimos la primera vez, sólo Gloria Carrión y yo terminamos como fundadoras. Pero nosotras valoramos la colaboración de esas señoras. Por su misma condición —por la imagen que tenía la dictadura de la condición de la mujer, y sobre todo de la mujer de la burguesía— pudimos presentar señoras de cierta extracción social para que fueran a reclamar al ministro de Gobernación, pudieran hablar con Aquiles Arnada —el jefe de relaciones de la Guardia—, pudieran ir sin correr el riesgo de ser reprimidas. Y pudieran denunciar la situación nuestra a nivel internacional. Hicimos las primeras reuniones con mujeres de esos estratos y tenía su utilidad. Pero realmente también vimos que esa gente, en "temporada de mar"[1] nos dejaba caer el trabajo, pues... que "su niño esto o lo otro"... que "era bien duro"... en fin. Comenzamos entonces a ver que era hacia los sectores medios, profesionales, que teníamos que encaminar el trabajo.

Todo esto dilata hasta septiembre, más o menos, la formación de la asociación. En septiembre decidimos hacer una asamblea pública. Dos días después del estado de sitio. Armamos un comité ejecutivo que nos costó bastante. No muchas mujeres querían figurar públicamente entonces. Fuimos Carmen Brenes, Tere Delgadillo, Clarisa Ál-

[1] Temporada de vacaciones.

varez —que después se apartó completamente— y yo. Nosotras éramos el comité ejecutivo. Y llevamos a cabo nuestra asamblea. Habíamos intentado antes asambleas por sectores, pero el problema de la represión era muy duro. A esta primera asamblea nacional llegaron unas sesenta mujeres: tuvo gran audiencia, por lo nuevo pues. Muchas eran de extracción social burguesa, y a muchas no volvimos a verlas. Pero impactó porque fue testimonial: sobre la represión de los campesinos, los asesinatos de la dictadura. Preparamos una literatura de denuncia. La idea nuestra no era simplemente una comisión de derechos humanos, sin embargo. Siempre buscábamos la forma de que la mujer participara activamente en los problemas sociales y económicos del país.

Incluso, para escoger el nombre recuerdo que pasamos la noche entera en una casa, buscando qué nombre reflejara esa idea, y no nos restringiera. No queríamos una simple comisión de derechos humanos. En cierta forma mirábamos perspectivas que se podían abrir: el trabajo con la mujer. Y nace la Asociación de Mujeres ante la Problemática Nacional (AMPRONAC).

Hay experiencias muy bonitas que muestran cómo nuestras mujeres querían —necesitaban— organizarse. Recuerdo de una vez que fui a Siuna, a las minas. Allí había un fuerte trabajo de las comunidades cristianas. El Frente impulsaba un gran trabajo de denuncia a través de las comunidades cristianas en las que teníamos trabajo organizado y por lo tanto militancia, porque daba cierto marco, pues, no agresivo —no "comunista"— a la cosa. Y ahí en Siuna se hizo una concentración de mujeres campesinas, cien mujeres vinieron a pie de la montaña. ¡Realmente allí yo no sabía cómo hablarles! Fue un contacto bien bueno. Les explicamos la situación del país, y ahí mismo formamos una comisión de mujeres. Esas compañeras querían trabajar. Era uno de los muchos ejemplos donde nuestro pueblo se muestra incluso más adelantado que su vanguardia. Allí había monjas que ahora después del triunfo —he ido de nuevo a Siuna y he encontrado a varias de esas monjas que dejaron sus hábitos—, fueron combatientes del Frente y una está en la Junta local de gobierno...

Gloria Carrión es la coordinadora general de la Asociación de Mujeres Nicaragüenses "Luisa Amanda Espinosa". Con Lea, trabajó desde el principio en la creación de AMPRONAC, aunque no como figura pública. Tenía un preescolar que dio manto a un trabajo importante de propaganda.

De familia burguesa, y única hija entre dos hermanos, Gloria tiene 26 años al momento de la entrevista. Después de las tradicionales escuelas religiosas de las niñas nicaragüenses, es enviada a Estados Unidos para su educación superior, en el campo de la pedagogía moderna. Influencias en su vida son la realidad norteamericana —con sus grandes desmistificaciones—; los veranos en Nicaragua, varios de los cuales trabaja, bajo el tutelaje de organizaciones religiosas, con el campesinado de su país, la ida a la clandestinidad de su hermano mayor, Luis, y la amistad con una compañera etíope. De esa última experiencia, dice: "Fue en Estados Unidos. Una amistad bien fuerte que nos identificó cultural, política y humanamente en contradicción con el mundo gringo que nos rodeaba. Para mí eso fue un aprendizaje más: que a pesar de estar tan lejos de nuestros países y con idiomas completamente distintos, nosotros nos encontramos con hábitos culturales similares, con formas de comportamiento similares, con niveles de conciencia social similares y con un lenguaje humano similar. Y todo esto me comprueba una vez más que el medio es lo que nos hace. Su medio y mi medio estaban en un nivel de desarrollo social similar."

Con el triunfo revolucionario había que darle otra forma al trabajo femenino. Ya no eran mujeres ante una problemática nacional, sino mujeres agrupándose para un trabajo integral en un largo proceso de reconstrucción y cambio. Se recogió el nombre de Luisa Amanda Espinosa, proletaria y primera mártir mujer del FSLN, quien cayó en combate en abril de 1970.

Gloria Carrión, junto con el abnegado grupo de compañeras que conduce la Asociación en los departamentos y a nivel nacional, está constantemente enfrascada en el análisis de la situación de la mujer en su país, y las perspectivas que tiene la nicaragüense tanto en el plano de su propia realización como de su participación en el momento histórico.

GLORIA: Para poder hablar de cómo se ha concebido la lucha de la mujer aquí, yo creo que sirve historiar un poco, hablar de los pasos cualitativos y cuantitativos en el proceso de integración.

No es sino hasta hace unos dos años y medio, tal vez tres, que nosotros empezamos a notar una incorporación realmente llamativa, ¿verdad?, y que se va haciendo cada vez más masiva en todo el proceso de lucha. Y es importante aclarar que esta integración de la mujer a la Revolución no se da aislada, solamente en un sector, sino dentro de un marco general de un pueblo entero que se incorpora al combate. Sin embargo, yo sí creo que es notorio en el proceso nuestro, digamos, el proceso de concientización que la mujer adquiere, de la importancia que ella tiene también como sujeto de esta sociedad, y como sujeto determinante —por lo tanto— si querés, del resultado final al que nosotros llegáramos. Y como ella desde esta conciencia empieza a trabajarse. A tomar una posición en la lucha y una posición de apoyo a la Revolución.

Nosotros realmente tenemos todavía pendiente hacer una sistematización más profunda, más seria si querés, de las particularidades de la lucha de la mujer nicaragüense y de su vinculación a la lucha política del proceso revolucionario en general; pero en las evaluaciones así que hemos hecho hasta ahora, creemos que aquí se han intercambiado una serie de factores, y creemos que hay cuestiones por un lado objetivas que han tenido que ver con la mujer nicaragüense —y nosotros creemos que no sólo la mujer nicaragüense sino la mujer latinoamericana en general, o por lo menos la centroamericana— tiene de hecho una práctica, una posición dentro del hogar de pilar fundamental en la familia.

No es como tradicionalmente se ha pensado la posición de la mujer, que es el ama de casa, que está atada únicamente al cuidado de los niños, sometida dentro del hogar al papel —digamos— secundario en relación al marido, sino que nosotros creemos que la mujer nicaragüense es dentro del hogar el pilar tanto a nivel ideológico y emotivo como a nivel económico: sobre todo en los sectores populares.

Esto se debe precisamente a una situación de paternidad irresponsable que se vive, producto de la estructura del capitalismo dependiente común en nuestros países. Lo que convierte de hecho a la mujer en sujeto consciente de los problemas socioeconómicos y políticos. Es decir, la mujer está vinculada directamente, porque es ella realmente el pilar del hogar y no el hombre.

Es ella la que tiene que buscar qué hacer, cuando el trabajo del compañero falla o cuando la han dejado sola. Porque nosotros encontramos que hay una mayoría enorme de mujeres que están solas en el hogar, solas al frente de la situación de sus hijos, y buscan qué hacer, vendiendo frutas, subempleándose, pues, en cualquier actividad, vendiendo comida, lo que sea. Hemos ido descubriendo que la mujer nicaragüense no sólo es un soporte importante de la producción agroexportadora, por ejemplo, en la que ella forma la mitad de la mano de obra, sino que es realmente la mujer quien es colchón del desempleo, quien es colchón de la inflación y de la escasez que se presenta. Porque a la hora en que el marido pierde el empleo y no puede aportar al hogar, la mujer busca cómo cocinar, cómo vender pan, o hacer lo que sea necesario a fin de mantener el estatus de vida de la familia. Y de hecho lo logra.

Habría que evaluar estadísticamente todo esto, pero nosotros a través de la práctica hemos visto que la mayoría de las mujeres de la base comparten esta situación. De ahí que decimos que la mujer en nuestro país y en países como el nuestro realmente es una fuerza determinante, no sólo por su número sino por su papel económico.

La mujer de los sectores populares es la que masivamente se ha integrado al proceso revolucionario aquí, y es porque es una mujer que se ha visto obligada a pelear, si querés, se ha visto obligada a llevar una situación bien dura, a luchar por las mínimas condiciones económicas en su casa. Entonces de hecho es una mujer que ha ido adquiriendo una actitud beligerante, y una personalidad fuerte, callosa, aguantadora. Con todo esto quiero decir que la integración de la mujer está dada en primer lugar por su condición de clase. En los sectores populares se ve esta situación, aunque cabe señalar, en Nicaragua, que la participación de la mujer también rebasa la división de clases.

Aquí en nuestro país la mujer constituye un poco más de la mitad de la población. No se concibe un proceso revolucionario sin la participación activa de esta mitad. Aquí todo un pueblo se levanta en armas, y nuestra vanguardia ha adquirido también una conciencia de la importancia de la participación de la mujer en nuestra lucha.

Te he hablado de uno de los factores objetivos: el económico. También hay factores subjetivos. La dictadura somocista, el carácter genocida de la dictadura aquí, su carácter altamente represivo y sobre todo —pensamos nosotros— el carácter de la represión dictatorial con la juventud principalmente: todo esto influyó.

Aquí era delito, era un crimen ser joven. Era razón de ser perseguido el simple hecho de ser joven. Y la focalización de la represión contra la juventud llegó a tal nivel que empezó a traspasar a la niñez, ¿no? Nosotros aquí contemplamos asesinatos de niños de ocho, nueve años, como el caso de Luis Alfonso Velásquez, y no sólo él, sino cantidad de niños.[2]

La mujer, como pilar del hogar, es la que está más ligada económica, psicológica y emotivamente a la crianza y a la educación de los hijos; y esto ha motivado a la mujer en defensa de la vida de sus hijos, y en defensa de la juventud en general. Porque la mujer joven está motivada por lo que motiva a la juventud en general. Pero la mujer ya un poco mayor ha sido motivada muchas veces por la defensa de sus hijos. Hay un cordón umbilical allí entre la juventud y la madre. Y muchas veces la madre empieza a participar en tareas de apoyo a sus hijos, o en defensa de sus hijos contra la represión, la cárcel, la tortura. Y después está integrada ya, y su participación llega a otros niveles.

La mujer sola participa así. Y la mujer con esposo, esa también empieza a desarrollar su conciencia, empieza a tener su propia opinión sobre las cosas. Esta opinión por supuesto es llevada al hogar; en el hogar plantea una relación distinta en los casos en que existe el compañero, puesto que la mujer tiene su propia opinión y empieza incluso a diferir en algunas cosas con el marido. Y comienza, también, la división del horario dentro del hogar en la medida en que la participación política y organizativa de la mujer le exige tiempo, y todo esto hace necesario replantearse la

---

[2] Luis Alfonso Velásquez fue militante sandinista a la edad de siete años. Dejó la escuela primaria para dedicarse íntegramente a la lucha. Se destacó como orador, dirigente del MEP (Movimiento de Enseñanza de Primaria), participó en la fabricación de bombas y en acciones de propaganda armada. Los esbirros de la dictadura lo buscaron para matarlo, hecho que se cumplió cuando cae acribillado a balazos a fines de abril y muere el 2 de mayo de 1979, meses antes del triunfo. En el primer aniversario de la muerte de este "niño-mártir", un parque que lleva su nombre fue inaugurado en Managua.

situación del hogar en sí, ¿no? Y entonces se va
fortaleciendo el movimiento de la mujer a partir
de ahí. Es un proceso de conciencia que viene llegando.

LEA: ...Primero fue todo el papel de denuncia. Buscábamos compañeras campesinas que vinieran de
Zelaya, del norte, a dar testimonio sobre lo que
pasaba en la montaña: las desapariciones, las barbaridades. Mujeres valientes, pues, porque era
exponerse, realmente. Mujeres que habían perdido
sus dos, tres, cuatro hijos —a veces toda su familia, su marido y todo— y ahora asumían, además,
la responsabilidad de cuidar su finquita o habían
tenido que emigrar de la región. Contactábamos
estas compañeras y venían a dar testimonio. Esto
lo conseguimos por medio del vínculo con las compañeras en Matagalpa, que más tarde van a organizarse en la AMPRONAC de esa ciudad. El 10 de
diciembre, se realizó una de las últimas asambleas
de este tipo que pudimos hacer.
Dejame decirte que llevábamos una política bien
agresiva, de manifestarnos en contra de absolutamente todo lo que estaba ocurriendo en el país.
Recuerdo que una de las primeras manifestaciones
que se dan después del levantamiento del estado
de sitio y de la ley marcial fue la de los periodistas. Entonces nosotros nos pronunciamos, vamos con una manta;[3] éramos "cuatro gatos" en
ese momento pero vamos a la manifestación. Y
así en cada hecho vamos dándonos a conocer, pues.
La presencia de ciertas mujeres de la burguesía, la cosa nueva; la misma dictadura no sabía
cómo tratarlo en un principio. Me acuerdo que
yo personalmente le fui a dejar una carta a Aquiles
Aranda y de pronto: "¿Y esa mujer, quién es?" Es
decir, como medio sorprendido. Nos metimos en
todos lados. Hacíamos una cartelita: NICARAGÜENSE
DEFENDÉ TUS DERECHOS, CONOCÉ EL ARTÍCULO TAL...
etcétera. Es decir, bastante publicidad. Y AMPRO-

[3] Una tela grande con una consigna pintada.

NAC, en ese momento —fines de 1977— contaba con ¡25 mujeres! Y las 25 éramos un "chocolate".[4] Sólo dos o tres éramos del Frente Sandinista. Yo era el cuadro público.

Después de octubre de 1977, se da la cuestión del diálogo —que naturalmente va a fracasar. En medio de esa noche de represión, la universidad es prácticamente la única isla que se mantiene haciendo actividad política, digamos, abiertamente. Ahí, a finales de ese año, sectores medios —la Iglesia, comerciantes, estudiantes, periodistas— comienzan a movilizarse. Las comunidades cristianas, nosotras: quiero decirte que nosotras a fines de septiembre convocamos la asamblea más grande que se da —junto con las comunidades—; una asamblea de mil personas, donde vienen los campesinos a denunciar su situación. Tuvo un gran despliegue a nivel nacional. Así es que a partir de septiembre hay un cambio de coyunturas, y AMPRONAC es a la vez producto y beneficiada de este cambio. El pueblo mismo comienza a darse ciertos medios de organización. Comienza a haber un nuevo levantamiento de la lucha de masas. En octubre de 1977 tenemos lo de Masaya, San Carlos,[5] que va a empalmarse con una crisis económica que se da en el país y con el asesinato de Pedro Joaquín Chamorro, en enero de 1978.[6]

Recuerdo que el primer día, con Pedro Joaquín en el hospital y el pueblo espontáneamente congregándose, nosotras somos la única organización que lleva su manta ya hecha, y nos ponemos a la cabeza de la manifestación. Íbamos a la cabeza con el megáfono, lanzando consignas. Éramos un grupo pequeño pero participamos en todas las movilizaciones que se dieron.

Todos los sectores comienzan a organizarse y

---

[4] Una mezcla.

[5] Levantamientos populares dirigidos por el FSLN.

[6] Pedro Joaquín Chamorro fue director del periódico *La Prensa* de la oposición burguesa. Conocido antisomocista, es asesinado en Managua el 10 de enero de 1978. Su muerte motiva una fuerte protesta popular.

ver cómo le entran a la lucha: lo que se llama aquí la iniciativa privada —los sectores burgueses— no tenían ninguna organización política a través de su gremio, ninguna estructura para hacerle frente a esto; y se convoca el primer paro nacional para fines de enero.

Nosotras también preparamos nuestra propia actividad y es la toma de la sede de la ONU con familiares de reos políticos y desaparecidos. Incluso llegan sectores que nos quieren parar, mandan al embajador y todo, porque dicen que vamos a romper el paro, ¿ve? La cuestión era de brazos caídos, ninguna actividad que rompiera la armonía, porque estaban convencidos de que con eso se iba a ir Somoza. Pero nosotras sabíamos que no iba a ser así. Tomamos la ONU, y el movimiento popular —que todavía es débil en ese momento— llama a un paro activo. Pero realmente no tiene la fuerza para llevarlo a cabo. Se sintió el peso del paro burgués, que no logró parar ni el transporte ni las gasolineras, ni nada de eso. Nosotras hicimos nuestra toma que dilató 10 o 12 días, y al final hicimos una concentración frente a la ONU como de 600 mujeres. La mayoría eran burguesas que estaban dolidas con el asesinato de Pedro Joaquín Chamorro. Pero pedíamos castigo para todos los asesinatos, y ahí logramos algo bien importante —junto con el trabajo que se hacía en las comunidades cristianas de incorporar una consigna, una reivindicación: ¿DÓNDE ESTÁN NUESTROS HERMANOS CAMPESINOS? ¡QUE RESPONDAN LOS ASESINOS! Porque la burguesía sólo clamaba por el asesinato de Pedro Joaquín Chamorro. Y en la concentración nuestra sí había compañeras de sectores populares, de barrios obreros, del Riguero... nosotras habíamos comenzado a tener contacto con ellas a través de las comunidades cristianas.

A la concentración ésa el "Chigüín" [7] la reprime

---

[7] "Chigüín" es el nombre comúnmente dado a los niños en Nicaragua. En este caso el periódico *La Prensa* le llama "Chigüín" al hijo del dictador Somoza, quien tuvo a su cargo las fuerzas especiales de la EEBI (Escuela de Entrena-

con bombas lacrimógenas, y hay compañeras que van a responderle, le devuelven las bombas, ¿ve? Fue bastante bueno y tuvo repercusión a nivel internacional.

Después del fracaso del paro de la burguesía, casi inmediatamente comienza lo de Monimbó: la respuesta de los sectores populares. Esto es cuando la burguesía ya deja caer en cierta forma su liderazgo en la lucha abierta. Recuerdo que vamos a una casa, a la casa de la compañera Nora Astorga, a analizar por qué había fracasado el paro. Y eso va a ser una cuestión bien importante: la forma cómo nosotras veníamos trabajando. Es decir, nos interrogábamos ante la realidad y ante la práctica, ¿por qué había fracasado el paro?, ¿qué es lo que hacía falta? Entonces dijimos: organización. Tenemos que organizarnos más, y a nosotras nos toca organizar a la mujer. Entonces comenzamos a trabajar en un organigrama de una organización de masas, crear los comités de base, una comisión jurídica que nunca funcionó realmente, una comisión de derechos humanos que medio funcionaba, la comisión de propaganda que fue la más efectiva y el comité ejecutivo.

Y se veía que era el momento. Porque la gente empieza a reclamar hasta espontáneamente. Recuerdo a una señora de Boaco que nos manda una carta. Ella había visto la asamblea que hicimos —la de septiembre, donde llegaron más de mil personas— y nos manda una carta bien bonita en que nos dice que tiene 40 mujeres en Boaco, que la fuéramos a ver. Así fue, por el estilo, en León, en Chinandega, en Matagalpa. Nosotras realmente fuimos a rematar: las mujeres nos esperaban ansiosas. Y así creció la Asociación. Pronto teníamos mil afiliadas.

El 8 de marzo se celebró por primera vez con exigencias propias de la mujer aquí en el año 1978. Es decir, existía una asociación de mujeres del Partido Socialista, la Organización de Mujeres

miento Básico de Infantería), utilizadas a menudo en contra del pueblo.

Democráticas de Nicaragua (OMDN), pero había poca resonancia. Era más bien una organización de partido, y no de masas. Ellas habían celebrado el 8 de marzo con un programa fuera de la realidad: contra la bomba nuclear y así, con poca relevancia para la situación nacional. Entonces nosotras celebramos el 8 con misas —porque en las condiciones en que vivíamos teníamos que utilizar las iglesias a fondo: después de cada misa había un discurso, aprovechamos para sacar una manifestación y llamar a la gente. Y seguíamos reuniéndonos en algunos locales de iglesias, en forma casi clandestina. Ese año celebramos el 8 de marzo simultáneamente en varios lugares del país. En Boaco, donde todavía no habíamos podido ir a conocer a la señora Amparo —así se llamaba la de la carta—, le mandamos a decir que celebrara la fecha y ella hizo también una misa. Ese domingo 8 de marzo la compañera Nora Astorga participa en el ajusticiamiento del "Perro" Vega,[8] y ella era miembro de nuestra organización.

Incluso la dictadura trata de involucrarnos en ese ajusticiamiento, porque encuentra papeletas de AMPRONAC en la casa de Nora, pero nosotras respondemos: declaramos que la propaganda de la organización es propaganda pública.

Ya en abril estamos mucho más ligadas a los comités de base. Participamos en una marcha de hambre en Diriamba —una marcha de los campesinos, que va a ser reprimida en forma bestial por la Guardia. Ahí una de nuestras compañeras es herida, le desprenden la mitad del talón de un balazo. Y hay niños muertos y todo. Es importante nuestra participación con el campesinado; y los sectores —ya minoritarios— de la burguesía y pequeña burguesía dentro de la organización traen un cuestionamiento de esto. Hay bastante discusión entre las mujeres, y ya se va perfilando la línea proletaria en AMPRONAC.

[8] Véase capítulo v para una información más amplia acerca del "Perro" Vega.

Comenzamos a explicar los orígenes de la dictadura, y decimos que la Asociación no puede ser amorfa sino que debería tener una posición sobre la crisis nacional. Explicamos que hay dos formas de solucionar la crisis: una, un somocismo sin Somoza, que representa simplemente un cambio de gobierno, una modernización de la dictadura. Y la otra que era el derrocamiento popular de la dictadura. Y que la Asociación tiene que decidirse. Trabajamos en forma de asambleas constantes. Ya se va conformando el Movimiento Pueblo Unido, y el FAO,[9] y tenemos que definir nuestra línea. Hubo los que decían: "Entramos al FAO", pero dimos una asamblea con representatividad como de mil compañeras y discutimos a fondo la cuestión hasta que nos afiliamos al Movimiento Pueblo Unido —hay seis o siete solamente que votan en contra; las demás están claras.

En agosto la dictadura sube los impuestos sobre una serie de bienes de consumo, y nosotras empezamos a hacer una movilización contra eso. Lanzamos la consigna: NUESTROS HIJOS TIENEN HAMBRE: ALTO AL COSTO DE LA VIDA. Se dan manifestaciones de mujeres con ollas vacías y delantales en diversas ciudades del país. Esto se ha dado también en otros países, y sobre todo la movilización de mujeres alrededor de la cuestión de los desaparecidos: en Chile, en El Salvador, en Argentina. Son asuntos que tocan a la mujer porque son sus hijos, sus esposos. Y ninguno de los grupos femeninos de los partidos tradicionales de izquierda ha jugado un papel importante en ese sentido.

Nosotras aprendimos cómo debemos encauzar la lucha nacional con cuestiones de la mujer. Siempre le damos un cariz femenino, porque de otro modo no tendría sentido que nosotras nos organizáramos. Podríamos hacer un grupo, estar en un sindicato, en una asociación de padres de familia, cualquier cosa. Pero si íbamos a organizarnos como

[9] El Movimiento del Pueblo Unido (MPU) agrupaba las organizaciones populares antisomocistas. En los mismos momentos, el FAO representaba a la burguesía antisomocista.

mujeres tenía que tener una particularidad la Asociación, y eran las reivindicaciones de la mujer y
las reivindicaciones de la madre. Fueron claves
para nosotras en ese período. No había ninguna
otra organización que nos diera ese espacio político.

Hasta el 30 de mayo [10] lo politizamos. Había sido
un día burgués simplemente. Y nosotras decimos,
primero, contra la utilización comercial del Día de
la Madre, es decir, apuntamos cómo la mujer en
todo era comercializada. Y luego el tema político
de la represión... lanzamos una consigna: MÁS QUE
UN REGALO, QUEREMOS UNA PATRIA LIBRE.

Hicimos también una concentración en el esta-
dio, y las compañeras de los barrios trajeron sus
sociodramas: por ejemplo, uno sobre los impuestos, "Nuestros hijos tienen hambre" —el papel de
la madre, al parecer tradicional, pues, pero logró
movilizar enormemente a las mujeres. Porque los
jóvenes estaban en sus asociaciones de jóvenes y
participaban en el Frente, pero también había una
masa de mujeres que tal vez no estaba en ninguna
de esas agrupaciones, que podía ser colaboradora,
ser base de apoyo. Que podía, como masa de mujeres, también organizarse.

Ya estamos en agosto, y se va dando el clima
en el país de que se prepara algo, una nueva
huelga, ¿ve? Sectores comerciales comienzan a
plantear las posibilidades de una huelga pero que
no va a ser como la anterior. Anda el Movimiento
Pueblo Unido, donde participa ya el Frente a través de sus organizaciones estudiantiles. Bueno, se
prepara lo de la huelga. El 22 de agosto se da el
ataque a Palacio,[11] que va a acelerar los planes.
Entendimos que si no respondíamos enseguida, ven-

[10] El día de las madres en Nicaragua.
[11] El 22 de agosto de 1978 un comando del FSLN asalta
y ocupa el Palacio Nacional en plena labor del Congreso.
Centenares de rehenes, entre los que se cuentan importantes
personeros del gobierno, son canjeados después por la libertad
de todos los presos políticos. Véase al capítulo 4 para más
detalles del operativo.

dría la represión. Entonces no recuerdo si es el 26, 27 o 28: se lanza a la segunda huelga nacional.

Dentro de la situación de esa huelga pasa algo que a nosotras nos va a servir mucho en otros trabajos —para nuestra Asociación en el futuro— y es que nos damos un funcionamiento de emergencia para poder continuar actuando en todo momento, en cualquier situación. Suspendemos los comités de base que tenían su sede en cada barrio, e hicimos una cadena donde sólo una compañera de cada barrio se iba a mover al otro y sólo iban a reunirse las directivas. También habíamos modificado las directivas tradicionales: no había presidenta, sino que una secretaria, una coordinadora, una de finanzas, otra de seguridad y otra de salud.

Estamos en esto cuando en Estelí se va dando la organización por cuadra de los comités de defensa civil. Aparecen en septiembre del 78, con la primera insurrección. Entonces nosotros decimos: no es prioritario en estos momentos organizar a la mujer solamente. Lo que es prioritario es organizar al pueblo, ampliamente. Y así, pues... nos dimos a la tarea de organizar a los comités de base, a los comités de defensa civil —que más tarde, después del triunfo, serán los comités de defensa sandinista—, y dotamos a los barrios de mimeógrafos de madera, organizamos tareas de salud y de abastecimiento...

Julia García, de 26 años, estaba en avanzado estado de gestación la primera vez que la entrevistamos. Cuando la vimos de nuevo su quinto hijo tenía 17 días de nacido. Apenas se había apartado de sus actividades normales unos pocos días, como en la guerra —con cuatro meses del mismo embarazo— se arrastraba igual, luchaba igual, participaba igual. Ciudad Sandino es el nombre que sus habitantes le han dado al sector del Open 3: barrio extenso que nace en las afueras de Managua a raíz del terremoto de 1972. Ciudad Sandino es lugar de vida y de operaciones de Julia, que vive allí en una pequeña casa de madera, junto al comité de base sandinista.

JULIA: Somos ocho hermanos. Mi mamá murió y yo quedé de la edad de 13 años. Mi papá se casó con otra mujer y entonces él se desobligó, digamos, directamente de nosotros. Comencé a trabajar muy pequeña todavía, de doméstica en una fábrica, pues era comisariato. Ganaba 50 córdobas al mes. Te voy a decir: yo nunca pisé directamente la escuela por lo mismo que como trabajaba... comencé a leer y escribir ya desde el proceso, que yo me comencé a organizar.

Uno no podía decir antes "Yo soy del Frente Sandinista de Liberación Nacional", pues la gente más bien tenía miedo. Un compañero del Comité Democrático de Obreros habló conmigo, me platicaba, me concientizó que era importante que me organizara. Entonces le preguntaba que cómo hacía para organizarme, que yo quería aprender a hablar, a explicarle a otras compañeras lo que sentíamos, cómo éramos explotadas. Un Día Internacional de la Mujer, ¿verdad?, que hubo un acto en Ciudad Sandino —antes Open 3—, me invitaron, y allí empecé con las mujeres, con AMPRONAC.

La primera reunión era para un día martes, me acuerdo, de ahí seguí yendo y yendo. Como a los dos, tres meses, fue cuando las mismas compañeras de allá del barrio me eligieron como coordinadora de la mujer. Entonces yo dediqué todo mi tiempo, pues, por interés de aprender, ¿verdad? Mi primera actividad fue en una toma de iglesia, una huelga de hambre. Yo me integré porque quería sentir, digamos, en carne propia, lo que era la represión. Tal vez así voy a aprender más y se me va a quitar el miedo, pensaba. Me acuerdo que fui, que pagué a una muchacha para que viera a los niños —eran cuatro entonces—, le pagué 15 córdobas, yo era pobre y era sólo para que fuera a dormir con ellos...

Aprendí a leer, a escribir, en el mismo proceso.

Cuando comenzaba a organizarme, era lo primero que me ponía a pensar: que yo tenía que aprender porque bueno, decía, "¿Voy a ir a una reunión y no voy a tomar apuntes de nada?" Me acuerdo de una vez, fue la primera reunión que tuve. Ese día no llevé informe escrito por mí sino por las compañeras. Con pena le dije a la Zoila: "Mirá, compañera, a mí me pasa un problema, que yo no sé leer". Entonces ella me dijo: "Por eso no te preocupés, que nosotros aquí no queremos personas que sean bien estudiadas, sino que aquí lo que queremos es que sean conscientes." Allí fue que yo puse interés en aprender, busqué lápiz y personas que me enseñaran. Incluso mi mismo marido, yo le decía: "Mirá, yo quiero aprender." Agarraba párrafos, iba viendo las letras, iba escribiendo y así fui aprendiendo.

No era fácil, con los niños, me desobligué de viaje,[12] no digamos porque yo quería sino por lograr lo que hoy tenemos. No era que sólo yo iba a participar. Me ponía a pensar mirando a las otras compañeras, que nosotras como mujeres participábamos, aunque fuera duro. Porque era duro. Por ejemplo, cuando se andaban organizando los comités de defensa civil, nosotras teníamos que reunirnos en un cuartito, y tal vez paradas, y los *convoy* y la Guardia pasando por las calles. Y nosotras hablamos calladito, ¿verdad?, en el cuarto, explicándole a la gente, porque se preparaba ya para la guerra. Y pasaba clips de Garand, propaganda escrita...

Después vino todo lo demás: los Comités de Defensa Civil, el monte... El 19 de julio que nosotros entramos al barrio de nuevo, yo lloraba de emoción, de verme con todo el mundo en las calles. Y gritaba "¡Patria libre!", que estábamos libres, ¿verdad? Estaba alegre que iba a volver de nuevo, que iba a ver a mi marido, a mis compañeros que se habían ido, a mis hijos. Miré a mi marido hasta el 21. Él llegó a buscarme allá, y

[12] De una vez, de golpe.

cuando nos miramos pues —él estuvo combatiendo aquí en Managua; después estuvo en el repliegue— se puso a llorar y también yo, ¿verdad? Porque de ver que habíamos triunfado. Cuando platicábamos antes yo le decía que lo más bonito era que quedáramos los dos para que así podíamos hablar de cómo anduvimos e incluso me acuerdo que la plática que tuvimos fue así: la participación que tuvo él, digamos, en la insurrección, y yo le platiqué mi experiencia, porque yo estuve también...

LEA: Aquí en Ciudad Sandino —antiguo Open 3— las compañeras tienen una experiencia que muestra cómo van creciendo en la lucha. De la práctica real se van recogiendo elementos: se ve, por ejemplo, que la Guardia no había dividido su línea de mando sino que desfilaba de ciudad en ciudad, y que la misma gente que había reprimido en Masaya reprimieron en Estelí, Chinandega, León, etc. Y todo esto sale en las asambleas de las mujeres —que ellas han aprendido a ser muy observadoras de todo lo que pasa— y más tarde realmente se van a aprovechar y se van a poner en práctica estos conocimientos. La dictadura pensó que había logrado aplastar el movimiento estructural, pero realmente no hubo tal aplastamiento, sino simplemente una descoordinación. Significaba esto para nosotras la necesidad de fortalecer el movimiento, entonces decidimos entrar al Movimiento Pueblo Unido (MPU), y entramos como un movimiento más, dentro del comité ejecutivo. Así es como en el caso mío concreto —aunque se sabía que yo era del Frente— yo pude entrar dentro del comité ejecutivo pero como representante de la Asociación.

Así pudimos fortalecernos para la embestida final: íbamos preparando las condiciones, fortaleciendo nuestras estructuras, hicimos seminarios, lanzamos mucha propaganda, teníamos los mimeógrafos populares, buscamos los contactos otra vez a nivel nacional —porque después de septiembre habíamos quedado algo desarticuladas—, quedaba gente con miedo, gente vacilante, algunos que se habían rendido, es decir, se da una nueva situación pero se había fortalecido un núcleo bien importante.

Nosotras siempre comprendimos el papel que pudimos jugar, como base de apoyo. Pero en la primera insurrección —la de septiembre— no tuvimos tiempo de prepararnos. Nombramos representantes de salud, se habían hecho cursos de primeros auxilios, se habían dado botiquines en los barrios —pero botiquines ridículos, pues, que no alcanzaban para nada—, pero no había suficiente preparación. A partir de octubre, hay un gran fortalecimiento. Si un mérito tiene la Asociación es el de haber hecho un aporte a nivel de equipo de organización de masas. Las compañeras en los barrios se van a distinguir, pues, por comprender eso: la dinámica de la organización de masas. Muchos compañeros estudiantes no tenían esa experiencia que tenían las mujeres, y AMPRONAC va a distinguirse, pues, por su funcionamiento, por su poder de movilización de las masas y un sin fin de tareas.

Hay campañas generales que podía llevar a cabo el Movimiento Pueblo Unido y campañas específicas que nosotras como mujeres podíamos hacer. Por ejemplo: el llamamiento a los familiares de la Guardia. Comenzamos a hacer cartas anónimas dirigidas a las mujeres de los guardias en los barrios, afiches que se pegaban en los barrios en forma clandestina, comunicados. Es tal la actividad nuestra, que muchas compañeras quedaron como responsables a nivel nacional de la organización de los CDS. Después de la victoria podés ver que muchas compañeras que se foguearon en las filas de AMPRONAC han quedado con grandes responsabilidades políticas y organizativas.

Pusimos clínicas —quizás "clínica" es un gran nombre, pero sí acondicionamos casas donde se pudiera dar atención médica en el momento de la guerra. Hicimos cursos intensivos, semiclandestinos, de primeros auxilios. Llevamos a cabo campañas masivas de vacunación, en caso de heridas. Montamos "ventas" que son en realidad centros de almacenamiento de granos básicos. Y como te digo, nuestro modo de funcionar cambió: cerramos los locales. Seguimos apareciendo públicamente cuando era necesario, pero no sabían dónde hallarnos. La Asociación se va radicalizando: en su lenguaje, en todo. Para el derrocamiento total de la dictadura estamos en el MPU, y después pasamos a formar parte del Frente Patriótico. Ya el 8 de marzo de 1979, la mujer nicaragüense, como Asociación, llama al derrocamiento de la dictadura.

¿Quién fue Luisa Amanda Espinosa?

DOÑA ANTONIA (la madre): ...Su verdadero nombre era Luisa Antonia. Era *La Cumiche*, la más pequeña de todos mis hijos. Yo tuve 21; 6 quedaron con vida. Ella nació en 1948, y nos fuimos a vivir allá por el Mercado Oriental. Ella empezó creciendo, pues, allí.

Mi marido me dejó; nos separamos quedando *interesante* [13] yo de ella. Yo ya estaba sola cuando ella nació. Lavaba, planchaba: ése era mi oficio. Y ella pues como estaba tan chiquita no me ayudaba a mí para ese entonces. Cuando llegó a la edad de siete años mi hermano se la llevó para Granada; vino de 12 porque él le daba, pues, una vida algo pesada. Él es dueño de panadería, y me la mandaba a la muchachita a vender a la calle. Ella vino porque él la maltrataba demasiado... En Granada fue a la escuela y llegó hasta tercer grado.

Entonces vino y se puso a ayudarme en los quehaceres. Hasta que se halló su maridito y se me la llevó. Tenía como 13, 14 años. Pero vino de nuevo porque le pagó lo mismo torcido. Una muchacha tan fina como era ella le pagó pues mal el marido. Se tuvo que venir otra vuelta para mi lado...

[13] Embarazada.

ROGELIO RAMÍREZ (Luisa Amanda vivió en su casa tres meses al final de su vida): ...He conversado mucho con los amigos de la época, y hemos llegado a la conclusión de que casi no se conoce nada de Luisa Amanda. Se ha convertido en un personaje mítico. Me imagino que la idea de poner su nombre a la Asociación de Mujeres ha sido de alguna de las veteranas; las más jóvenes no la pueden haber conocido.

A mi casa llegó llevada por Jaime Wheelock. Tengo entendido que la trasladaron del barrio San Luis a León. Fue después del 15 de enero de 1970, porque lo que más me recuerdo es su tristeza (el 15 de enero había caído Leonel Rugama con Mauricio Hernández y Róger Núñez, y me da la impresión de que Mauricio era algo así como el compañero de ella).

En mi casa leía todo el tiempo. Era de origen bien humilde y no tenía escuela, pero leía cualquier cosa. Muchas veces me pedía que le explicara. No recuerdo las lecturas pero deben haber sido las cosas que yo traía cuando estudiaba derecho, que yo leía entonces y que tenía en la casa.

Yo militaba en el Frente Estudiantil Revolucionario (FER) y era cotidiano tener gente en la casa: cotidiano y además triste, porque la experiencia que tenía era de que muchos de los que habían salido de mi casa, habían salido a morir. Poco tiempo antes me había tocado ir a dejar a Leonel Rugama y había caído. Róger Núñez había estado en mi casa. En ese entonces nos visitaba José Benito Escobar y Enrique Lorente Ruiz —Enrique murió con Luisa Amanda. Y la experiencia tan cotidiana no me permite resaltar mucho su personalidad. Pero hay una cosa que siempre he recordado con mucha tristeza: ella estaba enferma. No sé qué tenía pero estaba enferma. Tenía muchos días de estar así, y quizás eso influía en el estado de ánimo que mantenía. La sacaron de mi casa para el hospital.

Con la muerte de Luisa Amanda me pasa algo casi increíble. Si creyera en esas cosas, diría que la vi después de muerta. Porque el 3 de abril yo salía con mi esposa —vivía en una casa que quedaba a unas cuadras del Parque de la Merced. Íbamos caminando, pues, en dirección al parque, sobre la acera izquierda, y en determinado momento yo veía en la otra acera a una muchacha extrañamente bien vestida. Llevaba un vestido verde, cartera verde y zapatos verdes; y tras esa vestimenta, toda la sencillez de la Luisa Amanda.

Me alarmé. Le hice una seña. Ella cruzó la calle y siguió caminando junto a nosotros, y me dice "No me han visto." Entonces hablamos sin verle la cara, a la par de ella: "¿Qué es lo que necesitás?", le pregunto. "Nada", insiste, "voy a tomar un taxi. Anotá la placa", me dice. Es la última medida de seguridad que tomó. Ella tomó el taxi y yo seguí caminando desde el Parque de la Merced hasta la Casa Comercial Industrial Servicio Agrícola Gurdián, que era donde yo trabajaba.

Ese tramo lo puede caminar uno en cinco minutos, diez si alguien te atrasa. El asunto es que cuando yo llegué al Servicio Agrícola Gurdián la recepcionista me dijo: "Acaban de matar a dos guerrilleros en San Juan." Yo no sabía quiénes eran y tampoco sabía que la persona con quien yo había hablado se llamaba Luisa Amanda Espinosa, porque durante el tiempo que estuvo en mi casa le decíamos "Maura".

Pero después supe: la muchacha a quien yo acababa de dejar a las cuatro cuadras fue la misma, y el tiempo que yo tardé en llegar a mi oficina ella tardó en taxi en ir hasta la muerte. Si fuera supersticioso diría que la vi después de muerta, porque el tiempo se juntó tanto. Y lo sorprendente del caso es que yo la vi con ese vestido y ella salió en la prensa con una blusa tejida...

TITA VALLE (militaba con Luisa Amanda): ...Cuando Luisa Amanda Espinosa era militante —y esto tiene que tomarse en cuenta para poder hablar de ella, y de los sacrificios de esta compañera en los primeros años de la década del 70— había relativamente pocas mujeres en el Frente Sandinista. La organización a fines de los 60 y principios de los 70 atravesaba una etapa de reestructuración. Fueron años nuevos y muy duros. Y la mujer en esa etapa tuvo que enfrentar problemas agudos, problemas serios que quizás conformaban una militancia más difícil incluso que la de los hombres. Como el trabajo militar no era el que privaba en esa época, sino el organizativo —reclutar, politizar— pues normalmente en la ciudad eran las mujeres estudiantes que tendrían algún grado de politización.

Luisa Amanda —que era obrera— tuvo que tomar el papel de proteger una casa de seguridad, servir de pantalla, digamos. La apariencia física de la persona contribuía en poder jugar un papel determinado, entonces a ella se le dio el papel de empleada, de sirvienta. Y había mucho trabajo doméstico que hacer. No se puede decir que esa etapa de la militancia femenil en el Frente fuera muy feliz. Era una vida muy dura y dentro de esa vida estaba Luisa Amanda. Era una persona silenciosa...

Cuando yo la conocí acababa de caer su compañero que se llamaba Mauricio Hernández Baldizón. Andaba con una gran tristeza. A nosotros nos llevaban libros de textos de cierto nivel, que ameritaban preparación preliminar para poderlos entender, pero ella los agarraba y los leía. Leía capítulo por capítulo, con una gran tenacidad. Aun comprendiendo una pequeña parte...

ROGELIO: Luisa Amanda se fue de la casa de su madre, y vivía un tiempo con una compañera, doña Carmen, que fue como su madrastra. Colaboraba mucho con los muchachos del Frente. Y vivía a pocas cuadras de donde cayó Leonel, Mauricio y Róger. Es probable que Luisa Amanda los visitaba en la casa donde estaban.

Doña Carmen tenía una comidería que quedaba propiamente al frente de la iglesia de San Luis, en el barrio de ese nombre —que ahora se llama

Carlos Arroyo. Allí llegaban todos los mediodías los obreros de las fábricas aledañas, los albañiles y todos, a comer. Con toda esa gente no podías hablar realmente, no podías decir nada, pero allí estaba Leonel como 15 o 20 días. Allí se reunían ciertos grupos de la Dirección, Carlos Fonseca y otros, allí donde doña Carmen. Me acuerdo que los seudónimos no eran nombres sino profesiones y oficios: "El Arquitecto", "El Ingeniero", "El Doctor", "El Albañil", "El Radio Operador", "El Locutor".

TITA VALLE: La forma de ser de doña Carmen —o sea, el hecho de que colaboraba así— es probable que haya influido en el espíritu revolucionario de Luisa Amanda. Viviendo en una casa de ese tipo, donde hay compañeros escondidos, donde hay movimiento revolucionario. Es posible que esa vida haya provocado sus primeros pasos políticos. Hablaba mucho de su mamá de crianza, doña Carmen...

Cuando a ella la matan pasó mucho tiempo en la morgue sin que alguien reclamara el cadáver. No sé si su madre verdadera la reconoció, por las fotos en los periódicos...

ROGELIO: Doña Carmen no pudo ir a reclamarla, pues estaba quemada y podría peligrar la casa de seguridad que tenía...

DOÑA ANTONIA: Yo llegué a creer que la Luisa andaba con aquellos chavalos que estaban donde la Carmen, pero no me quería decir. Y un día le digo, llorando: "Hija, pero ¿qué vale que me digás qué son los problemas...?" Entonces viene ella, se me arrodilla y me dice: "No se preocupe, le voy a decir la verdad, pero no me vaya a denunciar." "¿De qué?", le digo yo. Entonces le digo: "Parate." "Fíjese", me dice, "que ando así y así. Pero por eso no se aflija porque yo me sé cuidar..."

La última vez que ella vino, llegó abrazando a la hermana, abrazando a la otra, y me dice: "Mamacita, voy para un mandado algo largo, así es que no voy a venir pronto, ¿ve?" "Bueno hija", le digo. Entonces le echo la bendición. Se fue.

Allá como al mes sería, salía en los periódicos, ¿verdad?, una foto del hombre y una muchacha, muertos. Inocentemente ignorando yo que era mi hija, me decía: "Caramba, qué cosa más horrible, cómo les dejaron a éstos..." Pero no la reconocí.

Y pasaron los días, hasta que vino la propia Carmen. No me hallaba porque yo andaba planchando. Dejó un papelito, y en la noche que llego me dice otra hija mía: "Mamá, no se asuste por lo que le voy a decir porque no estamos seguros, pero vino la Carmen a dejar este papel, que dice que mi hermana es la muerta." "¿Cómo vas a creer?", le digo yo...

VICENTA ESPINOSA (la hermana de Luisa Amanda quien fue a reclamar el cadáver): Vino uno en una moto que era mensajero de ellos —de los muchachos— a decirnos, pues, que si no íbamos a reclamarla. Entonces le dije yo que sentía miedo. Pero me dijo que no, que fuera, que no se podía dejar que la quemaran o la botaran. Le dije que no tenía dinero. Fui a conseguir, y me prestaron una poquedad. Pero resulta que el muchacho al día siguiente llegó a la parada de los buses que iban para León, y me dio una cubierta con riales y me dijo que hasta me sobraba, pues, para ir y volver.

Cuando llegué al comando de León, mi sorpresa fue ver que me encañonaban por ambos lados la Guardia, y empezaron a interrogarme, para ver qué me sacaban, pues. Pero yo me puse allí, como dicen, a negar cosas. Para que no le hicieran nada a uno. En ese tiempo yo andaba embarazada de un niño que tiene ahorita nueve años, y seguramente por eso no me maltrataron más. En la morgue el impacto fue muy grande. Me desmayé y me tuvieron que atender en el hospital. Me tuvieron que inyectar.

Como fui con mi sobrina, entonces le dijeron

a ella: "Usted tiene más valor, venga a ver... tiene menos nervios." Cuando yo estoy volviendo en mí: "Ay", dice ella, "si es mi tía". Porque ella tenía una seña a un lado de la rodilla, y al mismo tiempo, pues, tenía puestos unos zapatos que le había dado para esa navidad mi mamá. Como ella andaba en esas cosas había quedado hasta descalza, la pobre. Entonces mi mamá le dio los zapatos. La señal de eso y todo: pues no se perdía ella.

Entonces nos llevan al comando de nuevo y me dijo el coronel Adrián Gros que si yo me la iba a traer. "Sí", le digo, "porque eso es lo que yo quiero, tan siquiera que mi madre por última vez la mire, ya muerta". Entonces me preguntó que si yo llevaba ya listos caja y todo. Le dije que no porque éramos muy pobres. Pasábamos de lavado y planchado. Entonces me dijo él que qué pensaba. "Pedir ayuda a *La Prensa*", le digo yo. Así fue que el día siguiente me fui a *La Prensa* y ya, pues, hablé con el señor Pedro Joaquín Chamorro. Él arregló todo. Yo no lo conocía pero fui y le expliqué el problema, que éramos pobres, que no teníamos de dónde, entonces me dice: "Voy a hablar con la funeraria La Católica." Habló por teléfono a La Católica y le dijeron que no hacían entierros de esa clase, pues. Pero dijo él: "Cueste lo que cueste, yo quiero un servicio de La Católica para la combatiente." Entonces valía mil cuatrocientos. Recogió fondos para pagar todo. Y así fui a traer a mi hermana.

DOÑA ANTONIA: La trajeron como a las cuatro de la tarde. Digo yo: "La vamos a velar." "Sí", me dice mi otra hija, "me dieron el permiso para que la velemos hasta las diez de la mañana". Bueno, así fue. Cuando salimos con ella, y unas pocas personas que nos acompañaban, ya los aviones andaban por arriba. Ya íbamos saliendo de aquí, allá por la entrada al Café Soluble, cogimos la calle recta cuando aparecieron unos muchachos en un carrito. Salieron en carrera, tiraron una bandera roja y negra y se la clavaron a ella, pues...

TITA VALLE: Luisa Amanda servía de correo; era una persona totalmente resuelta, creía en el Frente. No puedo decir que era muy politizada. Pero estaba segura de que el puesto de la mujer estaba en el Frente también. Tenía preocupación por estudiar. Libro que llegaba a la casa, pues, que se podía leer, leía.

EMMET LANG (militaba con Luisa Amanda): Recuerdo que una vez Luisa Amanda venía de la montaña, venía vestida de enfermera, ¿verdad?, y pararon tres guardias. La capturaron. Uno de ellos la quiso violar; se la llevó a un río. Ella aceptó: "Okey, vamos", y ya a la orilla del río le pegó un balazo. Lo eliminó. Es parte de la decisión misma que tiene la montañera. Y logró escapar, como otras tantas veces...

TITA VALLE: Yo recuerdo que cayó la Guardia en una casa donde estaban compañeros. Pudieron escapar y se fueron y la casa quedó más o menos rodeada de Guardia. Esa casa daba a un predio vacío. Entonces Luisa Amanda, regresó a la noche, se metió por la parte de atrás de la casa y sacó una máquina de coser que había, algunas armas, otras cosas. Las llevó a un cauce y las dejó. Después regresó en un taxi, uno o dos días después. Recuperó cosas de esa casa que realmente no tenían un gran valor material, tal vez no valía correr el riesgo de que la hicieran prisionera. Pero se montó en un taxi, se montó así de tope, riéndose con ellos, de forma natural, ¿no? Incluso la regañaban, que era una acción que no debía haber hecho, pues. Pero como la dejaron sola se fue, estando la Guardia al frente. Así era ella.

¿Y la muerte de Luisa Amanda? ¿Cómo fue, realmente, la muerte de esa obrera de 23 años?

ROGELIO: En la casa estaba Enrique Lorente, que era el responsable de la casa y a la vez responsable militar de la zona. Estaba Luisa Amanda, la Gloria Campos —que era la compañera de Enrique—, Víctor Meza, y había otro compañero que no recuerdo. Más o menos a las cinco de la tarde del día de los sucesos, se escuchó un tiroteo cerca, y eso les hizo pensar a los que estaban dentro que la casa había sido detectada. No era cierto, cosa que se comprobó posteriormente. Pero creyendo que era así, Enrique reunió a los compañeros en la sala y les dijo: "Bueno, aquí vamos a buscar cómo salir de esta casa, que está quemada." Y a todo el mundo le dio orden de dejar dos balazos por si se acababan los tiros poder eliminarse. Enrique había caído preso junto con Selim Schible, en 1967. El mismo día de su captura la Guardia les encontró tratando de fugarse, y entonces se habían ensañado con ellos de una manera particularmente cruel. Siempre decía Enrique que no se dejaba agarrar vivo de nuevo.

Bueno, entonces salieron de allí: Gloria con otro compañero, y Enrique con Luisa Amanda. Aparentemente un oreja [14] los ve sospechosos, sobre todo a Enrique que lleva uno de esos maletines de las líneas aéreas con varios mapas que sobresalían totalmente. Y era un momento de un patrullaje terrible; las patrullas no eran simples jeeps sino camiones los que andaban con veinte guardias. El oreja ese los empieza a seguir, los pone nerviosos, y al dar una vuelta los compañeros cometen el error de salir corriendo. Se meten en una casa que tiene un patio grande en una esquina, allí se atrincheran tras unos lavaderos. Aguilera —así se llamaba el oreja, después ajusticiado— entra primero y Enrique le da un balazo en la pierna izquierda. Allí se arma el tiroteo...

---

[14] Delator, informante del enemigo.

TITA VALLE: Luisa Amanda andaba desarmada, sólo había una pistola, que era la de Lorente. Cuando Lorente cae, ella recoge el arma, dispara unos tiros y se quiere volar la cerca. Parece que ya hay quince o veinte guardias tirando. Es en el momento en que ella va volando la cerca que es acribillada...

ROGELIO: Hay una versión —discutible— de que Luisa Amanda remató a Enrique. Porque una señora del otro lado, de otro patio, dice que escuchó que Enrique le dijo: "Pegame un balazo" y que sonó el balazo. Pero esto no es nada comprobable...

EMMET: Enrique tenía varios balazos en el cuerpo. Pudo haber sido herido varias veces. Pero yo quiero hacer hincapié en una cosa, referente a Luisa Amanda. Luisa Amanda no salió directamente de la casa hacia el lugar donde murió. Luisa Amanda subió a la ciudad 10 minutos antes de morir...

ROGELIO: Sí, claro, porque yo la vi. Como les digo, yo la vi. La única posibilidad podría ser que Luisa Amanda haya ido a hacer contacto con alguien, a dejarle algún recado a alguien...

EMMET: Para mí fue a dos sitios posibles. O fue donde doña Aurora, o fue a la supuesta casa de seguridad que tenían José Benito y Enrique cerca de mi casa. Es posible que Luisa Amanda haya ido a dejar a la Gloria en la casa de la Aurora, y regresó a sacar a Enrique. Bueno, esto lo dilucidamos bien fácil: es cuestión de hablar con la Gloria Campos...

GLORIA CAMPOS (militaba con Luisa Amanda): Sólo conocí a Luisa Amanda brevemente en el 69, y después en el 70, los últimos dos meses que compartimos aquella casa. Era una compañera fraternal, muy fraternal con todos, pareja con compañeras y compañeros. Era alegre, gustaba de bailar, gustaba la música, y sin embargo era muy estudiosa, con un gran deseo de superación. Yo la conocía como "Lidia", le habían puesto ese nombre recordando a Lidia Doce, la compañera que cayó en la Revolución cubana.

Cuando se da el ajusticiamiento del teniente Abaunza, la represión es tremenda. Entonces a Luisa Amanda se le encomienda ir a ver a la esquina —se da el incidente en la misma manzana donde nosotros estamos, ¿verdad?—, los compañeros la mandan a ver qué es lo que sucedió. Porque en ese momento iban a llegar unos compañeros a la casa. Iban a llegar precisamente el compañero José Benito Escobar, Efraín Sánchez y el Cro. Emmet Lang. Tita Valle los iba a traer. Ellos se iban a reunir con el compañero Enrique. Pero como se da el caso del tiroteo en la esquina, entonces la compañera va a ver qué es lo que ha sucedido. Se encuentra con el teniente muerto y le dan la seña del carro donde andaban los compañeros, un carro con placa "M", de médico.

Enrique nos ordena salir —Luisa Amanda y yo— a la casa de la madre de Danilo Rosales, la doña Aurora. Vamos a esa casa a las siete de la noche, del día 2. Los compañeros también iban a salir, pero parece que se quedaron algún tiempo más. Y Luisa Amanda tenía miedo, por el tiroteo que hubo en la manzana, que llegaran a catear la casa. Entonces salió muy de mañana y fue donde los compañeros de nuevo, a avisarles que la casa podría ser cateada. Y allí es donde salen todos, y caen. Era día de mi cumpleaños, el 3 de abril. Me acuerdo, porque yo estoy cumpliendo años cuando mi marido cae. Caen combatiendo Enrique y Luisa Amanda.

Gloria Carrión nos trae nuevamente al presente. Han pasado los años, años de lucha durante los cuales los mártires se multiplican: hombres y mujeres. Pero no se olviden de la primera mujer sandinista caída el 3 de abril de 1970. Para que no se olvide nunca, la Asociación de Mujeres Nicaragüenses lleva su nombre. En representación de ese nombre, Gloria cuenta:

GLORIA CARRIÓN: Hoy en día, las tareas de la Revolución son también las tareas de la mujer. Así que considero que no es como incorrectamente se comprende a veces que la mujer no tenga tareas específicas y reivindicaciones específicas. Las tiene siempre, y precisamente por darnos cuenta que es así, creo yo que AMPRONAC pudo llegar a ser lo que fue, y la Asociación nuestra es y será lo que tiene que ser. Pero es que las tareas específicas de la mujer en esta etapa son precisamente las tareas de la Revolución, son sus prioridades, y ¿para qué una organización de la mujer si no es para resolver los problemas que más les duelen a las mujeres? En este sentido, pues, nosotros hemos aprendido a comprender cada vez mejor en qué consiste la condición de la mujer y la vinculación entre esa condición y la de todos los trabajadores, de todo el pueblo en general. En qué consiste la íntima relación de la lucha de la mujer con la lucha del pueblo.

En este período la Asociación tiene como sus principales objetivos lograr una participación plena de nuestras mujeres en todos los campos. Que se incorporen plenamente a la sociedad. Esto significa estar presente en el campo político, en la actividad económica, en la actividad productiva, en la actividad cultural, en la actividad social. Éstos son nuestros objetivos en general. A través de nuestra Organización nosotros le queremos dar a la mujer un instrumento, desde donde se le garantice esas posibilidades. Donde ella pueda ir rompiendo los obstáculos que le dificultan su plena participación, los obstáculos históricos.

La mujer aquí, y en muchos lugares, está relegada a una actividad considerada como no productiva, ¿no?, que es el trabajo doméstico. Ella asume esta carga de manera individual, y nosotros creemos que es una responsabilidad social, porque afecta a todo el ritmo de la sociedad. Por lo tanto consideramos que es un trabajo que debe ser socialmente valorizado, reconocido y asumido; y en otra situación comprendido como un trabajo que debe ser remunerado, ¿verdad? Esto cumple con un objetivo doble: por un lado, mostrar que el trabajo doméstico no es un trabajo de segunda categoría sino que es tan socialmente necesario como los otros trabajos, y que le interesa a la sociedad; por lo tanto, asumir la responsabilidad del mismo. Y, por otro, mostrar en la práctica el tiempo que la mujer invierte en este trabajo y lograr aligerárselo, es decir, independizar a la mujer de este trabajo; y darle tiempo así para que logre incorporarse a la actividad económica y política en general.

Para todo esto el hombre también tiene que adquirir conciencia. No sólo la mujer. En nuestro proceso el Gobierno de Reconstrucción, y el Frente Sandinista en primer término, tienen conciencia de la necesidad de que la mujer participe activamente. Y hay que darle las condiciones para que esto sea posible. Ahora mismo se están revisando todas las leyes que resultan desiguales para la mujer. Hay un respaldo oficial para la Asociación, además de que en el Ministerio de Bienestar Social existe un programa destinado a la mujer. Los centros de desarrollo infantil que se contemplan y que se van creando, una nueva atención a la salud de la madre y del niño, y muchas otras iniciativas empiezan a tomarse.

Nosotras contamos con mujeres de distintas zonas del país, y con muy variadas características: es decir, con campesinas, trabajadoras, amas de casa, estudiantes. Esto nos permite hablar ya con firmeza —además de que el tiempo que se lleva de trabajo permite hacer afirmaciones—, y hemos comprobado, por ejemplo, el papel preponderante que juega la mujer en nuestra economía. De esto hemos hablado ya. Pero hay otras cosas. Durante la guerra la represión jugó un papel enorme en la motivación de la participación de la mujer. Y antes del triunfo, las mujeres de los sectores populares fueron las más activas. Estamos aprendiendo ahora que aun cuando no hay amenaza de represión, la mujer de clase obrera y la campesina siguen siendo las más activas.

¿Por qué? Porque hemos visto que la mujer profesional o la mujer pequeñoburguesa, precisamente porque encuentra canales de expresión propia a través de su profesión, a través de su actividad individual, necesita más atención, más persuasión si se quiere, para poder comprender la necesidad de su integración total. En cambio, la mujer de la base se vincula con espontaneidad, con entusiasmo, entre otras razones porque es precisamente en esta integración que ella encuentra su realización propia. La pequeñoburguesa satisface su inquietud muchas veces en forma individual. La mujer de la base necesita más de la colectividad. De por sí, la proletaria da una respuesta más consciente y más consecuente. Y allí comprobamos, en la práctica, el aspecto clasista de la lucha de la mujer.

Dentro de la pareja, sobre todo en nuestra vanguardia, una práctica compartida y la participación misma de la mujer, tienden también a afectar el campo de las relaciones personales. Aquí tenemos otro aspecto interesante para la observación, y que nos está enseñando muchas cosas. Es justo decir que esto no es una situación lograda a cabalidad todavía. Ésta es una lucha larga: el proceso de cambio de las relaciones personales a nivel de la vida cotidiana es el más largo porque tiene que ver con una educación de años. Tiene que ver con las concepciones ideológicas que nos hemos ido formando, que a veces se nos escapan a la voluntad y al deseo, ¿verdad?

Me acuerdo de discusiones y de posiciones incluso durante la misma lucha. Me acuerdo de una discusión que tuvimos sobre la nieta de la Mercedes Taleno —la hija de la Lesbia— cuando iba a nacer.[15] La Lesbia fue capturada y encarcelada. Fue un caso muy comentado; movilizó una gran denuncia. Recuerdo que alrededor de ese caso hubo también una discusión interna, entre compañeros y compañeras del Frente. Muchos compañeros decían entonces que ella debía abortar ese hijo, que ese hijo era algo que había que repudiar porque era el hijo de un asesino, pues, de un guardia. Y recuerdo que yo sostuve que no, que ese hijo era un símbolo de la lucha que debería de ser un orgullo no sólo de ella sino de todos nosotros, ¿verdad?, porque era un hijo producto y manifestación concreta del espíritu de lucha y de resistencia de nuestro pueblo. Y de la decisión de combate de nuestras mujeres. Repudiar ese niño, en mi opinión entonces —y ahora— reflejaba un poco la posición desde la cual el hombre concebía la descendencia, por así decirlo, casi exclusivamente por línea paterna.

Así que los conceptos son muchos y la formación de nuevos valores una cosa compleja pero que nace inevitablemente de una lucha como la nuestra. Las viejas formas de pensar y actuar no se rompen de un día para otro. Aquí la Asociación está llamada a hacer un trabajo largo y profundo, tanto en el campo de las relaciones hombre-mujer como en el campo de las relaciones sociales y económicas en general. No basta con cambiar estructuras, sino que hay que tener un proceso de educación, de lucha ideológica.

---

[15] Para leer el testimonio de Lesbia y Mercedes, véase el capítulo "Las madres y las hijas".

2. LAS COMANDANTES

I. DORA MARÍA TÉLLEZ Y LETICIA HERRERA /
DOÑA MARÍA DORA

DORA MARÍA: ...En cuanto a la participación de la mujer, yo creo que no ha habido repliegue. Lo que hay es un reacomodamiento, una reubicación de tareas. La tarea específica de la mujer, incluso, entra en un proceso que cambia totalmente sus características. Y es que la participación de la mujer es tremenda —ahora y siempre—, inmensa, y además hay voluntad de participar, que es lo que hace falta. El potencial en el combate fue gigantesco. Si decae ahora..., yo creo que en definitiva será responsabilidad nuestra mantenerlo. Es difícil: porque también en el caso del hombre hay un porcentaje que no se mantiene, pero si logramos mantenerlo y canalizarlo bien hacia actividades específicas, va a demostrar la buena conducción política del momento. Para mí no ha habido repliegue: ha habido más bien reacomodación, y eso en general para todos los trabajadores, para todo mundo...

Estamos en una casa en Matagalpa, ciudad cafetalera y ganadera del norte. Es una casa de esas largas, interminables, de las pequeñas poblaciones nicaragüenses. Llegamos a conversar con las compañeras Dora María Téllez y Leticia Herrera, comandantes guerrilleras de esta liberación. Dora María, menuda, muy blanca, rápida de movimiento y de gesto, nerviosa de cigarrillo en cigarrillo, con voz ronca revelando de forma natural imágenes de una gran vitalidad poética. Leticia, físicamente más latinoamericana: la tez oscura, los ojos pardos. Las dos mujeres "descansan" ahora —sus últimos meses incluyen la toma de León (segunda

[74]

ciudad de Nicaragua) y las múltiples tareas organizativas de un proceso revolucionario que se con-
solida. Se le recuerda a Leticia como integrante
del comando que ocupó la casa de "Chema" Castillo en diciembre de 1974. Dora María —ojos claros
bajo una boina negra, en un rostro inesperadamen-
te joven: recuerdos de un recorte de periódico—
fue la "Comandante Dos" de la toma del Palacio
Nacional, en agosto de 1978. Ahora a ambas mujeres les esperan tareas más políticas que militares: Dora María pasa a trabajar en Managua, con
las organizaciones de masas a nivel nacional; Leticia brega con un trabajo similar en León.

Una espesa sombra envuelve la habitación. La
lámpara del techo cuelga demasiado alto para poder iluminar eficientemente las anchas mesadoras,
los uniformes verdeolivo, el cuero negro de las
botas. Leticia casi desaparece en el sillón; tiene
meses de cansancio en la cara. La piel pálida de
Dora María recoge y refleja los pequeños atisbos
de luz; sus manos en constante movimiento pren-
den cigarros, destapan un pomo de jarabe para
la tos, enfatizan, señalan...

La madre de Dora María se llama María Dora. La
buscamos casi un mes después de la conversación
con su hija, y la encontramos en la pequeña casa
en Managua donde vive con su esposo. Allí respira
después de una larga noche de angustia, allí se
recupera y se acostumbra a la sobrevivencia, a la
voz alta, a la hija-comandante que llega a veces
a desayunar. María Dora es una mujer de mediana
edad, de rostro franco donde el sufrimiento se
oculta tras la vida ordenada, la unión matrimonial
y las aspiraciones para los hijos...

DORA MARÍA: Haber nacido en este país, dentro de
una familia pequeñoburguesa —acomodada— implica necesariamente una educación religiosa, un
colegio de monjas. Desde chiquita hasta el bachillerato. Implica también la inmersión del niño, del
joven y del adolescente en un círculo social específico. Yo recuerdo, por ejemplo: nosotros no te-

níamos mucha conciencia —digo nosotros: mi hermano mayor y yo. Además, si la tenía, no me importaban mucho las cosas. Pudiera importar, por ejemplo, tener amigos que pertenecieran a las andanzas del grupo del Country Club, pero entonces la adolescencia suple con otro tipo de actividades —vamos a pasarla a otra parte— y a medida que se va creciendo ya el círculo social da un salto, tiene que irse trazando sobre lo que se exige socialmente que se vaya a ser. O sea: cada quien se va ubicando y el que no se ubica: no hay nada. Era habitualmente el proceso aquí, y efectivamente fue, en sus aspectos generales, un proceso de desvío...

MARÍA DORA: Dora María siempre fue muy franca, muy precoz, tenía sus cosas raras, pues, una niña extraña para su edad. Pero nunca me imaginé qué iba a ser de ella. Me acuerdo una vez que hubo una huelga de maestros en su colegio; la metieron. Casi la expulsan las monjas, pero dijo: "No, madre, fui yo." Las que no habían sido no las quiso culpar y ella se culpó por salvar a las otras. Después la Madre Superiora se dio cuenta de eso. Dora María siempre tenía su carácter: muy firme. Lo tenía firme de muy niña, sin ser malcriada, pues, sin ser una niña altanera ni grosera. Era obediente, dulce, pero con su carácter bien firme, desde muy niña lo demostró, y ya ve...

DORA MARÍA: Recuerdo que la primera pregunta que me hice sobre una cuestión de clases, fue cuando tenía 6 o 7 años. Estando en primer grado pregunté por qué la planchadora de mi casa no podía ir al Club. Yo fui algo inadaptada al ambiente en que me metieron. Nunca me adapté totalmente a los círculos sociales cerrados, ni a los prejuicios que habían allí: donde había nacido, en el pueblo. Es todo un proceso donde por supuesto influye también la educación del hogar...

En mi casa, por ejemplo, se decía que al trabajador —independientemente del trabajo que haga— hay que respetarlo. Porque ése está ganando la vida trabajando. Igual las mujeres del mercado, los que lustran las botas, los que hacían cualquier cosa. Eran trabajadores.

Mi papá es de extracción casi proletaria, después trabajaba así de administrador y luego con el gobierno, de funcionario. Primero en los ministerios y después en el Seguro Social. Mi madre es de extracción burguesa, de esas familias aristócratas, sangre azul, de esas reaccionarias remachadas de nombre como son los Argüello: todo un apellido que han perdido y se han quedado siempre con la idea de que ellos tienen sangre española. Como mi papá era un "pelado", que no tenía dinero, mi mamá tenía que trabajar: hacía vestidos en una pequeña sastrería. Siempre trabajó, y sigue trabajando, en eso. Y le da una ventaja, porque es más realista que el resto de su familia.

Yo era inadaptada, rebelde... Matagalpa por ejemplo es una ciudad de miles de campesinos desposeídos. Era rebelde y empiezo a participar en las directivas esas de los colegios. Empiezo en las directivas de secundaria. En 1969, 70, cuando comienzo, se rompe la huelga de los maestros, la huelga por la leche, la huelga de los hospitalarios. El 70 es un año clave en todo el país. Jamás, en ninguna época, se habían dado las movilizaciones que se dan en 1970. Eso nos agarra a nosotros en mitad de la secundaria. También nos agarra por ejemplo la campaña del 6% del presupuesto nacional para la UNAN, donde a mí me alcanza la primera ficha de la Seguridad. ¡Tenía entonces 13 años!

Después, las huelgas políticas, fundamentalmente por la liberación de los prisioneros del Frente Sandinista. Casi toda la Dirección del Frente había caído prisionera en 1970: la famosa redada del 70. Hicimos huelga para que no los mataran, y no los mataron. Por eso hay compañeros que todavía están: Daniel Ortega, Polo Rivas, Óscar Benavides a quien mataron en Estelí este año. En 1972, cuando se da el terremoto, nosotros participamos...

MARÍA DORA: ...Yo me di cuenta que mi hija andaba en algo en realidad como para el terremoto.[1] Ella no era todavía universitaria, pero cuando el terremoto hubo un censo en Matagalpa, un censo de los damnificados que habían sido evacuados de Managua. Yo creí que en realidad se trataba del censo, pero lo que más le interesaba a ella era recorrer los barrios pobres, darse cuenta de esos barrios, de la vida que llevaba la gente marginada. Después, en marzo de 1972, se fue a la universidad, allí en León. Y León es la cola del estudiantado, por así decirlo. Yo tenía miedo, miedo porque ella era algo inquieta, tenía miedo de que se metiera en todas esas cosas y le pedía que no fuera, que no se metiera. Pero se fue. En realidad, exactamente segura de que ella estaba metida en algo, nunca lo pude estar...

DORA MARÍA: En 1972 el Frente de una u otra manera participaba tratando de hacer trabajo político con el pueblo. Ésa era la situación, una situación gravísima que salvó el terremoto. Aquí en Matagalpa, por ejemplo, estaba Doris Tijerino, Carlos Arroyo, Mary Bolt, estaba yo. Había mucha gente pero la que más recuerdo es ésta. A nosotros nos tocó un grupo para censar los damnificados del terremoto. No había tal censo; hacíamos numeritos porque andábamos haciendo trabajo político. Nos toca a Doris, a Mary y a mí el mismo grupo y nos mandan a censar al barrio más pobre de aquí de Matagalpa: El Chorizo. Doris se debe acordar todavía dc eso. Ella era militante ya e incluso había salido de la cárcel por segunda vez. Yo sabía en ese momento que la orientación que recibíamos era del Frente, pero no militaba todavía.

Termino el bachillerato a los 16 años y entro a la universidad. Ahí todo cambia. Quería estudiar medicina y sólo en León hay medicina, así es que

[1] Desastre en que mueren entre 20 y 30 mil personas en Managua en diciembre de 1972. Doscientos cincuenta mil quedan sin vivienda.

entro a la universidad de León y ahí es donde me reclutan como militante.

Tenía 16, 17 años. Trabajo allí en el movimiento estudiantil, y también en varias actividades semi-clandestinas: de apoyo para la gente de la montaña. Comprar ropa, comida, abastos. Conseguir armas, medicinas, casas de seguridad con grupos de colaboradores. Las actividades de entonces, que eran los planes del 73. En el 74, por ejemplo, ya, después del asalto a la casa de Castillo Quant,[2] viene la época esa de reflujo tremendo, y nosotros, los militantes legales, entonces perdimos un poco la relación con los del monte...

MARÍA DORA: ...Yo le decía: Dora María, no te metás, cuidado si te vas a meter a esos asuntos, vas a perder tus estudios. Porque ella desde muy niña decidió estudiar medicina. Desde muy niña, ésa era su gran ilusión. Entonces me decía: "No mamá, no puedo, si yo soy estudiante de medicina y perdería mis estudios si me pongo a meterme a eso." Otro día nos vino pues con que se iba a cambiar de casa, porque la amiga que estaba allí estaba medio "coloreada" —le llaman así a los que están chequeados— entonces me hacía creer que ella no estaba metida en nada. Cuando la toma de la casa de "Chema" Castillo yo le vi a ella una alegría tal, un entusiasmo de ver pues que el Frente se había tomado la casa de "Chema" Castillo. Pero siempre ella estudiosa, que no dejó de estudiar un solo día. Hasta el día que se fue...

DORA MARÍA: Se acostumbraba entonces que la respuesta a la represión era el retiro, o volver a las

[2] El 27 de diciembre de 1974, el comando "Juan José Quezada" del FSLN toma la casa de un somocista donde se ofrece una fiesta al embajador norteamericano y hay altos personeros del régimen. Logra la libertad de los presos políticos, un millón de dólares y la publicación de comunicados de la Organización explicativos de la situación del país y de las metas del FSLN. Léase la versión de alguien que estaba en la fiesta, en el capítulo 10.

catacumbas, y se mantenían frías las actividades. Es la realidad de 1974, y fue una racha de mala suerte. En 1974, 1975 eran bien duras las condiciones de represión. Al norte y occidente del país se producen cientos de presos, miles de presos políticos que son juzgados por una corte militar después.

En 1976 yo paso a la clandestinidad. Hago un trabajo más bien educativo, paso a la montaña en el norte de Nueva Segovia. Después me bajan a la ciudad de nuevo, nos quedamos en la ciudad definitivamente. Después del operativo de Palacio Nacional [3] tengo que salir al exterior. Y regresamos —una decisión rápida—: Granada, Managua, León, Chinandega. Ya estamos definitivamente aquí para la insurrección...

MARÍA DORA: El día que se fue nos dejó una carta. La última vez que la vimos fue el 4 de enero del 76. Era domingo, porque ese día iba ella para León, a la universidad. El lunes comenzaban las clases. Y ya no la volvimos a ver. Imagínese usted: yo no sabía. Pues en la carta decía más o menos que no la buscáramos, que ella era militante del Frente Sandinista. Que no la buscáramos porque más bien le podíamos hacer daño preguntando por ella. Porque en realidad aquí ser sandinista era un pecado...

Me acuerdo que fue un domingo, como a las cinco de la tarde. En la mañana empezó a arreglar su valija y sus cosas privadas. De la gaveta del tocador que ella tiene —tenía una gaveta con llave— sacó una banda que le pusieron el día que se bachillerabà, y me dijo: "Mamá, vos guardás esto." "Sí", le digo, "pasalo". Yo guardo todo lo de ella desde el primer libro que escribió, de tres años y medio. Porque ella entró al colegio de tres años. Entonces ya me lo dio, pero no se me ocurrió jamás que era porque... Yo no sospeché jamás que era para irse...

---

[3] Véase nota 11, capítulo 1.

Ella tiene un cuento, se puede decir, o un relato. Ella estudiaba medicina como le digo, y entonces en unas vacaciones pidió a un amigo nuestro que es médico que le consiguiera entrada al hospital Vélez Paíz, para ir a hacer prácticas de ginecología y de partos. Le consiguieron un puesto, estuvo yendo varios días. Un día vino muy emocionada porque había traído su primer niño al mundo, vino con salpiquitas de sangre. Entonces sobre eso escribió un relato, y cuando ella se fue lo dejó sobre su escritorio en la casa donde vivía en León. Puso "Papá, Mamá y Negro" —Negro le dice al hermano— con amor". Viera qué bonito es, todo el relato acerca del parto y las últimas cosas que ella dice acerca de lo que sería... Se lo voy a traer, creo que aquí está...

Las doce del día; aun cuando estamos en una habitación con aire acondicionado se siente cómo va arreciando el calor.

Tengo un poco de hambre y me siento en una silleta a conversar con médicos y enfermeras mientras fumo un cigarrillo. Desde aquí, puedo captar la totalidad de la sala de partos; dirijo la vista hacia la izquierda y veo en una mesa junto a la pared blanca unos grandes frascos cada uno con su respectiva inscripción; allí hay algodón, gasas, pinzas, guantes, tijeras, en fin, material necesario y suficiente para un parto normal. Al lado, un poco separada, se encuentra una cunita inclinada unos centímetros hacia abajo, de material plástico o fibra de vidrio; luego una balanza para niños, un lavamanos y una pileta.

Frente a mí hay tres camillas con sus aditamentos especiales, separadas entre sí por cortinas de plástico de estampados en colores suaves. Cada cama tiene a su lado una mesita donde habrán de colocarse los instrumentos a utilizarse, y también cada una posee un sistema de luces directas.

Al lado derecho está la puerta de entrada y casi pegada a ella hay una puerta que comunica con otra sala de espera.

Me apoyo en una mesita donde se halla un libro para el debido registro de nacimientos, y sigo conversando.

Estoy terminando el cigarrillo cuando en la puerta de comunicación con la otra sala aparece una enfermera, a su lado está una señora de facciones campesinas y aspecto cansado metida en una bata blanca que lleva en un lado las iniciales del hospital.

—Otra. Oigo la voz de la enfermera, no muy triunfal el tono en que lo dice. Nos hemos callado todos y

—¿Cuántos hijos ha tenido? —pregunta una doctora que se va levantando ya.

—Nueve —esta vez es la señora.

—¿Te la llevás?

Vaya, la pregunta es para mí. Creo que debo responder algo. Nunca he atendido un parto. Apenas soy estudiante de medicina y no de años superiores. No pienso más, y antes de arrepentirme digo:

—¡¡sí!!

Por supuesto, el sí fue la llave maestra para mis nervios; casi imperceptiblemente mis manos comienzan a temblar. Tomo los guantes, trato de ponerme uno y (¡Dios!) el guante se rompe. Tomo otro par, me entalco las manos y ahora sí me los pongo bien.

Una enfermera se me acerca, va a ponerme una bata verde (casi contamino los guantes tocando la bata). Me voy sintiendo importante y no sé por qué. La enfermera cierra la bata y la reafirma con esparadrapo.

Creo que estoy seria.

Me acerco a la señora quien ya está colocada, las piernas hacia arriba apoyadas sobre unas barras pequeñas que están fijas en la camilla.

La doctora está a mi lado y me indica que la palpe. Bien, ya estoy palpándola, el niño está muy alto aún, no siento la bolsa y expreso que todavía le falta un poquito de tiempo. La doctora confirma mis palabras y vamos a esperar un rato.

Estoy tratando de tomar valor, es más, creo que lo estoy logrando. Va a dar comienzo la primera lucha por la vida de un ser humano, de un HOMBRE que puede llegar a ser un profesional cualquiera, un gran pensador o un gran poeta, un fracasado, una persona con demasiada soledad sobre sí, un luchador, un idealista o alguien que va a sostener y a llevar consigo todo el lastre de esta sociedad corrupta y a estar coronado o condenado a la más infernal pobreza.

Mejor dejo de pensar, la señora ya se está quejando de nuevo, vuelvo a palparla y me parece que ya es la hora.

—Puje señora. ¡Cada vez que tenga dolor puje! Haga fuerza hacia abajo (soy yo).

La señora gime.

El niño viene ya.

Un poco más y lo logramos.

—¡Puje! —Ya casi está.

Estoy sudada.

Va asomándose la cabecita. Trato de abrirle espacio. Viene y ¡UF! ¡YA ESTÁ LA CABECITA AFUERA! Es el primer contacto con el mundo y lo recibo yo.

Tomo la cabeza con ambas manos, le doy media vuelta suavemente, halo con fuerza, sale un hombre pequeño y ¡YA ESTÁ! HE SACADO COMPLETAMENTE AL NIÑO. La enfermera toma al niño por los pies en tanto yo con una pera de aire voy despejándole la garganta y la nariz. Se me cae la pera, me pasan otra, sigo con el mismo apuro, mis manos tiemblan ¡EL NIÑO YA ESTÁ LLORANDO! La respiración que se me había detenido vuelve a su ritmo normal.

Tomo una pinza, presiono con ella el extremo materno del cordón umbilical, con otra pinza presiono el otro extremo. Tengo ya las tijeras en la mano y voy a separar el lazo material que ha unido al niño y a su madre durante nueve meses. Corto. Queda aún un lazo más fuerte, el lazo del amor, de ese inmenso amor maternal que es difícil, sino imposible, de cortar.

Se llevan al niño, yo me quedo atendiendo a la madre, le limpio el útero mientras presiono el abdomen. Se queja un poco la señora.

Bien, ya he concluido.

Me siento cansada, sin nervios.

Llega de nuevo la doctora, revisa, afirma. La señora ha sangrado un poco y está descansando ya.

He cooperado con la naturaleza para dar un nuevo hombre al mundo. La vida se abre ante él en una sala de partos donde lógicamente, o no, llegan personas de escasísimos recursos. Le espera, lo más probable, la pobreza si no la más infamante miseria, que de hecho ya está comenzando a vivirla.

¿Logrará sobrevivir su cuerpo? ¿Y sus anhelos?

¿He completado mi misión ayudándole a nacer?

Debo responder que *no*; el trabajo estará completo cuando no sólo se haya dado al mundo un nuevo hombre, sino, cuando al hombre se haya dado un mundo nuevo, un mundo diferente.

Me quito los guantes y me lavo las manos (?), pero no pretendo lavarme las manos para cooperar en el nacimiento de ese mundo nuevo, que como casi todo parto es doloroso y a la vez dichoso.

DATOS DEL BEBÉ:

—Sexo: Masculino.
—Peso: 8 libras y 6 onzas.
—Vivo.
—Completamente normal.
—Lleno de esperanzas por ese mundo diferente.

CERTIFICA EL NACIMIENTO: Dora María Téllez.
NOTA: Éste es un relato absolutamente verídico. He omitido los nombres por razones obvias, queriéndole dar un aspecto más amplio al relato.

MARÍA DORA: Nosotros simpatizábamos, claro que sí, pero teníamos horror. Además era una niña, para nosotros era una tierna de 20 años. No supimos para dónde cogió, en realidad no lo supimos nunca —hasta después de dos años y medio que ella vino a lo del Palacio, nos enteramos de que estaba en Nicaragua. Porque nunca tuvimos un recado de ella, un papelito, nada.

Ese tiempo que nosotros pasamos sin saber nada de ella, fue un sufrimiento que usted no se puede imaginar. Sin saber una palabra... Todas las mañanitas me levantaba temprano y me venía a la puerta: tal vez debajo de la puerta me han tirado un papelito... Como decían que no pueden mandar con nadie, por lo peligroso que era aquí. Era peligrosísimo. Por la menor tontera lo mataban a uno. Entonces yo me salía aquí a la puerta y abría pues para ver si veía algún papelito. Nunca nada. Entonces pensaba: ¿comerá?, ¿dónde vivirá?, ¿dónde está?, ¿qué hará? Todas aquellas preguntas que uno se hace. Que me mandara a decir: "Estoy bien", yo me hubiera conformado, decía. Me conformaría con tres palabras: "Mamá, estoy bien", aunque no nos diga dónde estaba. Pero nunca nada. Para mí fueron dos años y medio de angustia: mi única hija.

Unos ocho meses antes de lo del Palacio nos contaron que ella estaba en el norte, en las montañas del norte, que había estado en una hacienda. No dio su nombre por supuesto, pero supimos que era ella por miles de detalles que nos dio la señora. Pero de ella directamente, nada. En los periódicos se había dado por muerta varias veces. Dos años después de irse ella, mataron a una muchacha del Frente, salieron en los periódicos los retratos de la muerta, los miré pero no vi nada. Después me llamaron por teléfono, una llamada anónima: "...que recogiéramos el cadáver de Dora María", que ella era. Además salió en la radio que unos compañeros la habían identificado, que estaba en la morgue. Fui yo a ver si era cierto y no era. Inmediatamente me volvieron a llamar que estaba otra persona y que ésa sí era ella, pero gracias a Dios... Después del Palacio volvió a darse por muerta, y después cuando lo de Edgard Lang,[4] pero no...

Como dos meses antes de lo del Palacio, ella nos mandó un *cassette*. Así supimos que estaba en Nicaragua. Cuando lo del Palacio presentí que podía ser ella una de las tres mujeres, porque decían que eran tres muchachas las que estaban en el comando. Yo presentía que podía estar allí. Entonces fuimos al aeropuerto cuando se fueron y allí comprobé que era ella, ve, la vi en el bus. Yo estaba en el andén, en la acera del aeropuerto, cuando pasó el bus con los guerrilleros y los rehenes. Iba tapada, verdad, tapada su cara, pero imagínese: los ojos de ella que no se pueden perder. Desde Panamá me mandó un papelito chiquito...

Uno vivía esperando lo peor, lo más horrible. En abril del año pasado sale en el periódico que el

[4] El 16 de abril de 1979, en León, seis militantes del FSLN son asesinados por las fuerzas represivas. Son Edgard Lang Sacasa, Óscar Pérez Cassar, Roger Deshon Argüello, Carlos Manuel Jarquín, Idania Fernández y Araceli Pérez.

comandante de León que era un Evertsz dijo que
estaba casi seguro de que Dora María era una de
las muertas cuando lo de Edgard Lang. Entonces
yo me fui a León para ver los cadáveres. Ya los
habían sacado de la morgue y los habían enterra-
do. Pero una persona que venía del entierro, hermana de uno de los muertos, me dijo: "No es
ella, yo la conozco y no es ella."

Eso fue en abril. A mediados de mayo me llamó
por teléfono —no sabíamos de dónde—, era muy
peligroso. Ella no dio su nombre, pero su hermano
tan pronto recibió la llamada la reconoció al ins-
tante. Al poco rato empezó la insurrección final.
Tampoco sabíamos que estaba en León, hasta
que se tomó la ciudad completamente, y la Radio
Sandino, pues, dijo que "Dora María Téllez, la del
Palacio, la misma del Palacio, hoy Comandante
Patricia, se tomó la ciudad de León", entonces ya
sí nos dio más miedo aún, porque todavía estaba
la Guardia y nos podía venir a molestar por ser los
padres. Si aquí así era... Pero gracias a Dios
nunca nos molestaron en nada.

Cuando la vimos por fin, eso fue emocionantí-
simo. Había mucha gente aquí en la casa, porque
tenían deseos de conocerla. Para mí fue una impresión grande. Estaba esperándola desde como
las dos de la tarde del día 20. En cuanto pasara lo
de la Junta en el Palacio, allí en la Plaza de la Revolución, creí que podía venir temprano, pero vino
como a las 5, y vino con 13 muchachos más, compañeros de ella, es decir, guerrilleros. Y tanta
gente, bueno, yo estaba impresionadísima. Y a al-
morzar, pues, que a eso venían. Entonces ya no
pude ni platicar largo con ella. Fueron unas pa-
labritas porque: ahí no más. Al rato, pues, se
fueron. Los primeros días yo la veía a ella triste.
Siempre que venía yo la veía un poco... no
triste, exactamente, sino un poco callada. Me imagino que la fatiga que traía, tanto tiempo en
León, tantos días de guerra, nerviosa supongo. Pero
ahora no. Ahora veo a la misma niña que se fue
hace cuatro años.

DORA MARÍA: La militancia de cinco, seis años: cargada de historias, larga desde el punto de vista de la experiencia. En estos años se viven la formación que se dio en ese período, la división de la organización.[5] El proceso de división fue largo y el proceso de unidad también fue largo. Para unos cuantos que quedamos, de repente lo que uno creía indestructible, indivisible —porque ésa era la educación—, y ve que pa, pa, pa, se parte y queda desintegrado. Es triste, sobre todo cuando uno se ha formado en algo tan fuerte... Las tendencias: la división no era necesaria pero lo que originó la división sí era necesario, que era la discusión interna de los problemas, de la línea, de la estrategia, de las aplicaciones y la lucha de nuestro pueblo.

¿Por qué la división en tendencias? Falta de madurez, tal vez. La nuestra era una organización que no estaba preparada para el proceso político. Pocos dirigentes y poca gente de base tuvo oportunidad alguna vez de platicar, de estudiar mucha teoría. Debe haber un proceso teórico. Así, paso a paso, era difícil, pues. Los pocos libros que se podían conseguir: uno de Giap, *La guerra de guerrillas* del Che, algún discurso de Fidel, *El estado y la revolución* de Lenin, *La mujer cubana ahora*... Esos libros, más 10 más, siempre era poco. Partiendo del carácter general del pueblo nuestro, y del personalismo.

Ahora, con las tendencias nosotros tuvimos una ventaja. Nosotros rompimos con los otros, nos dividimos, pero hubo una ventaja que tal vez no tienen en el resto de América Latina: las tres tendencias seguían siendo sandinistas. No solamente el sandinismo del 34, sino el sandinismo de

[5] En 1975-1976 el Frente Sandinista se divide en tendencias: primero entre la tendencia de Guerra Popular Prolongada (GPP) y la Proletaria, y después surge una tercera tendencia: los Terceristas, o Insurreccionales. Un arduo trabajo de unidad reúne las tendencias otra vez a fines de 1977. La experiencia fue, más que nada, una profunda discusión estratégica y táctica.

los fundadores de la organización militar, el sandinismo de los héroes de la organización, antes de la división. Es un tronco común que nos une, como si en definitiva hubiéramos sido paridos por una misma madre. Éramos ramas del mismo tronco. Nos habíamos separado, pero por eso es que nosotros decimos: bueno, el proceso de unión es de tendencias dentro de una organización. Porque fíjate una cosa: aquí en septiembre [6] el sandinismo es vanguardia, y es el Frente Sandinista la vanguardia, es el Frente en sus tres corrientes, tomado en conjunto. El sandinismo es nuestra identidad nacional, pero es también algo más que la identidad nacional de este pueblo. Fíjate como hay hombres que en determinados momentos guardan para sí la dignidad de todo el mundo, y después se recupera lo que ha sido guardado por uno o por unos pocos, ¡y vuelve a ser la dignidad de todo el pueblo!

Y digo hombre y digo también mujer. Porque yo entiendo todo esto para hombres y mujeres igual. Hay un valor que es fundamental: la moral. Una persona puede ser débil físicamente. Puede ser incapaz de hacer muchas cosas. Pero el respeto es posible sólo con una moral elevada. Es la gente por ejemplo que no aguanta una carga de 50 libras en una montaña pero que se ve sensible y se va muriendo, pero ahí va. Y no se queja en el camino aunque se vaya arrastrando, mal, aunque se vaya desmayando con las 50 libras, ahí va. Y se desmaya con las 50 libras encima y eso le da respeto. Produce en los compañeros alrededor un respeto.

Esto ha sido el caso de nuestras mujeres. Había en nuestra organización en un determinado momento una tendencia a subestimar a la mujer. Te hablo del 63, más o menos. Incluso la norma establecida en aquel entonces era el no ingreso de mujeres a la organización. Después se empezó a romper, poco a poco, se fue rompiendo pues, y

[6] La insurrección parcial de septiembre, 1978.

los primeros ingresos que se dan son con la Gladys Báez,[7] la Doris Tijerino, la Luisa Amanda Espinosa. Son las primeras mujeres que se integran a la organización, y ya después poco a poco se van incorporando más. Hablábamos de la división: pues tiene mucho que ver también. La división rompe un esquema rígido, rompe un esquematismo, rompe además moldes, creencias, mitos que a la mujer la enajenó...

A veces las organizaciones revolucionarias —para crecer— tienen que ir como más allá de la realidad, con una fe más allá. Hay golpes tan duros que uno no tiene más remedio que creer en lo que sea, pero además creer con una firmeza tal, inconmovible. Tal vez en otro momento, por apreciación lógica, y por análisis, uno dice: no, no hay que creer en eso. Pero en esos momentos sí. La formación que nosotros tuvimos fue de una fe tremenda, de una dureza de militante. En las primeras escuelas nuestras los compañeros comían muy poco para que se fueran acostumbrando a lo que sería la montaña. No era lógico eso, no era lógico, pues. Esa persona que no come un mes no se acostumbra a no comer después. Pero es una muestra de la formación rígida, dura y además tremendamente crítica, cerrada —no estrecha, pero cerrada—, bien firme. Los militantes de la época nuestra somos casi todos iguales: forjados así, de una fidelidad tremenda a la organización y al pueblo. Y además la fe en el pueblo que nadie sabe nunca por qué se da. Yo digo que es que las revoluciones no las hacen gentes totalmente corrientes. Los revolucionarios siempre tenemos algo de visionarios. No será muy formal esto que te digo, ni muy político, pero es cierto.

Es como una locura; no sé por qué. Además es lo que hace creer a uno. Me pregunto ¿por qué nosotros en 1973, con la represión brutal, cuando la gente no colaboraba —porque ésa era la realidad—, cuando señalaban al compañero que hacía

---

[7] Véase el capítulo 8.

los asaltos, cuando lo señalaban en las calles, cuando la represión nos desbarató, cuando cayeron miles de personas, cuando "no se le veían las casas al pueblo" como decimos nosotros, ¿por qué seguíamos creyendo? ¿Y por qué creyeron los hombres del 67, los del 63, los del 61, los del 60? ¿Por qué creyeron que un día el pueblo se iba a levantar? Yo no sé, pero eso es la Revolución.

¿Qué hace creer al hombre en su propio potencial como hombre?, ¿qué hace creer a la mujer —del conglomerado que se llama humanidad— que es capaz de hacer cualquier cosa? Eso no lo enseña nadie. Es una de las grandes cosas que tiene la Revolución y no se lo enseñan a uno en la escuela. A uno no lo enseñan en la escuela a creer en la humanidad. Nunca. En la calle no te enseñan a creer en la humanidad. La religión no lo enseña. Lo enseña a uno a creer en Dios, pero en el hombre no. En la mujer no. Entonces es difícil despertar esa creencia.

Es una idea obsesiva: se tiene que levantar el pueblo, se tiene que levantar. Es una fe histórica que está intrínseca en la gente. Es casi una percepción, una mente imaginándose las cosas, un proceso de alimentación constante. Nosotros teníamos muy poca capacidad de percibir las experiencias de este pueblo. Porque claro, más que la Revolución cubana —que además la percibíamos un poco lejana en cierto sentido (cerca del punto de vista emocional, pero lejana de comprender toda la mecánica esa)— percibir que los pueblos históricamente son capaces de hacer revoluciones, que tienen que hacerlas y además las van a hacer, pues es una dinámica histórica; eso yo no lo entendí nunca como una dinámica histórica. Además, no sabía ni qué cosa era una dinámica histórica.

Lo que sabíamos: íbamos a hacer la Revolución en 10, en 20, 30, 40 años, lo que fuera. Todos nosotros creíamos que nunca íbamos a ver este momento. Para nosotros esto sigue siendo una sorpresa, lo que nosotros decimos "horas extras".

La comandante Leticia —Miriam fue su último y más conocido seudónimo— escucha todo. A veces asiente con la cabeza. El cansancio en su rostro conspira —junto con las espesas sombras del lugar— contra fotos y palabras. Ahora, pausada y escuetamente, aporta algunos datos de su vida...

LETICIA: En mi caso, mi formación prácticamente arranca desde niña. Mi padre fue obrero y con la muerte de Somoza viejo[8] sale porque estaba involucrado. Tiene esa vivencia y me la trasmite. Sale del país, tiene que salir —y hago una aclaración: yo no soy nicaragüense. Mi padre es nicaragüense y mi madre costarricense. Yo soy costarricense. Desde joven mi padre cruzaba por Costa Rica en función de meter armas, trasladar gente; de esa forma él conoce a mi mamá, y nazco yo.

Pasé la mayor parte de mi niñez en Costa Rica, pero a mi casa llegaban los que fundaron el Frente: llegaba Tomás Borge, Carlos Fonseca, algunos de los Turcios llegaron. Así yo tuve una gran particularidad, la manera en que empecé a formarme: siendo niña participaba de reuniones clandestinas que se hacían en mi casa.

Por la inestabilidad de mi familia, yo no estuve en escuelas como los demás niños, pues; no entré a estudiar hasta que iba casi a la secundaria. Es allí en secundaria —en Costa Rica— que logro estabilizarme un poco. Y de hecho paso al movimiento estudiantil. Después con una beca llego a la Unión Soviética y ahí de inmediato me contacto con los compañeros del Frente.

Esto ya fue en el año 68. Paso un entrenamiento. O sea, cuando yo entro a Nicaragua, ya yo vengo integrada. Entro semiclandestina a realizar trabajo de organización. Entro en el 70, y hasta ahora...

Yo ya tengo 30 años. Soy de la "vieja genera-

[8] El 21 de septiembre de 1956, Rigoberto López Pérez ajusticia a Anastasio Somoza García, padre del dictador Anastasio Somoza Debayle. Rigoberto, revolucionario quien mantenía viva la luz de Sandino, muere en la acción.

ción", se puede decir. Tengo dos hijos: el más grande va a cumplir ocho años. A los dos los dejé casi a los dos meses. Al más grande no lo conocí hasta el año pasado, porque se quedó con su abuela paterna. Y al más chiquito, nacido el año pasado, lo dejé también de dos meses. Cuando aquí triunfamos, a la semana se vino, me lo trajeron para acá.

En este aspecto de las relaciones, hay bastante inestabilidad creo yo, pues, y es una cuestión bien explícita, porque el trabajo... siempre el trabajo a las parejas las ha separado, y a veces se da una separación definitiva. Aquí nosotros vemos los deberes más que las cuestiones personales...

DORA MARÍA: Con el proceso revolucionario cambian también las concepciones. El mismo caso de la mujer. La mujer aquí participó dentro de la Revolución no a nivel de cocina sino a nivel de combatiente. A nivel de dirigencia política. Esto da otro marco a la mujer. De hecho jugó otro papel en la guerra, adquirió una autoridad moral tremenda para que cualquier hombre —incluso en una relación íntima— la respete. A la mujer combatiente es difícil que un tipo le levante la mano para pegarle, para maltratarla. Porque hay una autoridad que se da, una autoridad moral en general de la población femenina, y se refleja también en las relaciones íntimas. Han cambiado los conceptos de la relación. Creo que en general se han mejorado.

Lo que pasa en definitiva es que esto es un pueblo saliendo de una guerra y —aunque no parezca— la gente sale afectada. No es normal adaptarse a ver tanto muerto, y quedarse igual, y además seguir. Aquí la muerte fue una cosa tan actual todos los días, tan lógica todos los días, tan esperada todos los días; no sólo por nosotros sino por todos. Un tipo salía a su oficina en la mañana y cuando se lavaba los dientes probablemente pensaba que no iba a regresar en la tarde porque a lo mejor la Guardia lo miraba de mal modo y lo tiraba y lo mataba. La gente se despedía —y eso a nivel general sucedió— y no sabía si se iba a volver a ver.

Y hay muertos que no son asimilables, ni siquiera en muchos años. Hay muertos que definitivamente uno nunca quisiera sentarse a pensar en que están muertos. El caso de Germán Pomares, por ejemplo. Sentarse a meditar un poco en los guías que están muertos, es difícil para nosotros. Lo que hemos hecho es soslayar un poco el tema. Hay mecanismos internos que hacen olvidar ese tipo de cosas, porque si no, no se podría vivir creo yo. Y por todo esto, y por muchas otras cosas, los valores cambian.

¿Cómo no van a cambiar los valores en una familia donde se perdieron dos hijos, donde para una madre ya se perdió lo que en definitiva más quería? Tenía dos hijos; perdió dos hijos. Digo yo, ¿qué es lo que no puede cambiar ya en esa casa si fue capaz de despojarse de dos hijos, de darlos, de aceptar que están muertos, de enterrarlos a veces en los patios de sus casas, a veces seguir diciendo que estaban vivos —como en el caso de Monimbó [9] por ejemplo, donde miles de personas fueron enterradas en los patios de las casas y la familia seguía diciendo que estaban vivos para que la represión no los agarrara más duro? Y una miseria tremenda, un hambre tremenda, ¿qué no puede cambiar ahí? Cualquier cosa, incluso el papel de la mujer —tan arraigado—, todo puede cambiar, si ya las cosas a las cuales en definitiva uno estaba más apegado se han cortado.

Ahora viene esta nueva parte: el pueblo, su incorporación masiva. Y con esto la problemática de la mujer de forma más consciente. Nosotros antes tuvimos nuestra forma personal de transformación: la Revolución la comenzamos a digerir con la música, con los poemas, con los mártires. Ahora se puede entrar a la revolución por los

---

[9] Barrio indígena de Masaya, donde la población fue particularmente valiente y bárbaramente reprimida.

hechos, es una cosa más consciente, de la comprensión del proceso, de lo que implica el proceso, de lo que el proceso exige, de lo que hay que dejar, lo que hay que botar, las fallas que uno tiene.

En el combate la gente puede dar la vida, todo lo da, lo deja todo. Pero en la paz, el problema del trabajo: 12 horas diarias, 18 horas diarias, 20 horas diarias, los no fin de semana, el trabajar el sábado y el domingo. Difícil. Porque en el combate la gente se desvela, está mal, se mata de hambre, anda descalza o anda como sea, y combate contenta. Pero en la paz entonces empieza a sonar el hambre y las necesidades. Uno empieza a apegarse a algunas cosas. Yo creo que el Che tenía razón cuando decía que los héroes del trabajo son más difíciles de lograr que los héroes de la guerra.

Ahora a mí me queda la inconformidad de no haber podido participar en la cruzada de la alfabetización, a nivel de alfabetizador. En el trabajo voluntario a nivel de trabajador. A mí me dan tremenda envidia las personas que hacen los censos de alfabetización, a mí me hubiera gustado participar en los censos. Aquí nos quedamos en otra cosa. Ahí está la parte que ya no podemos vivir...

II. MÓNICA BALTODANO / DOÑA ZULEMA

Mónica Baltodano, comandante guerrillera de la Revolución nicaragüense, tiene 25 años. Su trayectoria es larga; su incorporación viene por canales bien transitados dentro de su clase y condición de mujer en su país: a través del movimiento estudiantil, del movimiento cristiano, y finalmente, de la lucha armada.

La entrevista tiene lugar en su oficina, donde Mónica coordina la línea política de las organizaciones de masas de la nueva Nicaragua. La "Casa

Ricardo Morales" hace poco fue la residencia de Luis Somoza, hermano del dictador. La mansión —por primera vez— es accesible para el pueblo y funciona en beneficio de él.

Mónica, con dos compañeros más, dirigió la ofensiva final en la capital; y fue una de las que condujo la famosa retirada táctica de 7 000 personas que desfilaron hacia Masaya, territorio liberado, antes de la caída del tirano. Ahora deja las tareas militares por las políticas. Durante nuestra conversación, la comandante tiene su hijo de tres años —Pancasán— dormido sobre las piernas. Para ella, como para tantas, estos primeros meses después de la victoria representan, también, un reencuentro con el hijo.

Doña Zulema es la madre de Mónica y de ocho hijos más. Conversa en su casa, también en Managua. Ofrece su propia versión de los hechos, y revela cómo —a través de sus hijos, y de Mónica en particular— fue perdiendo el miedo y situándose ella misma en la lucha...

MÓNICA: En León hay una "gritería chiquita" que la hizo un obispo cuando lo de las arenas del Cerro Negro.[10] Ahí el Cerro Negro ha causado grandes destrozos en la ciudad y en el campo: de repente se pone como en erupción pero lo que hace es volar arena y arena y arena y arena; y entonces en promesa, pues, a la Virgen para que quitara las arenas se hizo esa "gritería chiquita". La grande es el 7 de diciembre. Yo nací un 14 de agosto, el día de la gritería chiquita, en León. Mi papá era estudiante de derecho, de extracción proletaria, hijo de una empleada doméstica que se metió con el patrón —mejor dicho, ¡el patrón se metió con ella! Mi mamá, también de extracción proletaria, hija de un carpintero y su esposa. Mi mamá era bien pobre, pues trabajaba en una tienda, vendiendo; entonces se conocieron y se casaron. Ella tuvo una venta, y de esa venta que le fregaba todo el día, recibió a mi papá en dere-

[10] Un volcán activo cerca de León.

cho. Ayudó así a mi papá a pesar de que ella tuvo cuatro hijos en ese lapso.

DOÑA ZULEMA: ...De muy joven yo me identificaba: ya tenía la idea de que las cosas tenían que cambiar algún día. No sabía cómo, pero estaba consciente de que vivíamos en una época de injusticia y que teníamos que reclamar. De modo que incluso a veces tenía altercados con mi esposo, por las notas de las niñas: a veces Mónica no estaba conforme, o Amparito —una más chiquita— no estaba conforme con sus notas. Entonces yo le decía: "no, si ella no está conforme, tiene que ir a reclamar, porque tiene derecho". Yo era, pues, así. Cuando pasó la época de la toma de colegios pasé bastante tiempo yendo a dormir a los colegios. Mi esposo nunca dio su respaldo, nunca nos apoyó. Esto creó problemas entre nosotros y llegamos a separarnos incluso...

Yo tengo nueve hijos. O tenía, mejor dicho: una murió en la guerra. Tenía dos varones y siete mujeres. La tercera de mis hijas fue la primera en tomar la iniciativa. Ella es Mónica. Ya en tercer año participaba en las actividades de los colegios a nivel reivindicativo, por los reos políticos, huelga de los maestros, huelga de la leche. Para entonces Mónica sólo tenía 13 años...

MÓNICA: Yo soy la tercera. Somos nueve en total, todos seguidos, pues, año con año, año y medio de diferencia entre uno y otro. Mi papá se metió a trabajar con un algodonero y después logró cierta independencia. Llegó a ser un algodonero de León. En una época de mi vida bastante corta, mi papá tuvo y sembró mucho algodón y tuvo reales; aunque el algodón es una forma de enriquecerse bien traicionera, pues un día se enriquece y otro día se está en la calle. Y eso fue lo que le pasó a mi papá. Hubo otra erupción del Cerro Negro, que caía sobre los algodonales, y los quemó. Mi papá quebró totalmente. Entonces empezamos a caer en una pobreza toda contradictoria.

Nosotros estudiábamos en un colegio de monjas —éramos siete mujeres y dos varones; los dos varones, en "La Salle", las siete mujeres, en "La Pureza". Una situación bastante ambigua y eso nos producía una cuestión fea en el colegio porque a pesar de estar en una escuela de ricos, éramos las pobres. En esos lugares donde educan a la gente con una mentalidad completamente clasista, pues, bien tradicional, arcaica, nos creó una situación muy negativa. Todo eso hasta que mi mamá se separó de mi papá y nos venimos para Managua, buscando la vida...

En 1972 tenía 16 años —tengo 25 ahorita—, entonces ésa es la época, se puede decir, en que empiezo a darme cuenta de una serie de cosas. Las primeras inquietudes se dieron en un campo netamente humanitario, yo en mi colegio era bien distinta a mis compañeras. Incluso en mi casa fui distinta, me relacionaba de una manera diferente, por ejemplo, con un tractorista, con un trabajador, con la empleada de la casa: siempre tuve una inclinación más humana...

De niña iba a ser monja, desde que estaba en tercer año iba a ser monja para servir a la humanidad, irme al África, una cosa así. Yo creo que muchos compañeros pasaron por esa etapa. Hasta quinto año todavía yo era fervorosa creyente...

Desde tercer año ya empecé de una forma más clara a manifestar inquietudes políticas. Yo había sido una alumna mala, pues incluso le tenía miedo a las monjas. Bastante mala era. Pero desde que entré a secundaria como que me empecé a esforzar por estudiar y ser de las mejores... Las monjas nos ponían a hacer investigaciones sociales y entonces yo siempre tendía, pues, a hacerlas más políticas y a señalar que las causas de la pobreza estaban en el sistema y no en un fenómeno espiritual... Y en cuarto año se dio en nuestro país un hecho muy significativo: la cuestión de Doris Tijerino, la campaña de la Doris... Fue la primera vez que yo recuerdo que fui a una manifestación;

estaba emocionada, pues, y mis amigas asustadas de mi participación. Hice unos carteles y todo...

En el 70 se da la huelga de los maestros. Me invitan a un cursillo de "Fe y Alegría", un curso de dinámica de grupo, y entonces vengo aquí, a Managua, y conozco a gente que en el curso plantea cuestiones políticas: hablan de las necesidades de cambiar las estructuras, el sistema. Hablan de que la pobreza tiene causas sociales y que no es por la maldad de los hombres. Son planteamientos más radicales...

Después se da la cuestión de que cerraron el curso escolar e hicimos una reunión —ya estaba en cuarto año—; dijimos que esas vacaciones no las vamos a ocupar para divertirnos sino para compenetrarnos en la necesidad de organizarnos. Pasamos los tres meses que tuvimos de vacaciones organizándonos, organizando el Movimiento Cristiano. Los del FER nos llamaban "cristianos de avanzada".

Pero llega el momento en que la jefatura del Movimiento Cristiano a nivel nacional ya era una célula del Frente Sandinista. Facilitó mucho el trabajo.

DOÑA ZULEMA: Cuando nos trasladamos, por situaciones económicas adversas, a vivir a Managua, en 1972, para entonces Mónica se había bachillerado, y como ya ella pertenecía a los grupos cristianos a nivel de León, seguía en eso... Ya el Movimiento Cristiano era una cosa que ponía en alerta a las autoridades; a ratos se hacían las reuniones, y muchas se realizaban en mi casa, con cautela, con cierta cosa... Ya para entonces Mónica trabajaba... hacía todo eso que se llama "revisión de vida", y trabajaba con gente de los barrios marginados...

MÓNICA: Yo era creyente, recuerdo por ejemplo que en una toma de colegio por ese entonces íbamos todos los días a la capilla a rezar a la Virgen, para que salieran los presos. Cuando yo salgo de secundaria todavía era creyente. Ése fue el año en que yo me definí —72, a principios de 72. La cuestión era la lucha armada, porque en esa época nosotros todavía creíamos en la posibilidad del cambio por la vía pacífica: ¡ah!, ésa era la cuestión fundamental que nos diferenciaba de los compañeros que nosotros llamábamos "comunistas".

Me acuerdo que ese año tuvimos una asamblea de cristianos, a la cual llegó Octavio Rivas, y recuerdo bien que él nos habló de la historia de Nicaragua. Le dio una interpretación que yo nunca había oído, es decir una interpretación marxista. Para mí fue una cuestión importantísima. Se decía que cuando uno pasara a la universidad lo convertían al marxismo, ¿ve?, y los curas promovían un cristianismo bien social, sin aparentes contradicciones con un compromiso social, y la cosa era que nosotros entráramos a la universidad para seguir siendo cristianos, no como todos los que antes habían entrado y se habían hecho marxistas. Según los curas, nosotros debíamos llevar la voz del cristianismo a la universidad, dar una muestra de testimonio cristiano.

Entonces un hermano cristiano con quien yo conversaba me empieza a decir que no me metiera en el FER, que cuidado me metiera al FER, y eso no me gustaba a mí. Después de oír esas charlas, verdad, yo le veía a él como un tipo atrasado. Entonces yo entré a la universidad y todavía él era cristiano y ya nosotros empezamos a no creer tantas cosas: ya no creíamos en rosarios, ni en las misas ni en nada, pues. Seguíamos pensando que Dios existe, pero ya Dios no es un Dios con toda la Iglesia, sino una cuestión aparte, separado.

DOÑA ZULEMA: Cuando el terremoto me acuerdo que nosotros estábamos en la catedral de Managua. Un grupo de más de 40 —o 40 sólo de León— habíamos tomado la catedral en protesta contra la Navidad comercializada. Cuando ocurrió el desastre, teníamos cuatro días de estar allí. A partir del terremoto nos regresamos a León. Mónica se integró a las brigadas de ayuda que estaban en un campamento en el colegio La Salle. Parece que allí se integró mucha gente. El terremoto se encargó de enseñarle a la gente la gran diferencia y la gran explotación que había entre las clases, porque incluso la ayuda mundial que vino no la aprovechó el pueblo en la mayoría de los casos. Sólo la mínima parte, ¿ve? Entonces la gente se dio cuenta y los grupos revolucionarios se encargaron de aprovechar esa coyuntura.

Cuando yo me regresé a León, puse una casa de huéspedes —de estudiantes— para ayudarme. Y como Mónica era la que me llevaba los huéspedes porque era la que estaba en la universidad, lógicamente me llevaba esta clase de gente que estaba comprometida. En seguidita me di cuenta, pero comencé a participar, ayudándoles...

MÓNICA: A veces, en mi casa, eran pleitos tras pleitos, discusiones y qué sé yo... Yo llegaba a la casa: "¡Oigan esto!", que no sé qué, que no sé cuánto... Les hacía mis discursos, pues. Entonces llegó un momento que más bien no me querían ni oír. De tanto que les abrumaba yo. Mi mamá simpatizaba bastante, incluso peleábamos cuando yo estaba en secundaria porque yo le decía que la vía pacífica, que no sé qué, y ella: "No, pues en mis años de vida me he convencido que sólo la lucha armada..." Ella me decía eso a mí. Ya después, cuando yo comencé a pensar en la lucha armada, ella se echó para atrás. Antes decía: "He visto al Partido Liberal, he visto al Partido Conservador, a Agüero [11] que nos traicionó; aquí sólo queda la vía armada hijita." Yo me ponía a discutir

[11] Fernando Agüero, candidato conservador que representaba una ilusoria esperanza para los opositores de Somoza. Pacta con la Guardia Nacional, y así señala aún más la inevitabilidad de una guerra popular para acabar con el dictador.

con ella, y mis compañeros —algunos eran del FER— decían "la señora tiene razón". Y yo me ponía furiosa, ¿verdad? O sea, más bien era ella la que pensaba así en un principio. Pero después, cuando ella me vio que yo me iba comprometiendo, empezó a irse para atrás. Tal vez seguía creyendo, pero por temor a lo que pudiera pasar a la hija...

En el 72 yo ya soy del FER,[12] se da el terremoto en diciembre, y a principios de 1973 nos reclutan para el Frente...

Yo empecé a vivir con Bayardo[13] en el 74. Nosotros anduvimos así jalando, y empezamos a tener relaciones matrimoniales. Me preguntás si me planteaba casarme: tal vez en un principio sí. Todavía arrastraba esas cuestiones. Pero ya después me fui dando cuenta de que era absurdo, y con la situación que vivíamos no volví a pensar en el matrimonio. Claro que hubo un conflicto con relación a mi mamá. Ella quería, soñaba con ver que nosotros nos casábamos. Y por ella casi lo hicimos. Nos íbamos a casar en agosto, pero en julio Bayardo se fue para la clandestinidad.

Te voy a decir una cosa: creo que hubiera sido una mujer, digamos, revolucionaria, independientemente de con quién hubiera vivido. Porque siempre que yo encontré que había un hombre que me decía, por ejemplo: "Cuando nos casemos vos vas a tener tu carro, yo no te voy a poner a trabajar..." y así, al día siguiente yo ya decía: "¡Ni quiera Dios!" Pensar en esa vida estúpida, absurda: no pude. Siempre me imaginaba una vida de guerrillera, y siempre tuve la visión de que Bayardo tampoco se hubiera hallado con una mujer que no fuera así.

Bayardo tuvo esa mentalidad, no sólo conmigo

[12] FER, Frente Estudiantil Revolucionario, agrupación de estudiantes universitarios que lleva la política del Frente Sandinista.

[13] Bayardo Arce, comandante de la Revolución, miembro de la Dirección Nacional del FSLN y presidente del Consejo de Estado.

sino con todas las compañeras. Recuerdo una vez
que llegó una mujer a una casa de seguridad y
dicen los compañeros: "Esta compañera es para
dar manto a la casa, sabe cocinar..." Bayardo necesitaba alguien que le sacara la correspondencia
de la casa de seguridad donde vivía, pero a los
cuatro meses la compañera ya estaba atendiendo
una célula; es decir, él se preocupó por darle
formación para que no se quedara así no más. Él
creía en la mujer. Habían compañeros que no, pues,
que tenían una actitud marcadamente machista,
de que la mujer es para trabajos domésticos, que
no deberíamos pasar de correo, y así. Ésta ha sido
una lucha, como es lógico.

Aquí en el Movimiento Cristiano habían monto-
nes de mujeres. Me acuerdo incluso de que el
problema del machismo se daba más entre los compañeros del FER, en un momento dado, y eso incidía
en la participación de la mujer entonces.

Pero había otra cosa: el Movimiento Cristiano
se componía mucho más de jóvenes de la pequeña
burguesía. A veces tenían carro, la casita para las
reuniones —todo eso abundaba más entre la pequeña burguesía que entre la gente proletaria— y
por eso siempre se notaba más la presencia del
Frente en una zona proletaria que en una zona
residencial. En la zona residencial la gente vivía
nada más en su mundo, se podían ocupar más
las casas, y se empezó a utilizar más a la mujer
en tareas de correo, que la mujer pequeñoburguesa
no se nota, ¿verdad?, y la meten donde sea.

Todo eso iba acompañado por sus discusiones.
Nosotros leíamos mucho; me acuerdo que ciertos
libros a mí me impactaron. Cuando yo entré a la
clandestinidad me daba unas peleadas con "Fede-
rico" —Pedro Araúz— por cuestiones de la mujer.
Se dio como un movimiento feminista, que incluso
en algunos casos condujo a desviaciones, pero
indudablemente que la conciencia existía y se desarrolló e influye positivamente en nuestras vidas.
Recuerdo posiciones cerradas y otras abiertas. Hubo
los que decían que la mujer no servía para la

montaña, que sólo sirven "para joder", que crea-
ban conflictos —los conflictos sexuales en la tropa, que esto y lo otro, ¿verdad? Y hubo hombres
con posiciones bien consecuentes, por ejemplo Carlos Fonseca fue un compañero consecuente en ese
sentido. La batalla en definitiva se ganó a través
de discusiones y con ejemplos concretos de compañeras que demostraron su aguante, pues.

DOÑA ZULEMA: ...Estando allí en León, Mónica metida en el FER, Amparo participando y la chiquita
que andaba también, te voy a decir: lo principal
que yo sentía era temor. Incluso tenía grandes
crisis de nervios y de temor sobre todo. A ella
muchas veces le instaba a que se apartara, incluso
no confiaba en que se realizara el triunfo de la
Revolución. Aquello era tan largo. Y ya para entonces había pasado la gesta heroica de Pancasán, y había quedado aquello como en calma, que
parecía que no había fin. Ya nosotras, las madres,
teníamos la experiencia de las otras madres, lo
que había sucedido con tanto hijo muerto, que
nosotras para entonces decíamos que no habían
hecho nada, que sólo habían ido a morir.
      Teníamos esa sensación, y la verdad es que todo
el pueblo de Nicaragua la tenía. Porque incluso
les decían "Los chavalos locos", que sólo van a
morir. "¿Cómo van a competir con la Guardia, si
la Guardia está armada hasta los dientes?" Uno
tenía eso bien metido. Aunque tuvieran razón de
protestar, uno no creía en el triunfo. Creíamos
que nuestros hijos sólo iban a ser un mártir más.
      Yo me acuerdo que ni siquiera leía los folletos
que llevaban a la casa. No los leía. Me acuerdo
que una muchacha me invitaba a ver los actos, una
vez fue *La madre*, de Gorki. Yo fui, y bien bonito,
pero hasta ahí. Ésa era la participación.
      En el 73 es que vivía esa gente en mi casa y
hubo muchos casos de detenidos, chavalos que los
echaban presos y que los profesores tenían que
irlos a sacar, o sus padres. En una de ésas
cayó Mónica, porque estaba en una fogata en Gua-

dalupe. Se la llevaron como a las 9 de la noche con Lourdes Jirón. Estuvo sólo como media hora; luego la sacaron. Pero ya para entonces les hacían una fichita, y entonces comienzan a seguirla. Recuerdo que el "chele"[14] Aguilera le seguía mucho. Desde entonces no dejaron en paz las dos esquinas de la casa, siempre estaban vigiladas.

De modo que una vez, ya Bayardo siendo clandestino —al comienzo, yo no sé, eran clandestinos pero se daban sus saliditas— llegaba a jalar con Mónica. Y una vez estaban en mi casa él, Omar Cabezas y otros varios chavalos de aquí de Managua, y estaban dos postas, el "chele" Aguilera y otro. Recuerdo que esa noche había uno que no era muy coloreado que llamábamos, y salía a hacer los contactos para ver cómo sacábamos a esos dos hombres que seguían a Bayardo y... recuerdo muy bien que yo toda esa noche la pasé detrás de una cortina en un balcón mirando a ver cómo se quitaban, que fue como a las tres de la mañana. Entonces yo no sé cómo se las ingeniaron ellos pero recuerdo que fue Luis Carrión[15] el que pasó tocando el claxon dos veces y ellos bajaron. Al ratito estaban otra vez los dos postas. ¡Tuvieron mucho agrado de pasar dos días allí, porque ya no había nada!

Siempre sentía el temor, pero siempre les ayudaba. E iba avanzando.

Me acuerdo de un incidente que muestra bien las posiciones de mi esposo y yo: esto fue para la toma de la Catedral. Estaba un muchacho que se llamaba Iván Gutiérrez, que no sé qué se hizo —no creo que esté muerto. Este muchacho llegó a vivir a la casa. Lo habían corrido de la suya pero yo no sabía por qué. Mónica me dice: "Mirá, este amigo no tiene dónde ir y le quiero dar aquí a dormir para mientras." Vivíamos en una casa bastante grande. "Bueno, que duerma con otro mu-

---

[14] Chele, persona de pelo y ojos claros.

[15] Luis Carrión, comandante de la Revolución, miembro de la Dirección Nacional del Frente Sandinista y viceministro de Defensa.

chacho que vive en la casa." Pero ese otro muchacho era "quemón" [16] y entonces llegó la Guardia
a registrar el cuarto. Nosotros no pusimos in-
conveniente que buscaran la marihuana —como
en efecto estaba la bolsa— pero jamás yo sabía
que la valija del chavalo —de Iván— estaba llena
de literatura subversiva. Entonces comienzan a
registrar, incluso el cuarto de Mónica estaba tapi-
zado de posters —posters de la pobreza, posters
de Carlos Fonseca— y nada de eso habíamos previsto.

La Guardia encontró la valija y dejó un individuo
para esperar al muchacho. Como yo tenía tantos
hijos no recuerdo a cuáles de ellos les dije: "Se
van ustedes a la cuadra allí y espían que Iván
no venga por aquí." Yo para entonces no tenía
casi conciencia, pero lo de proteger a un muchacho
de la Guardia sí, ve. Nunca lo agarraron.

Pero empezaron a llegar, como tres días seguidos. Destapizamos el cuarto de la Mónica, quemamos los posters, todo... Ya entonces mi marido
casi no llegaba a la casa; por cuenta lo fueron
a buscar. Pero un día llegó, y a mí me dio un
poco de ronchas —alergia de los nervios—, me
dio calentura y me acosté en un cuarto donde no
había luz. Y mi marido metió al guardia allí mismo
al cuarto ése, y: "...Decíle cómo se llama, porque
sabés cómo se llama el individuo que está aquí."
Entonces yo le dije "Mire teniente —yo no sé si
era teniente, o qué, el hombre—, mire teniente, no
le haga caso a este señor. Este señor no sabe ni
si sus hijos comen porque él nunca viene aquí.
¿Cómo va a saber si yo sé cómo se llama el chavalo
que vive aquí? Así es que él no puede estarme
acusando. Más le valiera no meterse para que yo
no lo ponga en predicado..."

En ese tiempo se estaban yendo muchísimos
chavos. Se iban desapareciendo. Mirá: Ya no vino
el fulano, ya se fue a México, ya se fue a Fran-
cia. "¡Uy!", les decía yo, "no frieguen'". Pasó lo

---

[16] Señalado, buscado.

de la toma de la casa de "Chema" Castillo. Además
de que teníamos ciertos planes de regresarnos a
Managua, nos dio temor aquello de seguir con los
estudiantes; y entonces la represión se agudizó
muchísimo y nos venimos a vivir a Managua. Nos
venimos a Linda Vista, ya sin la Mónica. Y no
pongo mi rotulito que decía "fulana de tal". Yo
quiero trabajar siempre con algunos huéspedes
que encontrara...

Las madres tenemos una cosa, ¿verdad?, tenemos un poco de hijos y de repente pensamos que
éste es más alegre, que éste es más inteligente...
Y por eso empecé a leer los folletos. Para saber
por qué ellos, siendo tan inteligentes, habían tomado ese camino, el camino de la muerte. Y me fui
aclarando, y de repente estaba mezclada. Y le
digo: me ayudó ser consciente, me ayudó más
tarde a aguantar los duros golpes que yo recibía.
Si no hubiera tenido esa conciencia me hubiera
pasado, pues, lo de muchas madres que todavía
están renegando. Pero es por la falta de conciencia
política.

Cuando Mónica va clandestina pasamos seis meses sin saber nada, nadita. Pero parece que ella
había dejado unas amigas que me visitaran, y que
me ayudaran y me aclaran. Para entonces yo,
pues, me había decidido —porque así tenía que
ser— no sin que siempre dudara de que fueran
a triunfar. La verdad es que cayó muchísima
gente, fue demasiada la gente que mataron y a los
que echaron presos, y la corte militar...

Pero te decía, Mónica estaba padeciendo horri-
blemente de las muelas, ¿ve?, y necesitaba ver un
dentista. Era cerca de la casa de una de mis hijas
casadas; Mónica hizo una conexión y fue, y allí
me llamaron y la vi. Parece que en dos días le
arreglaron los dientes. Era un dentista colaborador.
Pero ella cogió impulso y a los dos días en vez
de irse con el "compa" [17] que la iba a buscar —fue
un acto de indisciplina—, en vez de irse, se fue a

---

[17] Compañero, revolucionario.

mi casa. Aquello fue horrible, incluso mandó a buscar dos amigas y yo las traje hasta Altamira. Durmieron en la casa y me acuerdo que yo hice arroz relleno en la mañana y comimos en los altos de la casa —era de dos pisos, ahí por la avenida Ejército—, y comimos, ¿verdad?, y en la tarde, ya en la nochecita, la llegó a traer un "compa" y yo le hice un sandwich, le hice leche licuada. Y me dice ella: "Cuando este 'compa' necesite algo, alguna vez que tenga algún problema, démele dónde dormir en una carrerita." "Va pues", le dije yo. Posteriormente lo vi retratado cuando lo agarraron, y era Tomás Borge.

MÓNICA: En el 74 yo estaba ya en la clandestinidad. Estuve un tiempo ahí en el campo, ¿verdad?, entre Telica y el Sauce. Pero caigo presa en julio de 1977.

Yo trabajaba en Estelí entonces. Era responsable de todo el norte y viajaba bastante a Jinotega, Matagalpa... ese día íbamos a una reunión a Matagalpa, y parece que se nos pegó alguien, entre Sébaco y Matagalpa se nos adelanta ese jeep y un Cherokee rojo. Cuando nos empiezan a tirar —que nos van a matar—, no sé por qué, pero nosotros logramos salir vivos toditos, los tres. Yo salgo, me tiro, me aparto de la carretera y me meto al monte. Camino todo un día para adentro, me pierdo pues, y para poder salir tengo que buscar a un campesino y ese campesino me vendió. Me capturaron en Darío. Dije que era del Frente, que me llamaba así para que la gente pusiera la denuncia.

Me trasladaron de Darío a Sébaco; recuerdo un incidente: yo iba de vestido, ¿verdad?, y me dice el guardia: "Vas sin calzón." Entonces pregunto: "¿Por qué me decís eso?" "Porque las sandinistas no usan calzón", dice. Era un guardita de lo más humilde, fijate. Yo empecé allí no más a trabajarlo. "Ustedes son explotados", que no sé qué, que no sé cuánto, y el guardita como que iba descubriendo un mundo.

En la Seguridad no me dieron choques eléctricos

como a muchas otras compañeras. Puros golpes
—me fajaron, pues— y lo peor de la situación allí
en la cárcel era la celda: ahí sentís un tufo horrible que no podés dormir, estás amarrada digamos, a la pared y así dormís. Toda esa situación
te crea una dureza que es la que —según ellos— te
prepara para hablar. Pero te ayuda a crecer, realmente. Durante los seis meses en la Central, aquí
en Managua, estaba la Rosa Argentina Ortiz, la
Margine Gutiérrez, la Gloria Campos, la Auxilia-
dora Cruz, Martha Cranshaw, la Yadira Baltodano
y la Carmen Monge.

Por ejemplo cuando yo llegué me hablaron por
un hoyito así, que lo hacían con un tenedor. Y lo
trabajaron hasta llegar a un hoyito que se miraba
hablar, como por teléfono. Entonces yo les planteaba que por ese hoyito hiciéramos un hoyote, y
así fue y nos cruzamos de celda a celda. O sea,
todo eso lo fuimos aprendiendo. Aprendimos a
hacer protesta allí en la cárcel, a gritar, a exigir
sol —que allí no nos daba ni sol ni nada, incluso
trataban peor a las mujeres que a los hombres; los
compañeros tenían cocina colectiva, juegos de ping-
pong, televisión, etc.; y nosotras nada. Estábamos
todo el día encerradas en una celda chiquitita que
nos escapábamos de volver locas. Entonces nos
dábamos contra las paredes, y como la Central era
bastante concurrida de gente no les convenía a
ellos esos relajos y logramos que nos dieran sol,
visitas más largas, y así. Visita conyugal nunca
logramos, aunque los hombres sí la tenían.

DOÑA ZULEMA: Cuando ya vivíamos en Linda Vista
fue que Mónica me mandó a decir que estaba embarazada, ¿ve? Eso sí que me dio miedo. Un día
llegó una señora a tomarse una gaseosa en mi
venta. Estuvo allí preguntándome cuántos hijos
tiene, y yo la vi como sospechosa porque quería
indagar de mí, me daba miedo. Pero cuando llegó
de nuevo, como a los cuatro días, trajo a Mónica
y su niño. Mónica me la había mandado antes,
para chequear la casa.

Llegaron con el niño y una caja con su ropita. Mónica se estuvo todo ese día y se fue a la tardecita. Fue la segunda vez que la vi. Dejó el niño conmigo de tres meses, llorando porque ella le dio de mamar tres meses y ahora había que darle pacha.[18]

Ya seguí recibiendo más a menudo las cartas, porque claro: estaba el bebito. Me dijo que le pusiera Pancasán.[19] Eso era otra cosa que daba temor, porque la gente se iba a enterar. Iba a estar como un niño de otra hija mía o algo así, y ponerle ese nombre... hubo bastantes diferencias. Incluso mi esposo dijo: "¡Qué barbaridad, qué locura!"; y hasta pensé: "Le voy a poner Bayardo." Pero en la noche me quedé pensando y dije que no, a lo mejor mi hija se muere y no le voy a dar ni siquiera ese gusto de ponerle como ella quería. Entonces me fui a Diriamba, y allí lo inscribí, cuando tenía siete meses...

Yo tenía mi miscelánea, como le digo, y a mí me mandan a decir que mi hija no tiene comida, que no tiene sal, entonces le mando cada mes o cada dos meses. Les mandaba ayuda. Para entonces nos habíamos integrado con otras compañeras, doña Santos Buitrago[20] y otras, para ayudarles a los reos, pero lo hacíamos de una forma muy tímida, casi nada hacíamos. Después nos daban compromisos de buscar casas de seguridad, y conseguíamos colaboradores que daban 100 córdobas al mes. Me acuerdo que yo llegué a tener cinco colaboradores que me daban $100 cada uno al mes. Lo entregué a un canal que tenía.

Cuando el niño tiene siete meses, Mónica cae

[18] Mamadera, botella.

[19] Por la guerrilla de Pancasán, en agosto de 1967. Para conocer más acerca de esa guerrilla, véase el capítulo 8.

[20] Doña Santos Buitrago es la madre del mártir sandinista Julio Buitrago, dirigente de la organización que cayó el 15 de julio de 1969, en Managua. Doña Santos, a partir de la muerte de su hijo, fue una de las figuras más destacadas del movimiento de madres en todos los momentos de la lucha.

presa, la capturan en Matagalpa. Entonces no me
importó que se diera cuenta el mundo que yo
era revolucionaria. Ya sí nos integramos de lleno.
Componemos el Comité de Familiares de Reos Políticos, y conseguíamos ayuda de otros sectores
como de AMPRONAC para la comida, porque las
condiciones eran tremendas. Ella estuvo tres meses
en Matagalpa y allí la absolvió un jurado. Supuestamente el 17 de octubre ella tenía que salir porque
ya no tenía ni un cargo, pero ese mismo día
ocurren los hechos de San Carlos, en Masaya, y
mueren varios militantes allí: Carlos Arroyo, Róger
Langrand, Pedro Araúz, Marta Angélica Quezada.
No sé en realidad si la iban a sacar o se aprove-
charon de ese hecho para no sacarla. Lo cierto
es que la mandan para Managua y aquí la tienen
otros seis meses. A todo lo que le hacían, yo iba.
Sólo le tocaban un dedo y yo iba a *La Prensa* o
a la radio a denunciar o a que me hicieran una
entrevista para defenderla con todas las energías.
Ya no tenía miedo, ya no me importaba nada.

Todo el tiempo que Mónica estuvo en la cárcel
luchábamos para que dieran sol a los presos políticos, y para la visita. Yo sacaba cartas firmadas
de todas las muchachas, las sacábamos en las ta-
pas de los vasos de refresco. Incluso Alesio [21] me
dice una vez: "¿Y esta carta cómo salió de allí?"
"La sacó un guardia", le digo yo. Entonces viene:
"¿Qué guardia?" "¡Cómo voy a saber yo! Un guardia al que le dimos $20. Yo llevé la carta firmada
de todas las muchachas, y la llevé a *La Prensa*.
Entonces nos dieron dos días, martes y domingo,
ya un poco más suave a pesar de que la mesa
estaba en medio de dos mallas. El régimen tenía
temor a *La Prensa*, y nosotros aprendimos a
usarla..."

Así pasó todo ese tiempo, que fueron seis meses, seis meses peleando, participando. Planeando
con las muchachas, que plantearon una toma en

[21] Alesio Gutiérrez, temido jefe del sistema carcelario en
aquel momento.

las Naciones Unidas. En esa toma estuvieron también los familiares de los campesinos desaparecidos. Allí tuve una gran experiencia yo, porque fuimos ocho personas: cuatro de Managua y cuatro campesinas, con una compañera más, Cela, que era la coordinadora. Fue una gran experiencia le digo, porque nosotros íbamos a protestar, las mujeres de los reos políticos sabíamos lo que estábamos haciendo y sabíamos que nuestros reos no iban a salir por ese hecho, nosotros íbamos a movilizar las masas. Pero las campesinas no. Había una, Esmeralda, que me dio un dolor de pecho. Dicen que era de mi edad, pero no, parecía que era mi mamá de tan dolida, de tan maltratada. Se ponía a llorar pero a veces se ponía alegre, porque ella juraba que iba a salir con su hijo de la cárcel. Pero aquello nos puso a pensar, pues: ¿qué iba a hacer aquella buena señora cuando esta huelga se levante, cuando nos vayamos sin ellos? Esta señora se va a sentir defraudada. Entonces comenzamos a decirle: "Esmeralda, ve, nosotras no vamos a salir con nuestros reos ni con los desaparecidos que no sabemos en dónde están." (Ellos ya estaban muertos.) Tuvimos que explicarle que todo era para que a otros no les ocurriera lo mismo que a ellos. Pero esa gente campesina, cómo entiende. Ella tenía cuatro desaparecidos: tres hijos y su yerno, y allí estaba una nuera de ella también. Era joven, y la muchacha comprendió tan rápido, que después nos ayudaba a concientizar. Un día pusimos música, pusimos "Las mujeres del Cua",[22] y dice Esmeralda: "Ve, esa canción es de nosotros porque así se oía." Y es verdad: así se oían los gritos cuando estaban quemando las casas con la gente adentro...

---

[22] "Las campesinas del Cua", letra y música de Carlos Mejía Godoy, basado en el poema de Ernesto Cardenal. "Zipota" es niña, en el campo nicaragüense. "Taquezal" es una construcción de tierra, semejante al adobe pero sin forma de ladrillos.

Las campesinas del Cua

Voy a hablarles, compañeros
de las mujeres del Cua
que bajaron de los cerros
por orden del General
de la María Venancia
y de la Amanda Aguilar
dos hijas de la montaña
que no quisieron hablar

¡Ay...! ¡Ay...! a nadie vimos pasar
la noche negra se traga
aquel llanto torrencial
¡Ay...! ¡Ay...! la patria llorando está
parecen gritos de parto
los que se oyen por allá

Dicen que a Chico González
no lo volvieron a ver
de noche se lo llevaron
para nunca más volver
A Esteban y a Juan Hernández
los subieron al avión
y al aterrizar más tarde
ya nadie más los miró

¡Ay...! ¡Ay...! a nadie vimos pasar...

A la Cándida Martínez
un guardia la conminó:
"Vení, chavala, le dijo
lavame este pantalón"
la zipota campesina
fue mancillada ay no más
y Tacho desde un afiche
reía en el taquezal

¡Ay...! ¡Ay...! a nadie vimos pasar...

Retoñaban los quisquisques
estaba la milpa-en-flor
cuando a la pobre Matilde
la patrulla la agarró
la indita abortó sentada
con tanta interrogación
me lo contó la quebrada
que baja del Setentrión

¡Ay...! ¡Ay...! a nadie vimos pasar...

Todo eso fue muy hermoso. Viera qué hermosa fue esa experiencia. Y la organización de las masas, y el estreno que hizo el Chiguín: por primera vez sacó a su EEBI [23] para que nos bombardearan, y por primera vez le encajó ese nombre *La Prensa*, cuando bombardearon una misa de apoyo con bombas lacrimógenas. Todo eso yo lo hago cuando Mónica está presa. Y vino la huelga de hambre que fue para cuando le levantaron la incomunicación a Tomás.

Cuando llegó el momento de sacar a Mónica, también tuve que ir a *La Prensa*, e insistir con Alesio Gutiérrez —a ver si es cierto que la sacan ahora— y después de muchos líos la soltaron. La organización desde adentro estaba planeando una entrevista en la universidad; nos fuimos con ella. Estaban todos los estudiantes para oír la entrevista. Cuando ella habló —lo poco que habló— dijeron que irían todos a una manifestación en la Cruz Roja donde estaban las señoras en huelga de hambre. Yo sentí entonces otro temor y dije "¡Qué barbaridad, cómo va a ir la Mónica en una manifestación!"

Ya estaban allí los muchachos listos con un carro; cuando sale la manifestación nosotros nos subimos al carro y salimos por Jocote Dulce. Llegamos a mi casa y efectivamente nos van diciendo los muchachos que eso era un plan para que todos los orejas se vayan para allá. Y efectivamente: ahorita todos los orejas van en esa manifestación, no había nadie en la casa. Ella entró solamente, se cambió su blusa por una oscura y salió. Y como a las dos cuadras la estaban esperando. Se reintegró a la clandestinidad. Así, pues, terminó el presidio de ella, pero yo seguí yendo a la cárcel, que ahora me identificaba como tía de una muchacha Baltodano, que era Yadira, para seguirle llevando ayuda.

[23] Escuela de Entrenamiento Básico de Infantería, un cuerpo especial dirigido por el hijo del dictador.

MÓNICA: Estuve nueve meses presa; después salí. Trabajé un tiempo en Carazo y después me quedé como responsable de la capital. Yo había sido responsable del Frente en el norte, entonces era cuestión de agarrar la situación particular de Managua, nada más. Hubo bastantes problemas con relación a la organización de las masas, que fue bien dificultoso aquí siempre.

Vos me preguntás si tuve alguna vez problemas en el mando por el hecho de ser mujer. Creo que tuve suerte en ese sentido. Por ejemplo, aquí en Managua, yo trabajé con Walter Mendoza, con Ramón Cabrales, con compañeros que tenían una mentalidad de hombres nuevos, compañeros nítidos pues, distintos a muchos. Yo creo que ni se les pasaba por la mente que yo era mujer, además de que yo tenía un prestigio, tenía experiencia, y no hubo problemas. Más bien dificultades podía haberlas con los compañeros cuando no me conocían. Pero se daban a nivel de colaboradores —sobre todo en el norte, que el norteño tiene problemas grandes de machismo— pero a nivel de militancia no: nunca tuve problemas de ese tipo.

Y fijate bien una cosa: a veces entre los colaboradores se daba que no te ubicaban como responsable, sino como mujer. Entonces no le ayudaba uno lo mismo que al hombre. Incluso, vos sabés que vivir uno en una casa de seguridad y creer que como está una mujer ahí de huésped, la mujer tiene que ayudar a barrer, ayudar a cocinar, a lavar los trastes —y uno con un motete de cartas que tenía que contestar, empezabas desde las cinco de la mañana hasta en la noche, pues, que salía, porque nosotros éramos de la vida en el norte super clandestina, sólo de noche nos movíamos, todo el día trabajábamos y sólo en la noche salíamos a la calle. Entonces que la colaboradora entendiera que uno era responsable, eso costaba. Incluso era difícil que comprendiera que podría llegar un compañero que iba para el monte, que comprendiera que aquel compañero que estaba todo el día sin hacer nada podía ayudar a lavar los trastes. El compañero lo entendía pero a veces la mujer de la casa no. "¿Cómo va a trabajar el hombre?", decía. O cómo es posible que yo no le lavara la ropa a Bayardo, decía una viejita, si yo era su mujer. Cosas que los compañeros ya entendían perfectamente, pero a veces los colaboradores no.

Te decía que la ofensiva final se inició aquí en Managua antes de lo que nosotros habíamos previsto, y que incluso tuvimos dificultad en trasladar las armas de la parte occidental a la parte oriental de la ciudad, que era donde íbamos a llevar a cabo la resistencia. En el Estado Mayor de Managua éramos tres: Oswaldo Lecayo, Raúl Venerio y yo. A los 12 días ya no teníamos municiones. Era terrible ver a los *compitas*.

¿Qué hice yo en la insurrección aquí? Anduve. Tenía que recorrer todos los puntos donde se estaba combatiendo, todos los días salíamos a caminar y se nos pusieron los pies así. Era una zona enorme. Entonces de arriba para abajo: coordinando, haciendo trabajo político, haciendo que la gente en la barricada tuviera una disciplina.

Después vino la decisión de la retirada, esa retirada es histórica, ¿verdad?, porque tuvimos que retirarnos como con 7 000 personas entre civiles, niños y compañeros milicianos. Nos dividimos en grupos: la vanguardia, el centro donde iban todos los heridos —fue una de las cosas más terribles de la marcha: los heridos— y después la retaguardia.

Llegamos a Masaya. Después estuvimos en Carazo —permanecemos allí como una semana— y luego nos fuimos para Granada. Fíjate que nos vamos a Granada sabiendo que ese día Somoza va a renunciar. Cuando pasamos por Masaya ya sabíamos la noticia. Pasamos en la madrugada, combatimos todo ese día y en la noche ya tenemos cercado lo que era La Pólvora. Yo recuerdo que hasta me bañé, y entonces una compañera que andaba con una cámara me preguntó: "¿A dónde vas?" "Voy a la toma", le digo. Nos acercamos por el hospital, fíjate, llegamos a una distancia donde está ese poste —así estábamos del comando—, pero casa por casa, abriendo hoyos en las paredes, entonces llegamos y cuando ya estábamos apuntando pasamos a oír la voz que querían rendirse. Yo fui la que habló con el guardia —ese diálogo está grabado y en película también— que salió envuelto en una bandera. No quería hablar conmigo porque yo era mujer.

DOÑA ZULEMA: Hacia el final se dio lo que se tenía que dar: en mi casa todos mis hijos comenzaron a partir, sin quedarse uno, toditos participaron, toditos se integraron a la lucha. Ya en la casa se vive con más austeridad, pero con más conciencia, ve. Ya viene la época de hacer bombas para hostigar a la Guardia, entonces a las dos menores, como eran más nuevas, les asignan tareas también pero las mandan a hacer bombas. Participaban el año pasado, me acuerdo, para la conmemoración de Carlos Fonseca.[24] Hicieron bombas e hicieron pintas, que de mi casa salían los potes de pintura para hacer las pintas. Mi hija Amparito era ya más avanzada en el proceso y tenía responsabilidad, y el otro varón, que se había ido a estudiar a León también ya se había integrado.

Después una clandestina tuvo que llegar a vivir a mi casa porque la sacaron de donde estaba, y ni modo. En mi hogar hacían ejercicios y se hacía comida en cantidad —sólo gallopinto y pinolillo—;[25] yo lo que hacía era la cantidad de pinol y con eso nos manteníamos. En la última casa que estuve no pagué cinco meses pero era de un millonario. Ahí fue donde más trabajamos. El último año vivimos en cuatro casas porque cuando la Guardia medio sospechaba y comenzaba a pasar por algún hecho, entonces nos íbamos para

[24] Carlos Fonseca Amador, fundador del FSLN y su máximo dirigente, caído en combate el 8 de noviembre de 1976.

[25] Gallopinto es el término nicaragüense para arroz con frijoles negros. Pinolillo es una bebida a base de maíz molido y tostado, con un poco de cacao.

otra. No dejábamos ni rastros. Entonces la Guardia se olvidaba de nosotros y continuábamos trabajando. En mi casa había armas, había pólvora, y sacos de botellas para "molotov", para hostigamientos. Ésa fue la última casa donde vivimos, que fue en Monseñor Lezcano. Zulemita participaba en las propagandas armadas. Ya casi todos mis hijos andaban armados.

Después Zulemita cae presa, y vino toda la actividad: la radio de nuevo, *La Prensa,* hasta que me dejaron verla. La miré que tenía aquí dos hoyos de los chuzos eléctricos que le habían puesto. Pero, "no se preocupe", me dice ella, una chavala bien valiente... Eso fue el sábado de ramos. Zulemita es mi hija que después murió bajo un bombardeo, con unas 200 personas más.

Para entonces yo dormía sola en la casa, sola con el niño porque les dije a mis hijos: "Si me capturan es sólo a mí; soy vieja." Y todos los jóvenes se trasladaron a dormir a otras casas. Yo dormía sola con Pancasán. Todos los días llegaban los demás pero no dormían allí porque en las noches era cuando hacían los cateos, aunque a nosotros no nos llegaron a catear.

El Jueves Santo llegan los muchachos y me dicen que ocurrió algo, que Alma Nubia tuvo un accidente; de viaje me doy cuenta de que la cosa es grave. Fue, parece, a las cinco de la tarde. La llevan a una clínica y van a traer un médico para que la opere, pero no hay condiciones en la clínica y así llega hasta la noche desangrándose. Entonces dicen los muchachos que ni modo, que la van a llevar a un hospital porque primero es la vida. Además estaba a nuestro favor que eran los días santos y no había mucha Guardia. La llevan al Hospital Occidental y como a las once de la noche llegan dos muchachos y me dicen que no me preocupe, que ya está operada y que está bien. "No se preocupe, mañana usted va y pregunta por Silvia", ya que la habían inscrito por su seudónimo. Yo dije: "¡Qué barbaridad, me le van a poner la Guardia al lado!"

Voy donde el doctor —ella está en Cuidados
Intensivos, Sala de Recuperación que la llaman— y
me dice el doctor: "Mire, es prohibido enseñar
los enfermos que están en esa sala." Pero ella
me oye y empieza a gritar: "¡Mamá, aquí estoy!"
Entonces me dice el doctor: "Mire, está prohibido, pero esa voz merece que la vean. Vaya a
verla." Él se sintió impresionado por la excesiva
juventud de la chavala. Pregunta: "¿Cómo la metieron al hospital? Dijeron que era por bomba..."
"No, no, ya te voy a decir", le digo.

Llego donde ella, y eso nunca lo voy a olvidar. Yo
no lloro pero estoy hecha leña, estoy hecha paste,
yo no lloro para que no me mire ella, verdad, pero
cuando el doctor abrió la puerta, ella levanta sus
dos muñones, envueltas ¿verdad?, y me dice: "Mirá
mamá, estoy viva, viste, no me mataron, me tiraron la gran bomba pero no me mataron. Y como
están diezmando a la juventud —me dice— así
que la vida vale, no te aflijás..." Ya planteando
su coartada...

MÓNICA: ...A una de mis hermanas, Alma Nubia,
le había cortado las manos una bomba de contacto
que ella estaba fabricando. Le andaba siguiendo
la Guardia y yo decía: "Nada van a hacer aquí,
tenemos que sacarla para que la operen." Le habían operado cuando el accidente, pero necesitaba
toda una serie de operaciones ortopédicas. Entonces, como no había manera de sacarla por las vías
legales, le mando a asilar. Les mando a asilar a
mi mamá, con mi hermana y el niño. Pero el asilo
se hace eterno y nosotros nos marchamos, como
te digo, a Masaya. Entonces les mando a traer que
se vengan para la zona liberada. Empiezan a bajar
los aviones que traían carga —improvisamos una
pista entre Diriamba y el mar— y ahí aterrizaban.
Entonces en uno de esos aviones que venía de
Costa Rica a dejar municiones, le sacamos a mi
hermana para afuera. Ahorita le hicieron una pró-
tesis en Cuba. Y es buenísima mi hermana: tiene
una moral y un espíritu que es una lección para

todo el mundo, a mí misma me ha servido de
lección en muchos aspectos...

El niño empieza a moverse. Despierta. Mónica habla de cómo quedó al frente de un batallón cuando
terminó la guerra, hasta que la trasladaron a la
organización de masas. De cuando adquirió el
grado de comandante guerrillera —"fue para la conmemoración de Pancasán, en agosto, como muchos
se estaban llamando comandante, se estaba vul-
garizando ya, entonces para cortar eso se decidió
que se iba a denominar comandante guerrillero a
los compañeros que tuvieran una trayectoria, que
hubiera combatido y que hubiera dirigido".

3. LO QUE NOS METIERON FUE MÁS CORAJE: AMADA PINEDA

AMADA: El mismo día que llegué, a la noche, varios de ellos llegaron a donde me tenían. Y me violaron. Como yo no me dejaba, ellos comenzaban a golpearme, así cometían todas sus barbaridades. Me moretearon las piernas, los muslos, los brazos: toda moreteada. Y así lo hacían con todas las mujeres campesinas que agarraban: las violaban y las torturaban y les hacían barbaridades. Fueron tres días, pero para mí esos tres días fueron como tres años de violaciones. Llegaban todo el día. Es horrible, pues, sentirse así, porque no es lo mismo que uno se vaya a acostar con su marido. No es lo mismo. A una muchacha, antecito de que a mí me capturaran, tenía un mes de casada, la pobre muchacha; y la agarraron y esa muchacha quedó que no podía ni pararse. Le agarraban un pie y otro, y sangrando como nunca he visto. Cuando la pusieron en libertad, iba agarrándose de las paredes, de los palos, para llegar a su casa...

Amada Pineda es, a la vez, de campo adentro y de mucho mundo. Sus gestos, su manera de hablar, el modo sencillo y limpio de vestir, hasta la forma de peinarse, todo, nos habla de la mujer de mediana edad que nació y creció en el campo, que siguió a su esposo en el surco y en la lucha, que tuvo nueve hijos, la mayoría de los cuales murieron jóvenes. Es la historia de muchas campesinas nicaragüenses. Pero la historia particular de Amada incluye también el haber vivido un reto excepcional, haber tenido que enfrentar la represión en toda su crudeza, haber sido violada por 17 guardias; incluye visitas a la Unión Soviética y a Cuba: aviones, hoteles, conferencias de prensa y

otras experiencias normalmente ajenas a la vida
en el monte.

Esta mujer no evita el contacto directo, fron-
tal. Busca los ojos de uno cuando habla, y su
porte es recto, digno. Ahora está sentada frente
a mí, las manos quietas sobre el regazo. Sólo a
ratos es posible reconocer las huellas de la pesa-
dilla vivida, notar la marca que todo sobreviviente
lleva consigo para siempre.

AMADA: Yo soy campesina. Soy nacida en el campo, criada en el campo, me casé en el campo. Fuimos tres hermanas, pero sólo quedamos dos porque una murió de parto.

Tengo 36 años; 18 de casada. Y tuve nueve hijos.
Sólo me han quedado cuatro porque unos se me
murieron tiernos, otros al nacer, otros a los dos
años, uno ahora en la guerra. Siempre hemos sido
muy pobres, y vos sabés: los pobres luchan por
sus hijos pero a veces no se les puede salvar. Una
niña mía murió de sarampión, otra de pulmonía,
allá en Matagalpa. Anduvimos con todos los médicos para ver si podíamos rescatarlas, que no se
nos murieran, y no fue posible. Otro niño mío, por
tener que andar huyendo, se me murió en el monte. Tenía dos meses de nacido. Fue cuando mataron
al dirigente sindical Bernardino Díaz Ochoa, y a
nosotros nos tocó andar huyendo. Mi marido por
un lado, y yo con los niños por otro. Mi tierno [1] se
me murió bajo un aguacero.

La vida de la mujer campesina aquí de por sí
es una vida difícil. Ella se levanta a las dos de la
mañana a palmear sus tortillas, a hacer la comida
para dejarle a los niños. Y se va al campo a
trabajar junto al hombre. Lleva el almuerzo, ya
sea una pelota de pozol que decimos: maíz bien
cocido, después se muele y se hace una pelota y
eso es lo que toma, que no es ningún alimento. Ella
tiene que ayudarle a su marido a sembrar el maíz
y los frijoles —cuando tienen su terrenito— y si

---

[1] Tierno, infante o niño pequeño.

es en las haciendas, es lo mismo: la mujer va a
trabajar al campo, a machete y donde sea.

Esto quiere decir que la mujer tiene que dejar
a sus hijos encerrados en el rancho. Ahí les dejan
su comida —guineos cocidos con sal— y ellos solos
la agarran. Si hay niños más grandecitos, pues,
cuidan a los chiquitos. Pero la gente sufre demasiado con esa situación. Y los niños se sacrifican
por gusto.

María Rural

Por los senderos del campo
llevas cargando tu pena
tu pena de amor y de llanto
en tu vientre de arcilla y tierra

Tu tinajita redonda que llenas año con año
de la semilla que siembra
el campesino en su pobreza

> Y hoy quiero cantarte María Rural
> oh Madre del campo, Madre sin igual
> Hoy quiero cantar tus vástagos pobres
> tus despojos tristes, dolor maternal

Desnutrición y pobreza
es lo que a vos te rodea
choza de paja en silencio
sólo el rumor de las selvas

Tus manos son de cedro
tus ojos crepúsculos tristes
tus lágrimas son de barro
que derramas en la ciénaga

> Por esa razón en esta ocasión
> hoy quiero cantar a tu corazón
> hoy quiero decirte lo que siento
> por tanta pobreza y desolación

Por las praderas y ríos va la Madre campesina
sintiendo frío el invierno y terrible su destino
por los senderos del campo llevas cargando tu pena

tu pena de amor y de llanto en tu vientre de arcilla
   y tierra

   Y hoy quiero cantarte María Rural...[2]

AMADA: Por el año 63 nosotros teníamos un cafe-
talito. Mi marido trabajaba en los sindicatos y yo
siempre preguntaba, pero nadie me decía nada.
Llegaban los compañeros —nosotros no sabíamos
de qué organización eran, porque en aquel tiempo
estaba la cuestión de Agüero; el Frente existía
pero no se sabía mucho. Ahora me doy cuenta de
que entonces llegaban a nuestra casa compañeros
que después murieron en Río Blanco y en Pancasán.
   Como te digo, los compañeros llegaban a ayudarnos a cortar el café. Y siempre hablaban con
Bernardo, con mi marido. Pero él no me confiaba
las cosas. Tal vez pensaba, pues, que al llegar otra
persona yo iba a descubrirlos. Siempre yo le preguntaba. Y también leía lo que los compañeros
dejaban.
   Pero en ese tiempo me fui a quedar en la casa
de mi mamá. Iba a nacer mi tercer hijo, y fui
con mi mamá para que ella me mirara. Nunca
he tenido mis hijos en hospital, siempre así, en
la casa. Ya que no estaba yo, mi esposo se dedicó
más al sindicato.
   Había que pelear, para que pagaran más a los
trabajadores. En aquel entonces pagaban tres, a
veces cinco córdobas a los trabajadores del campo,
y había que luchar por un mínimo de 12 pesos.[3]
Y que les dieran dónde sembrar a los colonos. Así
se llaman a los que viven permanente en las ha-

   [2] *María Rural*, canción escrita por Arlén Siu, joven militante del FSLN, oriunda de Jinotepe, quien cayó en combate en un lugar conocido por El Sauce, en las montañas
del norte del país, en 1975. Hoy, Carlos Mejía Godoy y
otros cantantes nicaragüenses cantan *María Rural*.
   [3] Aunque el córdoba es la unidad monetaria en Nicaragua,
el pueblo le dice igualmente "peso".

ciendas. Y para que les dieran medicinas cuando
se enfermaran. Que se les hicieran letrinas. El
pleito fue grande en contra de todos los finque-
ros, y allí es donde mandan a llamar a la Guardia.
Es cuando empieza la represión masiva en el campo.

El gobierno decía que los sindicatos no eran pro-
hibidos, pero que por medio de los sindicatos
llegaba todo lo subversivo. Fue terrible la represión. Es entonces que tuve mi hijo —ése que se
me murió bajo un aguacero— y fue cuando la
muerte del compañero dirigente campesino Bernardino Díaz Ochoa.

A Díaz Ochoa le hicieron barbaridades, lo guin-
daron y le pusieron una corona de clavos eléctricos, le pusieron chuzos, le rajaron los talones, le
hicieron cargar una mochila de no sé cuántas
libras de peso y descalzo —le quitaron sus botas— y sanganadas le hicieron. Y a pesar de que
él sabía todo, sabía quiénes eran los que participaban en el sindicato, todo eso sabía, murió como
todo un hombre, por lo cual no descubrieron ninguno de sus otros compañeros. Bernardino es un
hombre que nosotros admiramos. Y así murió
un montón de gente.

Es entonces que yo me meto al sindicato. Llegaban los del Frente a mi casa, les daba de comer,
y platicábamos. Y cuando a mí me capturan, ya
tenía un montón de hombres allí en el monte. Los
del gobierno siempre pensaban que reprimiendo
nos iban a meter miedo. Y lo que nos metieron
fue más coraje. Comienza la persecución, se me
muere uno de mis hijos: no me queda otro remedio que seguir la lucha.

Mi marido estaba en el Partido Socialista Nicaragüense,[4] entonces yo me metí en el Partido, y
en la Organización de Mujeres Democráticas.[5] Pero

[4] PSN, Partido de la Segunda Internacional (comunista).
Se funda en Nicaragua en junio de 1944.
[5] Organización femenina del Partido Socialista Nicaragüense, afiliada a la Federación Democrática Internacional de
Mujeres (FDIM).

cuando vino la represión así de fuerte, mi marido
ya no podía quedarse en la casa. Tuvo que esconderse. A veces llegaba de noche, de prisa —veía
a los muchachos y se iba como había llegado. Dormía en el monte. Así vivíamos un tiempo —siempre
con la amenaza de la Guardia. Los jueces de mesta[6]
espiaban a uno, y la Guardia hacía desaparecer a
grandes cantidades de campesinos.

Cuando a mí me capturaron, entonces, no me
toman por sorpresa. Me habían avisado un día
antes, que la Guardia iba a llegar por mí. Porque
entre los jueces de mesta no todos eran igualmente malos. Habían unos que tenían un poquito más
de conciencia humana, y uno de ésos le avisa a mi
papá, pues, de que me mandara a decir a mí que
me fuera de la casa. Que me metiera a la montaña o que saliera a la ciudad.

La verdad es que yo no podía ir al monte, ni a
la ciudad tampoco, porque ¿quién iba a mirar a mis
hijos? Tendría que dejarlos, y entonces la Guardia
se los iba a llevar. Lo más que pude hacer era
apartarme de mi casa y meterme en otra, bien
metida al monte. Así lo hice. Y esa misma noche,
a las cuatro de la mañana, oigo que un perro
empieza a ladrar. Ladra y ladra. Yo estoy durmien-
do en el suelo, pongo un plástico y allí me acuesto
con la niña mía y con otra señora porque la casa
es bien pequeña y no tenemos dónde más dormir.
De casualidad, además, tengo a todos mis chavalos
con calentura.

Bueno, y a las cuatro de la mañana oigo que la
señora me dice: "Amada, levántese y mire qué es
lo que está pasando que ladran los perros tanto."
Me levanto y miro, abro la puerta de viaje, me
asomo, y miro el poco de Guardia tendida. Entonces me tiro para adentro, me meto al cuarto y le
digo a un compañero: "Levántese, que allí está
la Guardia."

[6] Políticos locales puestos por el gobierno durante el régimen de Somoza y que eran verdaderos caudillos del poder
corrupto.

Saco un papel que tenía, lo doy a otro compañero, y empiezo a sentir los nervios. Siento que no me puedo parar. Entonces me vuelvo a sentar, agarro el vestido, me lo pongo al revés, me lo vuelvo a poner, y así. Empiezo a controlarme cuando ellos comienzan a insultarnos desde afuera. No quieren entrar a la casa; quieren hacernos salir. Y empiezo a amarrarme los zapatos.

Oigo que el oficial grita: "¿A qué hora vas a salir, hija de la gran puta?" Entonces le digo: "Voy a salir, me estoy amarrando los zapatos porque no voy a ir descalza." Fue entonces que me agarró desde la puerta de la casa y me dio en la cara, una cachetada. Cuando me entró la cólera, los nervios se me quitaron.

Hasta que yo quise, me quedé adentro. Tomé mi tiempo. Me amarré los zapatos, y entonces salí con mi hija de tres años y la niña de 15 meses en los brazos. Ya las otras mujeres estaban afuera de la casa, sólo quedaban los varones adentro. Entre las mujeres estaba una muchacha que tenía ocho días de haber dado a luz a una niña. A ella la sacaron, pues, la levantaron, y les dijo: "Estoy enferma, acabo de dar a luz a una niña." "Levántese, levántese", le contestaron. Lo único que hizo fue echarse un trapito en la cabeza, y así con su niña tierna tuvo que salir.

El oficial me pregunta: "¿Cómo es que te llamás vos?" "Amada Pineda de Arauz", le digo. "Entonces a vos era que te andábamos buscando." "Bueno", le digo, "aquí estoy. Si a mí me andaban buscando, aquí me encontraron." Ya no tenía nervios.

"Dale esa cipota [7] a esa vieja que está allí", me dice. Yo no quería aflojar a la niña, porque yo sabía que si aflojaba a la niña me daba. Pero al mismo tiempo, digo yo, mejor la doy, porque si no, van a golpearla y me la pueden matar. Entonces la señora, llorando, me dice: "Demelá", y yo le doy la niña y mi otra hija también.

[7] Cipote o zipote(a), niño en Centroamérica.

Allí mismo comenzaron a golpearme. Me dieron en la cara, en el pecho, en el estómago, me tiran por sobre un montón de madera que teníamos allí —para leña, para encender el fuego. En todo esto no tocaban a ninguno de los varones. Era conmigo. Me preguntaban que dónde era que tenía armas, que cuántas armas tenía, que quiénes cuidaban de los guerrilleros, que si yo era guerrillera. Le digo que si yo fuera guerrillera no me hubieran encontrado en una casa. Estuviera en otro lado. "¡Pero vos les das de comer a los guerrilleros!", me dicen. "¡Vos les llevás mensajes a Managua y los traés para acá!"

Yo les decía que no a todo. Me preguntaban por mi marido, el paradero de él. En aquél momento él tenía ocho meses de estar en Moscú, tomando un curso. Entonces les dije: "Tengo ocho meses de estar separada de él. Se fue con otra mujer."

Era un montón de guardias: algunos vigilaban el contorno, otros golpeaban; y los dos oficiales eran los que me preguntaban. Entonces amarraron a los varones, y nos llevaron presos. Son siete varones, y sólo yo de mujer. Allí cometen un error: nos meten en un solo cuarto, en una casa allí cerca. Así, estando juntos, podemos ponernos de acuerdo en qué era lo que íbamos a decir en los interrogatorios.

Me sacan a mí primero a interrogarme. Ahí en el monte. Y después, cuando me regresan a donde los demás compañeros, nos dan agua en un casco de ellos. Como siempre bebíamos de ese casco, pudimos pasar la voz de uno a otro: qué es lo que había dicho, y qué era lo que pensaba decir.

El oficial me dice: "Mirá, a mí no me gusta golpear mujeres, que yo soy hijo de mujer. Lo único que queremos es que nos digás todo lo que vos sabés." "Es que no sé nada", le digo. Me dice de nuevo que les han dicho que yo ayudo a los guerrilleros, que yo les doy de comer. "Mire", le digo, "en primer lugar, yo vivo en la orilla de un camino. La persona que venga a mi casa y me

dice 'llevo hambre', aunque sean frijoles o lo que
tenga, yo le doy de comer. Porque así nos han
criado a nosotros. Nosotros le damos de comer a
quien pasa con hambre. Si ustedes algún día pasan
por mi casa y me dicen 'mirá, yo tengo ganas
de comer; dame frijoles aunque sea', yo les doy de
comer."

De nuevo me preguntan por mi marido, y de
nuevo les digo que no sé dónde anda. "Él acostumbra salir de la casa y nunca dice para dónde
va. Y yo acostumbro a no andarle preguntando.
Porque no me interesa, la verdad." "Pero, ¿vas a
decir tú que nunca ibas al sindicato?" "No", le
digo, "nunca". "¿Y no sabés quién dirigía el sindicato?" "Eso sí", le digo. "Lo dirigía un señor que
se llamaba Bernardino Díaz Ochoa, que lo capturaron y después lo mataron." "¿Quiénes lo mataron?"
"Ustedes mismos." "Yo no", me dice. "Pues tal
vez usted no, pero otra patrulla sí. Ese señor no
apareció."

NILA MENDIOLA SEQUEIRA, SEUDÓNIMO "MERCEDES HERNÁN-
DEZ" (viuda de Bernardino Díaz Ochoa): Estábamos trabajando en el sindicato de La Tronca, cuando a Bernardino lo agarró la Guardia. Teníamos seis años
de participar en el Partido Socialista. Después de la
muerte de él, me salí del Partido y pasé a las filas
del FSLN.

Cuando las guerrillas de Pancasán y Zinica, la represión en el campo se agigantó. La Guardia se metía
allí y a los campesinos los hacía desaparecer. A familias enteras las quemaban, y así las forzaban a luchar.
Nosotros en esas palabras hablamos. Tuvimos que
irnos todos a la montaña o cruzarnos a otros lugares,
huyendo de la Guardia hasta ahora que triunfó la
Revolución y empezamos a salir de nuevo.

Yo no caí presa porque huí. Dejé todo botado, de mi
casa sólo saqué un vestido y mi chavalo Lenin, nada
más. Y a correr. Pero a Bernardino lo agarraron, lo
torturaron, le hicieron sanganadas. Necesitaríamos un
tiempo largo para relatarle todo lo que le hicieron,
pero esto es mundial. Es conocido en el mundo por-

que yo ya lo he denunciado. A Bernardino le hicieron todo lo que se puede hacer a un hombre, pero no lo doblegaron. De ninguna manera. Decidieron matarlo porque era la única manera de descabezar al movimiento sindical en el campo. Y ya ves: al final tuvieron que darse por vencidos ellos.

AMADA: Me interrogaban con distintos métodos. A veces con golpes, con torturas de diferentes tipos. A veces suaves, a ver si iba a decir algo. Tenía que poner cuidado para no contradecirme en algo que había dicho antes. O algo que había negado. Una vez me preguntaban qué grado de escuela había aprobado, si la primaria o el bachillerato. Entonces les digo que no, que el campesinado nunca ha tenido escuela en primer lugar. Cuando niña la escuela más cerca quedaba a tres días de camino. Que yo sólo había aprobado segundo grado. Y me dicen "Vos no sos tan babosa. Todo lo comprendés y todo lo sabés. Vos sabés más cosas..." Me preguntaban por "las cosas subversivas" que llegaban por el sindicato. "De subversivo no sé nada", les dije. Me hablaban de Sandino: "Peor", les digo, "porque yo a Sandino no lo conocí. Jamás lo miré en ningún lado."

Cuando venían a violarme, después de varias veces no aguantaba más. Me rebelé entonces con el oficial: "¿Qué se están creyendo ustedes de mí", le digo, "que me agarraron en el Camino Real, o que soy una prostituta? Si yo soy una mujer casada. Tengo mis hijos y todos son de mi marido. Y si es cierto que ahora estamos separados", le digo, "no quiere decir que ahora me voy a dedicar a la prostitución, así no más. Así es que me hace el favor de decirle a sus demás guardias, a los de su mando, que no se metan más al cuarto donde estamos nosotros. Ya no los aguanto". Éramos presos, pero parece que le impactó algo lo que le dije; pues fue entonces que dio la orden y nos enllavaron a nosotros.

Ya de todos modos me habían hecho leña. Me

habían destruido. Diecisiete veces me violaron. Lo primero que pedí, después cuando me soltaron y vine para Managua, era venir a ver un médico. No quería estar en estado, no quería tener hijos de ellos. Aunque el niño no tuviera culpa.

Por fin me dijeron que iban a montarme en un helicóptero y que me iban a dejar caer. Entonces les digo "Está bien. Nunca me he montado en un avión ni en un helicóptero. Pero si aquí para morir me van a montar en uno, feliz de la vida. No crea que yo le tengo miedo a la muerte. Yo sé que de una manera o de otra tengo que morir. Así es que si me van a montar en el helicóptero, vámonos ya." Pero no me montaron. En vez de eso, sacaron a los otros muchachos, y allí delante de mí los torturaron uno a uno. Los golpearon. Los quemaron, los medio enterraron en casas de hormigas. Había un muchacho que era epiléptico. Nunca le dio allí el ataque: menos mal. O sea, a él no le hacían torturas físicas, sino sólo psicológicas.

A los seis, siete días, me sacaron. De Managua llegaron cuatro oficiales y dieron la orden de salida. Me mandaron a bañar, a lavar la ropa y todo; tuve que lavar mi ropa y volvérmela a poner mojada. Me dieron un peine para peinarme, porque tenía mi pelo así como que habían hecho un nido los pájaros en él. Me dieron jabón, talco, desodorante. Imaginesé: ya eran "buena gente". Después de todo lo que me habían hecho. Yo tenía el estómago morado, y un dolor horrible, constante, tenía moretones por todos lados. ¡Tuvieron hasta el descaro de preguntarme si no quería quedarme allí con ellos, a cocinar, a hacer para ellos! "No", les digo, "prefiero que me vayan a dejar, muchas gracias".

En todo esto mi esposo, como te digo, estaba en la Unión Soviética. Pero da la casualidad de que él se entera de todo lo que me pasaba a mí, porque lo leyó en el periódico *Granma*.[8] Allá en la

---

[8] *Granma*, órgano oficial del Comité Central del Partido Comunista de Cuba, es el periódico matutino de la ciudad de La Habana.

URSS. Y entonces no pudo estudiar más, pidió que lo regresaran al país, vino y de inmediato lo capturaron a él también. Y entonces dijeron que yo no era campesina, sino la mujer de un subversivo que venía de la Unión Soviética.

A mi esposo lo torturaron mucho. Lo tuvieron guindado nueve días, lo reventaron todo, después lo tiraron por muerto en una celda. Y lo torturaron psicológicamente también. Le hablaron de mí: le dijeron que yo había pasado por todos ellos, que padecía enfermedades venéreas.

Cuando pudimos estar juntos de nuevo, yo tenía miedo, como le habían hablado tanto en contra mía, yo me imaginé que me iba a comenzar a molestar. Que no le iba a gustar. Pero no. Me dijo: "Pero vos sos tonta, si eso le pasa a toda mujer que anda luchando, a toda esposa de un hombre que lucha. Mirá el caso de la Doris Tijerino", me dice, "y de otras mujeres. No", me dice, "no me explico por qué te sentís avergonzada". Porque yo me sentía con pena por todo lo que me había pasado, todo eso a mí me causó un trauma. Sentía como que me había quedado un mal olor que no me podía quitar. Y él me ayudó bastante.

Yo creo que el campesino fue el que más comprendió ese tipo de problema de la esposa. Por lo menos todos los que yo conozco, los compañeros pudieron comprender las barbaridades que hicieron a sus esposas, siguieron juntos y lucharon después, incluso, con más coraje. Porque la Guardia siempre pensó que haciendo todas esas cosas a la gente, después no se iban a meter en más nada. Que ya el campesinado se iba a quedar dormido en su casa, muy tranquilo. Y no es cierto que se iba a quedar así. Fue cuando se metió más de lleno. Cuando les quemaron sus ranchos —muchas veces con niños dentro— lucharon más. Entonces fue cuando muchos buscaron por primera vez a los compañeros del Frente.

El zenzontle pregunta por Arlén

> A Arlén Siu, guitarra y fusil
> de nuestro pueblo.

Compadre guardabarranco
hermano de viento de canto y de luz
decime si en tus andanzas
viste una chavala llamada Arlén Siu

Yo vide, zenzontle amigo
una estrella dulce en el cañaveral
saeta de mil colores
de entre los rumores del pajonal

Enterró en el hueco de su guitarra
el lucero limpio de su corazón
se fue río arriba pa la sabana
como un lirio de agua serenitó

Dice Martiniano que en la montaña
revolucionario todo es allí
que anda clandestina una mariposa
y su responsable es un colebrí

Compadre guardabarranco
ay usté perdone mi curiosidad
cómo era la guerrillera
que según sus señas pasó por allá

Le cuento, zenzontle amigo
que donde la chinita peleó hasta el final
hay un manantial quedito
que a cada ratito le viene a cantar.[9]

AMADA: Para los niños ha sido doblemente horrible. No sé si vos sabés el caso de María Castil:

[9] *El zenzontle pregunta por Arlén,* una de las muchas
canciones que el pueblo ha creado para recordar a sus
héroes y mártires, en este caso la combatiente Arlén Siu. La
canción es de Carlos Mejía Godoy. El guardabarranco, el
zenzontle y el colibrí son pájaros del campo nicaragüense, y
la letra en sí evoca al mundo campesino en medio del cual
murió Arlén.

una compañera campesina que fue capturada, torturada y desaparecida. Ella tenía tres niños: uno
de seis meses, uno de dos años y el otro de tres.
Ahora ya están grandecitos. Pues esos niños fueron
testigos de todo lo que le hicieron a su madre.
Recientemente yo vi a esos niños, y han quedado
con un trauma terrible. Muchos niños nicaragüenses, muchos niños campesinos sobre todo, han
quedado traumatizados por lo que han visto y
vivido.

A mi propia hija —a la que tenía 15 meses cuando me capturaron a mí— nunca se le ha quitado
el odio a la Guardia. Yo pensaba que siendo tan
niña, no le había afectado tanto. Pero no. Recuerdo que una vez, varios años después, su padre
estaba preso y yo la llevé a la cárcel un día de
visita. Y allí mismo, pequeña como era, trató a
los guardias. Les preguntó por qué tenían a su
papá preso, que él no había hecho nada. Y me
dijo: "Mamá, traele espinacas a mi papá para
que salga con todos los compañeros que están
allí. Como *Popeye*...": ella creía, pues, como veía
en la televisión, que *Popeye* comía espinacas y se
hacía fuerte. Pensó que si su papá comía espinacas
se haría fuerte también y podría romper los ba-
rrotes de la celda y salir con todos sus compañeros.

¿Y qué me decís de los hijos de las mujeres del
Cua? Les dicen las mujeres del Cua a varias compañeras que fueron capturadas y torturadas y
violadas, muchas de ellas, en el lugar que se conoce
por Cua. La historia mía no es única. Aquí hay
muchas mujeres que pueden contar bestialidades,
y muchas otras que no pueden contar nada porque
no sobrevivieron lo que les hicieron.

ÁNGELA DÍAZ AGUILAR (una de las mujeres del Cua, 35
años): ...Lo que es la represión que hemos sufrido,
eso es duro, y también, pues, usted sabe que es duro
recordar los tiempos de la bestia... Los campesinos
empezaron a luchar por las tierras, empezaron los sin-

dicatos, empezó el odio. Entonces los campesinos empezamos a sufrir porque él (Somoza) mandaba siempre, pues, a la Guardia a torturarnos, a secuestrarnos, a esas horas de la noche para que la gente no se diera cuenta. Después nadie nos mirara, pues. Nosotros fuimos capturadas de una represión cuando entró la Guardia en Zinica. Ahí hubo, pues, un tiroteo y fuimos capturadas en Santa María de Taswás. La Guardia nos agarró, me agarró, pues, mejor dicho, a mí con María Venancia, con Petrona Hernández, con Juan Hernández, con Saturnina Hernádez. Nos metieron ahí en la cárcel, para que nadie nos mirara. De allí, pues, no sabemos qué les hicieron, pero según parece, pues, los mataron allí, en ese lugar: el Cua. A la compañera, pues, mi suegra que es Petrona Hernández, la amenazaban con una pistola y un juez de mesta le pegó porque no quería decir quiénes eran los guerrilleros. Entonces ella le dice: "¿Cómo vamos a decir si no sabemos...?" Allí la Guardia, pues, nos sacaba a esa hora de la noche a interrogarnos, y entonces fue cuando Martina abortó. A la María Venancia la agarraron y la montaron en un caballo... Nos violaron, nos amenazaron con pistolas que nos iban a matar... Nos tuvieron 15 días sin comer y sin beber con un poco de chavalos que teníamos...

AMADA: Después de esa experiencia, tuve que salir del país. Tuve que ir a recibir un tratamiento médico porque me había quedado bastante mal. Estuve en una casa de descanso en la URSS —estuve afuera casi un año.

Pero la guerra la pasé aquí en Managua, en Bello Horizonte. Mis hijos los tenía todos desparramados, en el campo, con mi suegra, con parientes. En Bello Horizonte luchamos con lo que había. Todo lo que nos echaban, nosotros lo recogíamos. Los morteros, los *rockets* que dejaban caer los aviones, cuando no explotaban, nosotros los buscábamos, los desarmábamos y los devolvíamos. Les poníamos explosivo y los devolvíamos. Hasta una bomba de 500 libras, que con dificultades la sacamos porque hizo un gran hueco —así— en tierra suave. Pero logramos sacarla partida por la mi-

tad, le metimos explosivo y le pusimos una parte
en un puente de Bello Horizonte y la otra mitad
la mandamos a otro lugar.

Cuando la retirada a Masaya, nos fuimos de allí.
Y después me dijeron que la Guardia tuvo miedo
de entrar en la casa donde habíamos estado nosotros. Pensaba que estaba minada, que podía volar
por los aires. Allí, pues, vieron que no éramos
cualquier pelagato, de los que iban a decir que
sólo peleábamos con bombas molotov, con machete o con piedras como lo habíamos hecho antes. En esa casa éramos mayormente mujeres, y
sin embargo hicimos lo que pudimos.

Me preguntás acerca de la participación de la
mujer. En el caso mío mi esposo nunca me puso
trabas. Pero mi papá sí. No le gustaba. Él decía:
"¿Para qué luchás?" La idea de él era que uno
se metía en una organización y allí nomasito venía
el comunismo. O sea, pues, la gente lo que teme
es al comunismo. Claro, los que tienen: bien pueden temer al comunismo. Los que no tenemos
nada, pues, no le tenemos miedo. Para mí: encan-
tada.

Pero además, la cuestión de ser mujer. Mi papá
siempre decía que siendo mujer, ¿para qué yo
quería meterme en todo eso? Pues para ellos en
ese entonces el hombre era el que lo podía todo. El
hombre era el que podía luchar, el hombre era
el que podía estudiar. Por ese motivo también a
nosotras no nos pusieron a estudiar, porque decían
que un día nos casamos y nos dedicamos a tener
hijos y a los quehaceres de la casa, y, ¿para qué
necesitamos entonces saber más?

Ahora todo eso cambia. La mujer ha mostrado
que tiene derecho a participar, y es más: si es
posible más que el mismo hombre. Para la insurrección lo demostramos. Porque hubo mujeres
que a escondidas de sus padres se fueron a luchar, muchachas bien jóvenes. Todo el tiempo hemos sido marginadas, y ahora más que nunca no
queremos serlo más. Queremos luchar. Incluso a
veces es necesario luchar en contra del marido de

uno. Porque hay veces que el marido quiere te-
nerle a uno metida en la casa, en medio de cuatro
paredes, que uno no salga, que tiene que mirar a
los hijos, que tiene que darle de comer a los hijos
y a él, lavar ropa, planchar, hacer todo lo que
hay que hacer en la casa.

La mujer tiene que organizarse: todas tenemos
que estar organizadas en la Asociación de Mujeres. Las mujeres en el campo tienen que organizarse, las domésticas también, todas las mujeres
explotadas: organizarnos y trabajar para reconstruir a este sufrido país, y por nuestros propios
derechos como mujeres.

Ahora estoy viviendo y trabajando aquí en Managua. Todavía me he quedado algo nerviosa, pero
hay mucho que hacer. Nuestra Organización de
Mujeres Democráticas va a fundirse con la Asociación de Mujeres "Luisa Amanda Espinosa". Y el
Partido va a unirse con el FSLN para crear un solo
partido de la clase obrera nicaragüense.

Hasta que no terminó todo, cuando veníamos
de Masaya, me dicen que uno de mis hijos había
muerto, mi hijo mayor que tenía 17 años. No
importa, pues, la guerra es así. Se pierde y se gana,
y uno pierde sus seres más queridos, lo que a
veces uno más quiere. Pero lo que a mí me aflige
más es la forma en que él murió. Porque si hubiera muerto combatiendo con el arma en la mano,
tal vez no lo hubiera sentido tanto.

El niño mío chiquito que tiene ahora nueve años,
y ese de 17, estaban con mi suegro. Mi cuñado
tuvo que andar huyendo porque ya la Guarda venía
a la casa y ellos no tenían más que cuatro pistolas. Entonces salieron, pero él quiso recoger un
poco de leña para que hicieran comida para los
niños más pequeños, y fue por la leña. Parece
que los tenían vigilados, y allí donde fue por la
leña lo siguieron y todavía lo agarraron de la mano.
Le pegaron un tiro por la espalda, pero él no
cayó. Corrió y llegó donde dos primitos de él,
corrió hacia el monte. En el monte se metió en
una casa vacía y se encerró en un cuarto, y claro,

allí se quejaba, pues. Era fácil que lo ubicaran. Los quejidos y las manchas de sangre eran suficientes.

Lo siguieron, lo sacaron de allí, lo llevaron al mismo lugar donde lo habían encontrado, y empezaron a preguntarle que dónde estaba su tío, que cuántos hombres andaban con él, todo eso. Él no dijo nada. No dijo una sola palabra. Él tenía el pelo largo, y muy amarillo. Entonces le preguntaron que por qué no se cortaba el pelo, que si era marihuanero. Y él les dijo que no, que él no fumaba y que tenía el pelo largo porque no lo iba a cortar hasta que triunfara la Revolución.

Allí fue donde lo mataron. Mataron a él, a otro compañero, de la misma edad, a un primito de cinco años, a otro de seis meses y a una señora. Una matanza horrible. Hicieron una sepultura allí mismo y enterraron a tres de ellos: a la señora, el niño y él. En el verano, pues, pienso ir por lo menos por los huesitos, o lo que sea. Quiero sacarlo y sepultarlo en otro lado, traerlo aquí a Managua o dejarlo en algún cementerio allí.

4. TUVE QUE ROMPER... YÉNDOME A COMBATIR: DAISY ZAMORA

En Managua una mujer y un hombre acaban de adoptar a una niña. En Managua, como en cualquier lugar. Hay cosas, sin embargo, que diferencian este caso de otros. La mujer —a pesar de que lleva años hablando de que quiere tener una niña— faltó cuatro veces a la cita necesaria. "El trabajo —me dijo— y esa cosa que tiene uno de no querer dejar un problema de la Revolución por atender un asunto personal."

Se torna pensativa; en el rostro se nota la enorme emoción con que aborda todo lo referente a la niña, además del esfuerzo por explicar con absoluta honestidad las circunstancias que motivaron su ambigüedad: "...también, quizás, el momento. Es algo que hablé mucho con mi compañero. Él a veces decía que tal vez no era éste el momento más apropiado, que cuando todo fuera un poco más organizado, en fin... Pero él, igual que yo, soñaba con una niña. Y ahora es el primero en levantarse por las noches, el primero en chinearla, en pasearla... Si vieras cómo esta criatura ha cambiado la esencia de nuestras vidas."

La mujer se llama Daisy Zamora, y es viceministra de Cultura en el Gobierno de Reconstrucción Nacional. Su esposo es Dionisio Marenco, ministro de Comercio Interior. Y la niña, María Denise, tiene la edad de la Revolución. Una voz frágil, abandonada, enfermiza, ahora florece en su nuevo hogar. Y los padres florecen con ella.

Encontramos a Daisy en su oficina. Se le ve: delgada, fina, corriendo de lugar en lugar, intensa en los quehaceres de un ministerio que no existió en la vieja Nicaragua. El suyo es un rostro que no se olvida fácilmente: frente alta, ojos grandes y claros, tez muy blanca, pómulos pronunciados. La transición entre la seriedad absoluta y la sonrisa parece correr por una ancha gama de expresiones intermedias, raramente llegando al extremo de la risa. El cabello color de miel cae suelto sobre los hombros, a veces lo ata en un nudo —"para poder trabajar más a gusto".

Daisy, como la inmensa mayoría de sus compañeros de lucha y de reconstrucción, es muy joven. Y aparenta menos años, incluso, de los que tiene. Se la conoce como poeta —y muy buena poeta. Al iniciar nuestra conversación vi sobre su escritorio un montón de papeles, proyectos, planes, problemas y soluciones; y no pude menos que pensar que esta mujer de mirada tierna y penetrante debería a veces anhelar la soledad de sus versos, el poder apartarse, aunque fueran minutos, con papel y lápiz...

DAISY: Yo provengo realmente de una familia acomodada; pero ya en el tiempo en que nací yo, estaba en decadencia. Mis bisabuelos estuvieron muy involucrados en el gobierno de Zelaya.[1] Eran liberales. Un tío bisabuelo, José Dolores Gámez, fue historiador, y mi bisabuelo fue embajador de Zelaya en Alemania. Entonces, como de pequeña yo vivía en la casa de mis abuelos —mi papá era el hijo mayor, y allí vivíamos con mi mamá y mis cinco hermanos, cosa muy común en Latinoamérica— capté todo ese mundo, el mundo de la política del momento.

Eran liberales todos, y había toda una tradición... Un tío mío —Gámez— estuvo involucrado en varios movimientos revolucionarios de la época, perteneció a la Legión del Caribe. Yo recuerdo que en la casa de mis abuelos las horas de comida eran horas de discusión política. Sin embargo, no creo haber tenido ninguna inquietud, por lo menos hasta los primeros años de mi adolescencia. Yo

[1] José Santos Zelaya, presidente liberal por el período comprendido entre 1893 y 1909, cuyo gobierno reformista se caracterizó por el ascenso al poder de la burguesía latifundista nicaragüense.

estaba en un colegio de monjas, y las monjas desviaban mucho las inquietudes que uno pudiera tener fuera del ambiente religioso: la caridad, las visitas a los hospitales y así. Mantuvieron bastante dormidos, pues, mis sentimientos.

Como algo muy antiguo, muy primitivo, recuerdo un incidente que indudablemente me iba a marcar: en el año 54 se dio un intento de golpe de Estado a Somoza García, un complot de elementos liberales. Estaban involucrados, entre otros, Lacayo Farfán, Fernando Agüero, los hermanos Báez Bone, Pedro Joaquín Chamorro... y mi padre y mi abuelo. Pero se descubrió el plan y se desató la represión. Fueron los torturados y muertos del famoso 4 de abril. Recuerdo que llevaron preso a mi papá, pero a nosotros, los niños, nos dijeron que "estaba de viaje". Yo no había cumplido todavía cuatro años, pero un día vi, en primera plana de *Novedades* una foto de los presos —y reconocí de inmediato a mi padre. Pero todos me decían que no, que no era él sino un hombre que se parecía a él. Dejé de insistir, aunque con la convicción de estar en lo cierto. Por las noches me daba terror que apagaran la luz, y ahora me cuentan que me dio por morder a la gente. Creo que debe haber sido mi experiencia más temprana con un mundo que en la simplicidad de mi mente infantil se me aparecía como maligno o aterrador, porque le hacía daño a las personas que yo más quería y que eran mis puntos de referencia con el mundo en general.

Somos seis hermanos. Yo soy la segunda. Tal vez lo que pudiera haber diferenciado mi formación de la de mis hermanos, fue la influencia de mi abuelo. Cuando nací, mi abuelo tenía una finca, una hacienda, pues. Y yo, desde pequeña viví con él. Creo que fui una especie de manzana de la discordia, porque parece que la actitud mía provocaba diferencias entre mis padres y mis abuelos.

Una tía abuela fue la que me crió. Es decir, en la casa de mi abuelo vivían él, mi abuela y esta hermana de mi abuela que era viuda. Entonces era como la tía esa que cuida a todos los sobrinos. Al quedarme a vivir con mis abuelos, de tres meses de nacida, pues, me cogió ella directamente y me crió. Años después, al ver que yo estaba metida en la lucha, al ver metido a otro primo mío, ella sin mucha elaboración ni mucha elucubración política siente que el somocismo es injusto, que es represivo, que está matando al pueblo indiscriminadamente... y se involucra por nosotros.

Pero te hablaba de mi niñez. Mis padres se casaron muy jóvenes y tenían todas las costumbres de la pequeña burguesía de la época. Andaban en fiestas, tenían sus grupos de amigos, y no se preocupaban mucho de nosotros. Tal vez fue eso lo que a mí me inclinó a preferir la compañía de mi abuelo. Nunca me identifiqué con mi padre a pesar de que entre mis hermanos soy la única que me parezco a él físicamente.

Por otro lado mi abuelo era extremadamente cariñoso y paciente. Cuando yo llegaba del colegio él me ponía a leer en los periódicos, siempre tenía mucho tiempo para mí. Y en el aspecto político era un hombre bien interesante. Era un renegado del Partido Liberal; se había rebelado contra el somocismo.

Hay muchas historias que todavía recuerdo de mi niñez. Por ejemplo, cuando el somocismo se revitalizó, digamos, al subir René Schick a la Presidencia.[2] René Schick fue un presidente títere del somocismo. Mi abuelo conocía personalmente a Schick; le había ayudado en sus estudios, porque Schick había sido un muchacho de escasos recursos. Entonces, ya presidente de la República, Schick lo llamó para que colaborara, y todavía recuerdo una frase de mi abuelo. Le dijo: "Yo sólo trabajaría en el gobierno si me permitieran tener un machete en mi escritorio." "¿Para qué?", le preguntaron. "Para cortarle la mano al que encuentre

---

[2] René Schick Gutiérrez, presidente impuesto por Somoza, fue seguidor de la dinastía de 1963 a 1966.

robando." Total, se negó a colaborar. Y fue un golpe para su partido. A mí me llamó mucho la atención, y lo recuerdo todavía.

Yo era una chavala bastante apartada en mi niñez. Aunque no se puede decir que tuviese inquietudes políticas, me sentía incómoda dentro de las costumbres de mi clase. Entonces, como no me sentía bien en las fiestas, me convertí en una muchacha bien tímida. Me refugiaba en leer. Los fines de semana, cuando salía del colegio iba a la finca de mi abuelo con libros y eso era mi mayor distracción. La lectura provocó la inquietud por escribir. Leía indiscriminadamente —lo que me caía en las manos— y comencé a escribir poemas bien románticos. Así me escapaba un poco de la realidad, tal vez. Eran poemas adolescentes, bastante malos; los he destruido todos.

Canto de esperanza

Algún día los campos estarán siempre verdes
y la tierra será negra, dulce y húmeda.
En ella crecerán altos nuestros hijos
y los hijos de nuestros hijos...

Y serán libres como los árboles del monte
y las aves.

Cada mañana se despertarán felices de poseer la vida
y sabrán que la tierra fue reconquistada para ellos.

Algún día...

Hoy aramos los campos resecos
pero cada surco se moja con sangre.[3]

Un cambio en mi vida viene cuando entro a la universidad, aquí en Managua, allá por el año 67. Trabajé y estudiaba en el curso nocturno. Entonces cambia también mi poesía, empiezo a escribir algunas cosas con conciencia social. El período del

---

[3] Todos los poemas de este capítulo son de Daisy. Éste es de mayo de 1967.

67 al 74 es de búsqueda: un despertar, una búsqueda marcada por la necesidad de ubicarme políticamente, y los tropiezos producto de mi origen de clase que hacen difícil una entrega total en esos momentos.

Cuando entro a la universidad empiezo, más o menos al mismo tiempo, a andar con el que ahora es mi compañero, Dionisio Marenco: Nicho. Él terminaba su período de presidente del Centro Universitario cuando yo entro al año básico.[4] Ese año hubo una reunión de la clase entera para elegir los delegados al Congreso Estudiantil, y yo salí electa como representante del primer año. Para mí fue importante involucrarme en la vida política de la escuela. Pero lo que funcionaba realmente era el FER,[5] y yo todavía estaba algo al margen. Me acuerdo que escribí algunos poemas políticos en esa época.

Tengo que decir que todo ese período fue marcado por una especie de complejo que yo tenía por mi procedencia pequeñoburguesa, por mi timidez. Otros compañeros también en esa época se habían radicalizado más. No había una actitud tan abierta, digamos, para los que no teníamos un nivel político como el de ellos. Durante esos años yo seguía el proceso, pero no lograba meterme de lleno en él. En la universidad hubo disturbios. Participé en algunas huelgas y asambleas que se hacían, pero nada más. No lograba proyectarme más allá.

Cuando terminé psicología, ya me había casado con Dionisio y nos trasladamos a Chinandega. Él consiguió trabajo en un ingenio azucarero y nos fuimos para allá. Traté de hacerme creer a mí misma que estaba haciendo algo. Me metí a dar clases en una escuela para los hijos de los obreros del ingenio. En el fondo sabía que eso no era el verdadero camino. Vos quizás lo ves como una

[4] Año básico, un primer año de estudios generales en todas las carreras universitarias.

[5] FER, Frente Estudiantil Revolucionario, organización estudiantil del Frente Sandinista de Liberación Nacional.

cosa totalmente normal, pero en ese ingenio era algo fuera de este mundo que la señora de un ingeniero trabajara dando clases a los hijos de los obreros —en aquella época.

Incluso le había dicho a mi compañero que me buscara trabajo en el ingenio porque si no, yo no iba. O me iba a volver loca. Yo había quedado en Managua terminando mis estudios, cuando él se fue para allá. Me consiguió trabajo. Me compré una bicicleta y me iba en ella a la escuela todos los días. ¡Eso solamente provocó un escándalo en ese lugar! Las clases sociales estaban bien definidas allí: los técnicos e ingenieros simplemente no tenían nada que ver con los trabajadores. Los jefes vivían incluso en unas casas tipo norteamericano, con sus jardines y todo. Las casas de los obreros quedaban al fondo del pueblo: unas casitas de madera. Toda la situación me afligió mucho y empecé confrontándola de ese modo: individualmente, como maestra.

Allí llegó Martha Zamora también; su esposo era otro de los ingenieros. Entonces formamos un grupito de teatro entre los muchachos de la escuela. Se presentaron varias obras. Hicimos un poco de trabajo cultural. En ese período comprendíamos cada vez más lo que iba a ser nuestro camino pero todavía estábamos atados a algunas cuestiones familiares. Nos costaba abandonar todo para dedicarnos directamente a la lucha.

También fue una época bastante angustiosa para nosotros como pareja. Muchas discusiones... tal vez, mirando atrás, mi compañero no se metía de lleno porque aún tenía reservas con respecto a mí. No sabía si yo iba a ser capaz de aguantar lo duro de la vida en la lucha, dejar las comodidades... Pero entonces pasó algo que me ayudó mucho a tomar la decisión: se enfermó mi abuelo y yo me vine a Managua. Estuve aquí unos cuatro o cinco meses, me hice cargo de él hasta el día de su muerte. Tenía cáncer.

Eso para mí significaba una especie de ruptura ya con el pasado. Se había muerto la persona más

importante para mí hasta ese momento. Además,
en todo el proceso de su enfermedad él me con-
venció, pues, de cual tenía que ser mi posición. Me
decía... bueno, no me decía directamente, pero
se quejaba delante de mí: decía que si él estuviera
más joven ya hubiera cogido su chamarra y su
fusil y se hubiera ido al monte. Me daba a entender que en cierta forma lo estaba defraudando
un poco. Que esperaba de mí una participación
más directa. Te hablo del año 72.

Para mi abuelo Vicente, de enero
hasta su muerte

I

...Hoy soy fuerte y a ti
se te han ido las hojas con el viento de enero.
Pero no te aflijas, que ya he visto retoños
brotar entre tus ramas.
Pasará la sequía y cuando mayo llegue
tus ramas estarán cubiertas de hojas tiernas.

Y de nuevo habrán lluvias y sequías y vientos...
Pero tu savia es fuerte
tendrás retoños nuevos
y tu sombra, fresca como de sauce,
rumorosa y flexible,
permanecerá viva para siempre...

V

Hoy regresó la lluvia, la misma lluvia de antes.
El zacate está verde y el camino lodoso.
Y todo como siempre pero nuevo y distinto,
igual y distinto.

Porque es la antigua lluvia que vuelve
como tú que te fuiste y estás aquí conmigo...[6]

Todavía iba a pasar un año, un año y medio, así.
Regresé al ingenio, mantuvimos nuestra posición

[6] Fragmento. Este poema fue escrito entre abril y junio,
1972.

bien definida, pues: honesta, de trabajo, de estudio, pero no nos metimos directamente a la lucha. Sin embargo, sé que la enfermedad de mi abuelo, y su muerte, fueron decisivas para mí.

En el 74 Róger Deshón, Juan José Úbeda y Roberto Calderón, tres miembros del Frente que trabajaban en esa época en Chinandega, contactaron a mi compañero. Habló también con Tomás Borge. Entonces discutimos organizar una célula de apoyo al Frente Sandinista allí en el ingenio. Y las discusiones que habíamos tenido como pareja empezamos a tenerlas con otros compañeros conscientes, otros técnicos, profesionales, que también se daban cuenta de que tenía que haber un lugar para nosotros en el proceso revolucionario. Algunos decían: yo no sé si tengo el valor de coger un arma e irme a la clandestinidad. No sé si puedo aguantar esa vida. Pero nosotros tenemos que hacer un aporte en esta lucha. Como te digo, era un período de mucha confusión, de querernos ubicar, pues.

Se organizó toda una red de apoyo en el ingenio. Allí estaban el compañero Israel Lewites, Saúl Lewites, uno de los Coronel, el compañero Medardo Martínez, Luis Rivas, Rigoberto Romero, Wilfredo Mierisch, Roberto Vélez... no los recuerdo todos. Era una red bastante grande. Dábamos un aporte económico, parte del sueldo de cada quien. Transportamos armas; incluso compramos armas a través del ingenio. Ayudamos con transporte de compañeros. Yo trabajé de correo, serví de cobertura también para el transporte de armas y compañeros. Sin embargo, a mí ese tipo de trabajo no me satisfacía.

Olvidemos

Olvidemos
que es el tiempo
de crecer nuestras células
y escindirse y morir y nuevamente
(con millones de hojas transparentes)

renovarse y caer,
perenne otoño y perenne primavera.

Olvidemos palabras
olvidemos.
Nacido el monte en los caminos ha.[7]

Al mismo tiempo se estaba haciendo una labor de
limpieza en el ingenio, tratando de poner fin a
toda una serie de lacras en el funcionamiento ad-
ministrativo, sobornos y cosas de ese tipo. Mi compañero llevó a Rigoberto Romero y lo nombró
encargado de compras. Había una mafia protegida
por la Irma Guerrero, una somocista liberal del
lugar, y todos los madereros eran de esa mafia.
Entonces hubo un problema bien grande, amenazas
y todo, porque Rigoberto se negó rotundamente a
aceptar sobornos. Y un día esperaron a Rigoberto
Romero en la carretera y lo mataron. Eso fue definitivo para nosotros. Era claro ya que no teníamos
otra alternativa que la lucha. Que cuando uno trataba de poner un poco de orden en las cosas,
simplemente trabajar honestamente, en seguida se
tropezaba con la mafia, con la represión, con todo
un esquema establecido.

El trabajo se dificultó. Parece que hubo un in-
filtrado, o alguien que tenía acceso a cierta información: por un tiempo bombardearon al comandante de la Guardia del ingenio con anónimos
acerca de nuestras actividades, y tuvimos que tener
mucho más cuidado. Una vez, por ejemplo, se
planeó un asalto al banco del ingenio; íbamos a
sacar fondos para la organización. Nosotros conocíamos todo el sistema del transporte de dinero,
además de las veredas para salir del ingenio. Se
había concluido que era un operativo relativamente fácil. Pero de repente llegó un anónimo al comando de la Guardia denunciando que se estaba
planificando un asalto al banco y que estaba dirigido por Dionisio. Lo llamaron. Por supuesto él
declaró que no sabía nada, que posiblemente eran

[7] Escrito en 1974.

enemigos que tenía. Pero no se pudo hacer el asalto.

Otra vez mandaron una lista de la gente involucrada con el Frente, la gente del ingenio. Y la lista era correcta, fijate. Pero el comandante de la Guardia no la creyó. Llamó a mi compañero de nuevo, le enseñó la lista y le dijo: "Fijesé usted, aquí tenemos muchos enemigos. Esta gente es mala. Cómo va a creer que pongan a fulano de tal, que es ingeniero..." Ve. Él estaba totalmente creído que era una infamia. Pero a finales del 75 la Guardia hizo una redada tremenda en la zona. Se llevó un montón de gente de Chinandega. Se llevaron al compañero Juan José Úbeda, cayó Martha Cranshaw, Roberto Calderón —lo capturaron en la montaña— y nosotros, los de la célula de apoyo, nos quedamos esperando. Esperábamos que llegara la Guardia a recogernos. Pero no llegó nunca.

De todos modos eso enfrió mucho la cosa. Todos los compañeros nos quedamos un par de meses sin saber qué hacer. Y finalmente nos trasladamos a Managua. Se había dado en esa época la muerte del compañero Romero, y Dionisio dijo que no se podía trabajar en esas condiciones. Nos vinimos a la capital, y un tiempo después fuimos contactados de nuevo. Entonces mi casa pasó a ser casa de seguridad.

Fijate: mi compañero trabajaba siempre como ingeniero. Yo tenía un trabajo haciendo traducciones para la revista *Pensamiento Centroamericano*, además de un trabajo voluntario en el montaje de exposiciones de los pintores nicaragüenses en los departamentos. Mi labor con la organización se limitó básicamente a cuestiones de cobertura: transporte, mandados, y la casa de seguridad. Nuestro responsable aquí en Managua era Óscar Pérez Cassar —ya muerto. Dionisio y yo también participamos en varios operativos por esa época.

Mirá, esto es un problema que creo importante. La gente como nosotros que ayudaba aquí en Managua, todos éramos compañeros legales. Los esposos tenían su profesión, a veces la mujer también. Entonces yo empecé a sentir una especie de discriminación: en las reuniones yo manifestaba lo insatisfecha que me sentía con mi grado de participación. Hablé con las otras compañeras, pero en general no parecía que ellas tenían las mismas inquietudes. Más que por ser mujer, creo que la discriminación era de tipo clasista Por mi origen de clase tal vez no me confiaban otros trabajos u otro tipo de papel.

En esa época discutía esto con Dora María.[8] Con mucha frecuencia yo le explicaba que no lograba superar con los compañeros que llegaban a mi casa una especie de complejo de inferioridad por mi procedencia de clase. Que estaba bien clara del papel que podía jugar la pequeña burguesía en esa etapa del desarrollo del proceso revolucionario, pero que también estaba bien clara de que yo no estaba dispuesta a quedar reducida a ese papel. Que quería más participación. Y realmente fue cuando me fui con el resto de los compañeros a combatir, y abandoné la casa y me integré totalmente a la lucha, que logré superar esa especie de barrera.

Nosotros estábamos en la tendencia insurreccional, que había desarrollado toda una estrategia desde el ataque de octubre del 77 a San Carlos, Masaya y Granada. Nos íbamos preparando para la insurrección final, y desde hacía tiempo se venían desarrollando acciones directas, pues, contra la dictadura, para acelerar el proceso de desgaste. Así se dio el operativo de Pérez Vega. Allí nosotros actuábamos como retaguardia inmediata. Parte de los compañeros estuvieron en mi casa. En ese tiempo también se empezó a planificar el ataque al Palacio.

Un compañero había logrado introducir al país un aparato —un *scanner*— que interceptaba todas las comunicaciones radiales de la Guardia. Ellos hablaban en clave, pero era una clave bastante

[8] Dora María Téllez.

elemental. La logramos entender perfectamente. Entonces parte de mi trabajo era pegarme a ese aparato, oyendo pues, todo lo que hablaba la Guardia. Así nos dábamos cuenta de cualquier operativo de ellos, si iban a quebrar la casa de algún compañero, si habría "tranques" en la carretera, el "plan C", digamos, logramos saber perfectamente qué cosa era el "plan C", que iban a copar todas las carreteras, y entonces ese día se paraba cualquier transportación de armas que hubiera. En mi casa teníamos una bodega de armas: fusiles, *rockets*, dinamita, todo un cuarto que le decíamos "el cuarto de los juguetes". Así es que ésa era mi participación de esa época: atender el *scanner*, tener casa de seguridad, guardar armas —labores meramente operativas.

Tuve que romper con eso yéndome a combatir.

Daisy nos había hablado de su tía abuela, Anita Gámez. Del cariño en su niñez y solidaridad después. El día señalado por la sobrina, fuimos en busca de "esa viejita de casi ochenta años". Nos recibió en una casa modesta, donde cada objeto parecía estar en su justo lugar, donde la característica más sobresaliente era el orden...

ANITA GÁMEZ VIUDA DE CASTELLÓN (tía abuela de Daisy): ...Yo he tenido una gran simpatía por la Revolución, era algo que nació desde que me dijeron que ellos —mis nietos, mis sobrinos— estaban enmontañados. Carlos Fonseca Amador, para mí —sin conocerlo personalmente— fue un gran hombre, un hombre que yo lo veía demasiado noble para estos tiempos...

Yo tengo 79 años cumplidos. No me acuerdo de muchas cosas ya. Al principio no me decían nada, y tenían razón de no decirme. Yo veía que ellos salían de noche y que volvían y comprendía que algo pasaba, pero no me querían decir ni yo preguntar. Porque usted sabe que muchas veces... pues es mejor así. La Guardia: es que no era una

Guardia: eran bestias. Les llamamos bestias. Yo no
sé cómo pudo en Nicaragua existir gente de esa
clase. No me lo explico. No comprendo. Aquí a
los guardias se les veía como dioses, no se les
podía contestar, no se les podía hacer una refle-
xión, uno no tenía derecho a nada. Y los jóvenes:
usted sabe lo que es el espíritu del joven.

Se fueron levantando los jóvenes, todos, se fueron metiendo, esos muchachos que se fueron a
la montaña, dejando sus casas, dejando todo... Fue
algo nunca visto. La misma Daisy, y Nicho, dejaron
su casa, dejaron todo. Y se fueron levantando los
colegios, colegios de señoritas, el colegio Teresiano, el Divina Pastora. En todas partes las muchachas se levantaban, ¡cómo hablaban!, ¡cómo decían!
Era nuestra juventud. Y mataron jóvenes que dio
gusto...

Yo los miraba pasar, los miraba pasar por mi
casa... Muchachos: tenían 14, 15 años, algunos de
12, los miraba pasar por aquí. Con piedras, con
palos, lo menos que tenían eran armas. Sólo uno
o dos iban con revólveres. Y yo decía: ¿Estos muchachos qué van a hacer? ¡Que Dios los ampare! Y
con un valor descomunal.

Aquí en esta casa estuvieron muchos. Si eran
sandinistas, aquí tenían su lugar. Sobrinos, nietos,
hijos de una sobrina mía —que sus padres se opo-
nían completamente a que fueran sandinistas— yo
les ofrecí mi casa. Aquí venían tantos. Casi siempre
eran mujeres, jóvenes, muchachas muy simpáticas
y muy instruidas todas ellas, educadas en buenos
colegios, y yo me asustaba al verles el valor que
tenían. Un coraje único. Aquí se reunían en esta
salita, muchas veces siete u ocho, casi todas señoritas que cada una tenía un nombre que no
era el de ella. Así pues, sólo que las vea las puedo
conocer ahora porque todas tenían un nombre supuesto.

Nunca las conocí por sus nombres correctos, y
nunca se los pregunté. Porque no sabía si me podían agarrar algún día y no tendría el suficiente
valor para callarme nombres, sabe usted. Enton-

ces era mejor no saberlo, y así caminábamos bien. Vivíamos tranquilos en ese sentido, pues aquí en el vecindario, gracias a Dios, nunca hubo una denuncia, ni una maldad...

Cuando la cosa del Palacio, Daisy me dejó a mí todas las cosas de ellos, sus documentos, sus ropas, las fotos, negativos y el plan del asalto. Pero después vino la madre de ella y me dijo que quemara todo, que me deshiciera de todo, que ellos eran perseguidos y que mejor destruyera todo. Me dio mucha lástima, pero en aquella desesperación, en aquella locura, quemé todo. Antes de lo del Palacio conocí a la Dora María Téllez, "la Dos".[9] Yo no sabía que era "la Dos". Daisy me la presentó.

Tuve una compañera aquí en mi casa. Yo la conocí con el nombre de Bertha Baldizón. Me dijo que tenía dos hermanas más, en la montaña. Las tres andaban en la Revolución. Y dos de las hermanas enmontañadas. Le digo, ¿cómo una mujer puede andar enmontañada? Usted sabe todas las cosas que le permiten ahora a la mujer. ¿Cómo pueden?, decía yo. Qué valor el de esta gente, de aquellas mujeres, de aquellas muchachas porque no eran ni mujeres hechas ni derechas. Eran muchachas, ¡si ninguna tenía ni 20 años! Eran de 15, 16, 17, 18. Hicieron un papel grandioso aquí. No sé cómo lo hicieron. No me lo explico.

A veces pienso que la mujer es hasta más astuta que el hombre. Lo de la mujer aquí ha sido incomparable. Yo digo que la mujer tiene un gran papel en la sociedad ahora. Creo que con el tiempo ella va a valer a la par del hombre...

DAISY: La infraestructura para la operación del Palacio Nacional fue, en gran medida, llevada a cabo por nuestra célula. Se hizo toda una investigación, se consiguió un plano detallado del edificio, se

---

[9] En el comando que asaltó al Palacio Nacional, Dora María Téllez tenía el número 2. Desde entonces, se le conoce como la "Comandante Dos".

consiguieron los uniformes, los recursos, compramos los camiones, logramos que nos avisaran de cada movimiento de los diputados, obtuvimos fotos de la gente más importante para que todo el comando conociera perfectamente el físico de los rehenes de más valor para nosotros. Edén Pastora, Dora María y Hugo Torres se reconcentraron en mi casa desde una semana antes del ataque, y allí estudiaban ya en detalle cómo iba a ser la entrada, cómo estaba distribuida la Guardia somocista dentro, todo eso.

Fijate no más en los detalles de alojamiento. Eran bastantes los compañeros que iban a participar, y casi todos ellos estaban participando en una operación así por primera vez. La gente llegó a mi casa un fin de semana. Comenzaron a llegar uno por uno. Entre la Dora y yo forramos las ventanas con papel porque no teníamos ni cortinas. Metimos a todos los compañeros en tres cuartos, y todo eso provocó un problema de alimentación. Fuimos a un restaurante chino que quedaba por allí cerca y compramos los tres tiempos de comida para todos. Los compañeros no podían hablar ni moverse, porque la casa tenía que guardar una apariencia normal. Un poco antes del operativo, Hugo se trasladó a la otra casa, de donde saldría la otra mitad del comando. En la mía quedaron Dora María, Edén, y 14 compañeros más.

Vivíamos en la Carretera Sura. Hicimos como que cerramos la casa, como que Dionisio y yo nos habíamos ido de fin de semana, para que si alguien llegaba a buscarnos, no estuviera nadie. Los compañeros tenían que estar callados y estar pendientes de cualquier ruido, cualquier llegada. Recuerdo que una de las incontables cosas que pasó fue que llegó una hermana mía con un amigo, y dio la casualidad de que me vieran por una ventana. Y como me habían visto, tuve que salir. Me preguntaron que qué me pasaba, me notaron rara. Entonces tuve que inventar todo un cuento de que había manchado el piso y que en ese momento buscaba algo para limpiarlo... En fin, era una doble vida a veces difícil de mantener, ¿verdad?, sobre todo porque la represión estaba bien dura en esa época.

Pero te contaba lo del Palacio: el día del ataque, el 22, Dionisio tenía que llamar a Dora María y confirmarle que todo estaba listo. La clave era "que don Chinto se casa". Don Chinto era Edén; le decíamos así. "Que don Jacinto se casa a las 12." Los compañeros se alistaron, se vistieron; hasta el último momento los del comando no sabían el objetivo, sólo que era una operación de importancia. Entonces en ese momento salieron todos los compañeros, se sentaron en unas gradas que habían allí en mi casa, y empezó la explicación. Se les puso un mapa enfrente y Edén comenzó a explicarles el operativo. A cada uno se les pasó una carpeta también, con fotos de todos los diputados y los hicimos estudiar a los más importantes: Luis Pallais, la Irma Guerrero, Argeñal Papi y demás somocistas. Hasta ese momento los compañeros se dieron cuenta de la magnitud del operativo que se había montado.

Yo tenía una cámara y se me ocurrió tomar fotos a todos los compañeros a la hora en que estaban recibiendo la clase, cuando estaban ya listos con sus uniformes, cuando subieron al camión... pero desgraciadamente esas fotos después hubo que destruirlas. Las destruyó mi tía abuela...

Llegó Polo, otro compañero, con el camión. Realmente si la Guardia hubiera sido un poco más viva hubiera detectado inmediatamente que el camión era falso. Porque lo habíamos pintado en un taller clandestino, le habíamos cambiado el color y no logramos darle el tono verdeolivo de verdad sino que salió un color verde, como verdehija: más intenso de lo que debería ser. Después, se había hecho una armazón de madera atrás y teníamos que poner un toldo de lona que habíamos comprado en la Cruz Lorena, en un lugar donde venden cosas de deporte. Pero en el momento de poner el toldo ese, nos dimos cuenta que la armazón estaba demasiado alta y entonces entre el toldo y la tina del camión había un hueco así. En ese momento no hallábamos qué hacer. Se iban a ver por el hueco todos los compañeros. A tiempo recordé que en "el cuarto de los juguetes" tenía unas tablas de madera. Dos tablas que resultaron exactamente del tamaño de los huecos, entonces a la carrera clavamos las tablas y ya quedó listo el camión, aunque, como te digo, de haber sido un poco más inteligente la Guardia, se hubiera dado cuenta en seguida que no era un camión de ellos.

Ya cuando todo estuviera listo, yo tenía que dar la orden de salida. Pero en ese preciso momento, a una vecina del patio colindante al nuestro, se le ocurrió salir a ver sus plantas. ¡Imagínate! El camión estaba escondido en la parte atrás de mi casa, y no queríamos que hubieran testigos de su salida de allí. Pero, bueno, la señora no se movió, y entonces tuve que dar la orden allí mismo. Y el camión salió.

Yo me puse inmediatamente a escuchar la radio que teníamos, para poder seguir el operativo y saber si el comando había podido llegar al objetivo. Después me dijo Dionisio que a eso de las 11:30 estaba demasiado excitado, pues, y salió del trabajo y se fue en el carro hasta la plaza, y allí vio llegar los camiones. Los vio parquearse, vio que los muchachos bajaron, se formaron perfectamente, y entraron ordenados al Palacio. Dice que cuando vio entrar el último compañero, regresó al trabajo. Ya sabía que la operación había sido un éxito.

Por mi parte yo me quedé con el *scanner*. Hubo un momento en que oí que la Guardia estaba totalmente desorientada. Comenzaron a decir: "Hay un tiroteo en el Palacio de Comunicaciones." A mí eso me confundió porque el Palacio de Comunicaciones está antes del Palacio Nacional y yo pensé que tal vez los habían atajado en el camino y no habían logrado llegar. Pero después el guardia que hablaba, de lo nervioso que se puso, rectificaba. Dijo que no, que en el Palacio Nacional. Y

oí que decían: "Tengan cuidado, andan disfrazados
como los de la EEBI." [10] Fue entonces que yo me
di cuenta que el comando había llegado bien, y
que la operación iba a ser exitosa.

Comandante Dos

Dora María Téllez
                          de 22 años
menuda y pálida
de botas, boina negra
el uniforme de guardia
                          muy holgado.

Tras la baranda
yo la miraba hablar a los muchachos.
Bajo la boina la nuca
                          blanca
y el pelo recién cortado.

(Antes de salir nos abrazamos)

Dora María
la aguerrida muchacha
que hizo temblar de furia
el corazón del tirano.

DAISY: De la operación del Palacio, el período más
tenso fue el trayecto hasta llegar al objetivo. Cuando supimos que habían llegado los muchachos, nos
quedamos mucho más tranquilos. Estuvimos co-
municándonos con ellos por teléfono de diferentes
lugares. El compañero Óscar Pérez Cassar era el
responsable de las estructuras de Managua en ese
momento. Incluso, cuando el comando iba al aeropuerto para salir del país, fueron compañeros a
despedirse de ellos, fueron entre la multitud. Salió
perfecta la operación, en el sentido de que la Guardia nunca supo nada.

Después, en septiembre, se vio que las condiciones estaban dadas para la insurrección. Nosotros
teníamos instrucciones de formar una escuadra, la

[10] EEBI, Escuela de Entrenamiento Básico de Infantería.

misma red de apoyo que funcionó para los operativos anteriores. Eran 10 hombres. Yo me había estado entrenando con ellos durante todo ese tiempo, y les insistí que me iba con ellos a combatir. Para mí fue una necesidad, y la única manera de romper con esa barrera de la cual te hablé anteriormente.

Se decidió que a cada una de las trece centrales de policía de Managua les "cayeran" otras tantas escuadras para tomarlas y que después se unieran con otras para operaciones posteriores. A nosotros específicamente nos tocó la Sierra Uno, la central número uno. Desde allí teníamos que avanzar al "Siete Sur" y allí esperar la llegada de los compañeros del Open 3 y del barrio San Judas. El ataque nuestro fue planificado para el 9 de septiembre. Hasta el último momento, cuando se hacía el plan de ataque, fue que se decidiría si yo iba o no. Ya había convencido a Dionisio, a mi compañero. Él estaba de acuerdo. Pero tenía que ser una decisión colectiva. Entonces planteé que mi decisión era la de ir, que yo había participado en todo lo que se me había asignado, que creía haber demostrado suficiente disciplina en el trabajo y que no veía ninguna razón para que a mí me dejaran. Y me llevaron.

Yo iba en el primer carro, en el de asalto. Éramos cuatro en ese carro. A otro compañero y a mí nos tocó salir a cubrir la carretera en el momento del ataque. Todos los asaltos a las centrales fueron coordinados para las 6 en punto. Nosotros entramos a las 6 exactamente. Pero nuestra preparación a fin de cuentas había sido bastante rudimentaria. En los primeros momentos hubo mucha confusión, y algo de desconcierto. Los once compañeros teníamos números, del 0 al 10. Yo era el número 7. Habíamos calculado destruir la central en 10 minutos, y la quemamos completamente en 7. Recuerdo que cuando íbamos a subir a los vehículos de nuevo, la central quedaba en llamas.

Allí pasaron dos cosas: no olvido la solidaridad de un viejito que estaba por allí. Uno de los del comando fue herido en un brazo, y en un momento dado yo me doy cuenta que un viejito me hace señas con un pañuelo, me hacía señas desde donde estaba parapetado, detrás de un muro. Fijate, que estaba parapetado y se levantaba para hacerme la seña, yo crucé, cogí el trapo y pude vendarle el brazo al compañero. Me parece inolvidable ese gesto, de un viejo que arriesgaba su vida en un momento tan difícil.

Lo otro fue al final. La operación fue un éxito, pero no sabíamos que allí cerca quedaba un cuartel de la EEBI. Indudablemente fue un imprevisto, una falla en la información nuestra. Entonces la Guardia salió, cruzó sus camiones en la carretera, y comenzó a tomar posiciones. El compañero que comandaba la escuadra le indicó a Dionisio que se quedara cubriendo la retirada nuestra, que íbamos a tomar posiciones en unas quintas que habían por ahí. Dionisio se parapetó en el carro nuestro y yo me moví por varios lugares: primero estuve en una casa, después detrás de un murito... Hubo un momento en que me encontré con Dionisio y le pregunté cómo él veía las posibilidades nuestras. Y me dijo: "Mirá, olvidate, que aquí nos quedamos. Estamos rodeados. No hay posibilidad de que podamos romper el cerco —nosotros calculamos unos 150 a 200 guardias— así es que preparate para morir aquí."

Así nos preparamos para morir. Tratando de ahorrar la mayor cantidad de parque posible, defendiéndonos y esperando el momento en que nos iban a aniquilar. Parece que nos salvaron los combates en el resto de Managua. Si hubiera sido una acción aislada, seguramente allí nos hubiéramos quedado. Pero parece que la Guardia se desconcertó. Empezamos a oír al comandante de ellos diciéndoles que avanzaran, y sin embargo la Guardia no avanzaba. Se oían tiros por el lado de San Judas —que era el lugar más cercano— y nos dimos cuenta que los combates ya se estaban dando por diversos puntos de Managua.

Recuerdo que de repente empezamos a gritar nuestros números; nos habían dado instrucciones de que en caso de encontrarnos desperdigados gritáramos los números para saber cuántos estábamos vivos. Yo escuchaba los números y gritaba "7" y me parecía que éramos unos cuatro o cinco solamente con vida. Y entonces escuché a los compañeros gritar "63", "64": números, pues, que no existían. Y caí en la cuenta de que era una estrategia para desconcertar aún más a la Guardia, para que no supiera cuántos éramos.

Llegó un momento en que no sé por qué pero hubo una especie de tregua: no se oían disparos. Entonces empezamos de nuevo a gritar nuestros números, y nos fuimos reuniendo en un terreno pequeño y quebrado. Éramos cinco compañeros. Pensamos que éramos los únicos sobrevivientes. Empezamos a deliberar, sobre qué íbamos a hacer, y llegamos a la conclusión de que lo único que podíamos hacer era buscar cómo unirnos a la gente de San Judas. Intentamos irnos por unos montes atrás; el camino era muy inclinado, bien dificultoso. Pasamos la noche en eso. Llegó un momento en que nos acercamos a unas viviendas pero unos perros nos olfateaban como a un kilómetro de distancia y cada vez que queríamos movernos se ponían como locos esos perros.

Tuvimos que quedarnos toda la noche sin movernos. Me acuerdo que esa noche había una luna bellísima, y por primera vez maldije la luna, porque se veía casi como de día. Vino un helicóptero de la Guardia y pasó peinando la zona, pero no detectó nada.

Esa noche todos estábamos bien cansados. Preguntamos quién iba a hacer posta, y yo ofrecí hacer la primera. Pasé toda la noche despierta. Cuando vi que estaba amaneciendo, desperté a los demás y les propuse salir yo a la carretera. Pensé que podía alegar, por ser mujer, que me había quedado atrapada en el combate y tal vez me creerían. Podría buscar ayuda. Tuvimos una pequeña discusión por eso. Los compañeros me

decían que obviamente se notaba que yo había
estado en el combate: todos vestíamos pantalones
y camisas oscuros, con una cinta de color —un
color distinto para cada día que pasaba, para que
no pudieran infiltrarnos; sólo nosotros sabíamos
qué color tocaba cada día— y una mochilita con
los primeros auxilios, las cintas y unos pañuelos
rojo y negro que habíamos hecho para poderlos
distribuir entre los compañeros cuando nos unié-
ramos con los demás. Lo que me detuvo un poco
fue la sangre que tenía por toda la ropa, de haberle
vendado el brazo al compañero herido. Como me
había arrastrado y ya la sangre y la suciedad, la
tierra, todo era una misma cosa, yo decía que no
importaba. Pero los compañeros decían que sí, que
con una prueba de laboratorio fácilmente podrían
descubrir la sangre en la ropa y en el cuerpo. En
fin... yo estaba decidida a salir, pero Dionisio
no me dejó salir sola. Dijo que saldría conmigo,
como una pareja que habíamos quedado ahí atra-
pados. Era absurdo, pero eso hicimos.

A Dionisio, compañero

Más próximos nosotros a nosotros
ahora
Más que cuando abrumados de objetos
nos movíamos
entre toda aquella gente
     siempre extranjeros.

Hemos venido nutriendo de vida las palabras
que antes no se mentaban
Nada está dicho ahora que no tenga sustento.
Ya no puedo escribirte apacibles poemas
sombreados por las acacias
    y los sauces del patio.

Ya no tengo ventana donde mirar al sol
     encendiendo gencianas.

Otra es nuestra vida ahora. Aquella vida
de la que siempre hablábamos

A la que poco a poco nos íbamos llegando
Ahora que somos nosotros
                    con miles y miles de hermanos.[11]

DAISY: Empezamos a caminar y por supuesto los
perros inmediatamente comenzaron a ladrar. Yo
no les hice caso, me acerqué a la primera casa, se
asomó una persona y yo le hice señas que nece-
sitábamos ayuda. Pero dijo que nos fuéramos. Llegamos a otra casa y lo mismo: se metieron y
cerraron la puerta. Dionisio me decía que no
preguntáramos más, que era muy peligroso, porque
esa gente podía denunciarnos. Pero entonces vi una
casita de unos cuidadores, de unos campesinos
que cuidaban una quinta. Dionisio llamó a un viejito, y le hicimos el cuento de que nosotros habíamos quedado entrampados en un combate. "Sí
amigo", dijo el viejito, "ese combate fue espantoso". Y nos hizo pasar. Pobrecitos como eran, nos
atendieron. Entonces les dijimos que había otros
compañeros. Era evidente la situación —además
estábamos arañados, llenos de tierra, sucios— pero
esa gente hizo como que nos creían. Nos dijeron
que sí, que trajéramos a los demás. "Vaya a traer
el resto de sus compañeros", nos dijo el viejo.
Dionisio fue a recoger a los demás y yo me quedé.
    Una joven de la casa —la nuera del señor— se
acercó y me preguntó qué había pasado realmente. Se veía que ellos no creían nada, pero querían
ayudarnos. Entonces yo les dije que sí, que nosotros
habíamos sido los del combate de la noche anterior
y que yo necesitaba que ella me ayudara, que me
dejara limpiarme, lavarme y cambiarme de ropa
completamente para poder salir a la carretera y
buscar ayuda. Entonces ella empezó a llorar y dijo
que sí, que claro. Ella y otra muchacha sacaron
sus mejores ropas. Me dieron una camiseta ama-
rilla —recuerdo— y un pantalón café, y unos
zapatos tenis rojos. Me dieron también una taza
de café. Lloré, pues, y cada vez que pienso en la

[11] Escrito en febrero de 1979.

actitud tan extraordinaria de esa gente, lloro. Fíjate: hasta me lavaron los pies.

Me peinaron porque andaba con el pelo todo alborotado. Me pusieron un pañuelo anaranjado. Cuando llegaron los otros yo estaba totalmente transformada, pues. Insistí en la idea de salir. Dionisio seguía diciendo que no lo hiciera sola, pero por mi aspecto pensamos que yo podía pasar por extranjera. Finalmente otro compañero —rubio, de ojos azules— que también podía pasar por extranjero, me acompañó. Un hijo de la familia campesina nos llevó detrás de una quinta, y de allí salimos a la carretera. Yo hablaba inglés y el compañero alemán, entonces pasamos así frente a la Guardia —que estaba tendida sobre la carretera— yo hablándole en inglés y él contestándome cualquier cosa en alemán, y así pasamos como si nada.

Fuimos a la casa de un colaborador, y él rescató a los demás compañeros. Yo había acordado con una hermana mía de 15 años, que si tenía algún problema la iba a llamar con un nombre "x". Entonces llamé a mi casa, con ese nombre, a las 6:30 o 7 de la mañana. En clave le dije a mi mamá dónde estaba, y ella inmediatamente llegó con un hermano mío. Así comenzaron una serie de idas y venidas. Teníamos que encontrar a dónde irnos. Cada uno por sus propios medios. Pero entonces pasó algo imprevisto. Habíamos acordado usar a mi mamá como buzón para comunicarnos todos. Y ese día, a mediodía, cayó la Guardia en la casa y se llevó presos a mi mamá y a un hermano.

Después, cuando pude hablar con mi mamá de nuevo, supe lo que había ocurrido. Realmente ella se portó muy valiente. Me contaron mis hermanos que cuando la Guardia la llegó a buscar, en ningún momento se dio por aludida de por qué habían llegado a la casa. La tuvieron en la Central de Policía ocho días, y a mi hermano 45. A mi madre no la llegaron a maltratar físicamene, pero psicológicamente sí. Y se portó muy bien. Mi hermano también: de lo más tranquilo. Ellos no militaban, pero naturalmente eran opositores. Ayudaron en todo, y supieron confrontar la represión cuando se les tocó.

Nosotros, por nuestra parte, íbamos de casa en casa. Algunos estaban dispuestos a escondernos unos días, otros no. Nos llegaron noticias de los compañeros "muertos". La noticia de que todos los demás compañeros nuestros habían caído, pero no era cierto. Bueno, allí pasamos unos días así, pero nos contactaron de nuevo y nos dijeron que la Guardia había desatado una represión en todo el país, que se estaba haciendo un cateo intensivo en Managua y que era muy difícil que cuadros legales como nosotros lográramos meternos a la clandestinidad de repente. Que lo mejor era buscar una embajada y asilarnos.

Fuimos a la embajada de Honduras, que era la única que sabíamos que no tenía guardias. Llegamos y pedimos asilo. Nos lo dieron, y al mes nos dieron el salvoconducto y nos fuimos para Honduras; ya directamente a trabajar en las estructuras de retaguardia allí.

De nuevo quedé reducida a hacer trabajos de tipo operativo, pues. Y de nuevo me sentí bastante inconforme. Estuve en Panamá y después en San José, Costa Rica. Se planteó el proyecto de un hospital clandestino en San José y recibí instrucciones de organizarlo, junto con el compañero Jacobo Marcos. Anduvimos en todo ese proceso, pues: buscar la casa, conseguir las camas con la Cruz Roja, montar el hospital. Comenzó el flujo de compañeros que llegaban heridos del Frente Sur. Organizamos unas clases, unas charlas políticas. Fue un trabajo de ese tipo.

Al compañero Blas Real Espinales

Conocí a Salvador (ése era su seudónimo)
en el exilio de Honduras. Entró con Laura
a la casa donde esa sola vez lo vi.

Era delgado. Los ojos luminosos
                    y extrañamente dulces.
(La siguiente semana regresa a Nicaragua
y cae combatiendo en Chinandega.)

Apenas lo traté
                    pero sigo mirando
los apacibles ojos intensamente vivos
                    abiertos y dolidos
                    a la muerte.[12]

DAISY: La participación de nosotras, las mujeres, ha sido creciente. E interesante. Incluso amigas de la juventud, una las encontraba en la lucha en los momentos menos esperados. Eso me pasó con la Nora Astorga, allí en San José.

La Nora y yo nos conocíamos desde chavalas. Luego que sucedieron los problemas en el ingenio y regresamos de Chinandega a Managua, volví a verla en la universidad. Comenzamos a hablar, pues, de cuando éramos pequeñas y ella ya estaba involucrada, estaba integrada a la organización y yo por mi lado también. Pero fue divertido porque ninguna de las dos nos dijimos nada. Teníamos tanto tiempo sin vernos y yo no podía saber hasta dónde estaba comprometida, ni ella podía saber de mí...

Bueno, ella fue clave en el operativo de Pérez Vega, porque fue la que lo llevó a la casa donde lo ajusticiaron. Nosotros también tuvimos que ver con ese operativo, pero en otra casa y colaborando de otra manera. Recuerdo que esa noche llegaron a dormir los compañeros a mi casa, y Dionisio me dijo: "Participó una compañera, una compañera de la burguesía pero que es miembro del Frente." "¿No sabés quién es?", le pregunté. "No", me dijo, "no me han dicho los muchachos". Y no sé por qué pero de inmediato tuve la impresión de que era la Nora. No dije nada, pero lo supe.

En la mañana cuando salieron las primeras noticias, la radio dijo "...la señora Nora Astorga..." y se confirmó. Quería saber qué había pasado

---

[12] Escrito en diciembre de 1978, en San José, Costa Rica.

con ella y me dijeron que ya la habían sacado del país, que estaba tranquila. Después la encontré en Costa Rica. Entre mis primeras tareas ahí en San José, está la de conseguir documentos falsos para los nicaragüenses. Me tocó llevarla a Migración y se legalizó con el nombre de Angelita López Montenegro. Allí fue donde hablamos de nuevo, y ya pudimos decirnos todo...

Después se planteó lo de Radio Sandino, ya como un proyecto unitario entre las tres ex tendencias. La radio estaba en el Frente Sur, entonces me llevaron para trabajar en ella. Primero trabajé como responsable de la programación, aprendí a manejar los controles para turnarme con el compañero que los atendía, y también trabajé como locutora.

Teníamos un programa que se llamaba "La mujer sandinista", en donde hacíamos conciencia, pues, del grado de participación de la mujer en la lucha. Hablábamos de mujeres a lo largo de nuestra historia, de mujeres que se habían entregado a la lucha como Conchita Alday, Blanca Arauz, María Altamirano, Claudia Chamorro, Arlén Siú, Luisa Amanda Espinosa. Es decir, de cómo en diferentes formas la mujer siempre había estado involucrada, ya fuera en la lucha directamente, en el combate o en tareas de apoyo. En la radio tuve distintas labores. Después llegaron otros compañeros y me quedé en los controles. Llegó una compañera que era locutora profesional y me encargaron la elaboración técnica del programa. Ése fue mi último trabajo antes del 19 de julio.

Después del triunfo es que por primera vez pienso en muchas cosas. Me acuerdo de momentos de combate, de cuando Dionisio me dijo: "De aquí no vamos a salir", de cuando me confronté con mi propia muerte. Pienso en cuántos compañeros habrán pasado por lo mismo. Recuerdo que en aquel momento sentí un enorme pesar, de que me iba a tener que morir en ese momento; pero me dije: Ni modo, no tengo alternativa. Mas después, cuando logramos salir, fijate que yo pasé varios días, en la casa donde estábamos escondidos, pensando que todavía estaba viva. Me parecía mentira que realmente habíamos podido salir de ese momento tan difícil.

Al terminar la guerra, cuando regresé a Managua, una de las primeras cosas que hice fue ir a visitar a los compañeros campesinos que nos habían albergado. Estaban bien contentos de verme y me regalaron un gran saco de mangos verdes. Pero no estaba la muchacha, la que me había ayudado a cambiarme de ropa.

En Jinotepe, a los pocos días del triunfo hubo un homenaje a Arlén Siú. Me tocó hablar por primera vez. Yo sólo había hablado por el micrófono de Radio Sandino, y soy bastante nerviosa para hablar en público, pues. Cuando terminé de hablar se acercó entre la multitud al escenario una que decía: "Es ella... es ella." Entonces yo me agaché, al principio no la reconocí bien y me dijo: "¿No te acordás de mí? Vos llegaste a mi casa, yo te di ropa..." "Sí", le dije. Andaba con su mamá. Me dijo: "Quitate los anteojos" —yo tenía unos anteojos oscuros— y le dice a su madre: "Ve, mamá, lo que te dije, mirá qué bonitos son sus ojos." Me abrazó y me saludó bien efusiva, pues, me preguntó que si todos estábamos vivos. Pude contarle que todos habíamos logrado salir bien.

5. UN OCHO DE MARZO: NORA ASTORGA

I

El ocho de marzo de 1978, en Nicaragua, tuvo una resonancia impactante. El "Perro" Pérez Vega, —torturador, general de la bestial Guardia Nacional— fue ajusticiado por combatientes del Frente Sandinista de Liberación Nacional. La prensa local e internacional inmediatamente vinculó al hecho el nombre de una compañera: Nora Astorga. "Lo había invitado a su casa", señalaban los medios masivos, "y allí, horas después, se encontró el cadáver".

De la compañera integrante del comando no se supo más. No sólo logró reivindicar un hito para la lucha, y en particular para la mujer en ese su Día Internacional, sino que logró también evitar el intenso cerco represivo que se le tendiera. Hoy, en la nueva Nicaragua, Nora Astorga —militante sandinista, abogada, madre de tres niños —es la fiscal especial de justicia, encargada de enjuiciar a los más de 7 500 somocistas que se enfrentan a la justicia popular.

¿Quién es Nora Astorga?

Explicamos nuestro deseo de entrevistarla, presentándonos con la recepcionista en la sencilla ex casa de familia que ahora abriga la Fiscalía Especial. Sus cuartos son oficinas, y se veía a varias docenas de personas trabajando en la gigantesca y delicada tarea de lograr justicia revolucionaria para los que por tanto tiempo atentaron contra el pueblo nicaragüense.

La cita se acordó para dos días después, y allí nos recibió la entrevistada, serena en medio de un trabajo complejo y abrumador, de gesto sencillo y mirada inteligente. Mientras ella pedía dos tazas de café y nosotros ordenábamos grabadora, libreta de notas y cámara, abrió una carpeta y —no sin una sonrisa un tanto irónica— nos la extendió para que leyéramos la fotocopia allí contenida: "MATA-HARI NICARAGÜENSE AL FRENTE DE JUICIOS ESPECIALES." El recorte era de un periódico de Miami; el artículo se caracterizaba por el sensacionalismo acorde a sus intereses.

Sólo después de un tiempo considerable, cuando Nora se levantó para atender un asunto que la reclamaba, nos dimos cuenta que estaba en estado de su cuarto hijo. La sencilla oficina —casi, diríamos, vacía de todo menos lo absolutamente necesario— mostraba varios ramos de flores: algunos con sus tarjetas. Alguien nos había dicho que su cumpleaños se había celebrado recientemente.

Nora tiene la facilidad de contar su participación con una fluidez y un ordenamiento asombrosos. Quizás su formación como abogado tenga que ver con esta facilidad de lenguaje, esa capacidad de entregar su historia con los detalles necesarios pero sin romanticismo, con atención a sus momentos únicos sin perder de vista el lugar que ocupa en una historia más grande, la de muchos compañeros. Su evidente sensibilidad le permite ahondar en el significado —más allá de su caso particular— de ciertos compromisos y decisiones. Nora ha hecho algo que, por su naturaleza, para muchos será siempre asombroso. Sin embargo es una mujer como muchas: con su trayectoria de crecimiento, de golpes, de pequeños triunfos y molestas limitaciones. Una compañera que ha madurado en la medida en que ha tenido que enfrentar disyuntivas de clase, sexo y compromiso.

Pero dejemos que ella nos hable:

NORA: Nací hace 31 años, y soy la mayor de cuatro hermanos. Mi familia se puede considerar pequeñoburguesa, y en ella se dio un hecho, creo yo, bastante común en familias latinoamericanas de esa clase: el padre trata de reflejar o de promover en el primer hijo lo que él no pudo ser. Mi padre era ganadero; mi madre ama de casa. Así de típica fue mi familia dentro de su clase. Desde niña, mi padre me fue creando la mentalidad de mi individualidad, las posibilidades de que llegara a ser algo, de que tuviera una profesión. No quería que fuera la clásica mujer de nuestros países: ama de casa; que aprendiera a cocinar, coser, como se educaba en el tiempo en que yo nací a la mayoría de las hembras. Me hizo saber que ser mujer no era un limitante, simplemente una característica. Eso influyó mucho en mi desarrollo.

Naturalmente —por los contornos de nuestra sociedad— estudié siempre en escuelas religiosas. Primero, en el Colegio Teresiano aquí en Managua. Seguí mis estudios universitarios en la UCA —la Universidad Católica— e incluso los otros estudios de especialización que he hecho —en Italia— han sido en escuelas de ese tipo.

Mis inquietudes sociales empezaron casi desde niña: siempre me sentí privilegiada. Por mi propia condición de tener todas las comodidades, consideré que estaba obligada a darme a los demás. Pero, lógicamente, al principio ese sentir tomaba forma caritativa. Del tipo de trabajo social que se promovía desde los colegios de monjas: ir a los barrios marginados y dar charlas sobre higiene, sobre catecismo, ir un día a la semana al hospital a visitar a los niños enfermos, otro día ir al asilo de ancianos: a hacer lo que se llama apostolado. Yo tenía 13 años, y poco a poco me fui dando cuenta de que eso no era suficiente. Al principio claro que no lo definía políticamente, pero sí empecé a comprender que esa participación no cambiaba en lo esencial la condición económica del pueblo.

En el 67 aquí se dio el fenómeno del agüerismo,[1] y allí tuve mis primeras experiencias de tipo político. Yo era admiradora de Agüero y empecé a trabajar para su elección, como alternativa al somocismo. Mis padres me sacaron del país en ese entonces —esto te dará una idea del medio— y

[1] Se refiere a la candidatura de Fernando Agüero.

me mandaron a estudiar a Estados Unidos, a
Washington, D. C. A fin de cuentas fue una experiencia positiva para mí, porque acabó de definir-
me una serie de cosas, a nivel personal.

Al permitir mi regreso, mis padres pensaron que
iba a "olvidarme de todas mis ideas locas" como
decían ellos. Volví en el verano del 69, y en
septiembre de ese año me incorporé a la universidad a estudiar derecho. Todavía tenía un concepto
ingenuo, pues, de lo que era la justicia en Nicaragua. Todavía no conocía las atrocidades que,
amparados con el nombre de la justicia, se hacían
aquí. Entonces empecé con muchísima ilusión la
carrera de derecho. Fue más o menos hacia el final
de ese año —1969— que me abordó un compañero
y me hizo una serie de cuestionamientos acerca
de lo que yo era, lo que estaba haciendo y lo que
tenía capacidad y obligación de hacer.

Así empecé una colaboración tímida con el Frente Sandinista. Los compañeros me trataron en esa
etapa con una delicadeza tremenda. Nunca me
forzaron a nada, sino que me fueron dejando,
me daban cosas para leer, me guiaron. Y fui
incorporándome poco a poco hasta realmente sentir que era sandinista, que eso era lo que yo
quería y donde yo podía dar más.

Fueron años de fuertes luchas estudiantiles. Llegué a ser secretaria del Centro Estudiantil de la UCA
(CEUCA) y llevábamos los juicios de los presos políticos: cosas así. A nivel particular yo prestaba
mi casa, servía de correo, transportaba compañeros. En ese tiempo trabajaba con Óscar Turcios
—el compañero que realmente me enseñó a trabajar en el Frente—; de él aprendí la comparti-
mentación, la entrega, la dedicación al trabajo. Entre sus cualidades una era la de comprender las
limitaciones de los que comenzamos. Tenía una
paciencia muy grande. Sin idealizarlo —porque
como todos, tenía sus fallas—, siempre ha sido
un recuerdo muy querido para mí.

Trabajé así, en ese tipo de labores, un tiempo.
Cuando vino la división del Frente, hubo un pe-

ríodo en que mi participación disminuía. Hasta
cierto punto me quedé aislada. No quise tomar
partido directamente, y me limité casi exclusivamente a dar ayuda económica a las dos tendencias.[2] Pero hay que ser honesta, y buscar también
las raíces de la baja participación mía en esa
época en el aspecto personal.

Yo me había casado en 1970, precisamente un
año después de entrar a colaborar con la organización. Mi esposo era representante estudiantil de
la Universidad Nacional Autónoma de Nicaragua
(UNAN) en ese tiempo, y supuestamente tenía un
grado de militancia mayor que el mío. Es decir, él
era pre-militante y yo colaboradora. Cuando nos
casamos una de las condiciones que yo puse fue
la de mi vida política: "Mirá, nos vamos a casar,
pero mi desarrollo en la organización no puede
verse afectado por esto". Teóricamente quedó acordado. Pero en la práctica no se dio así. Y eso,
indudablemente, es uno de los factores que atrasa
mi trayectoria en ese período.

Ese matrimonio —muy poco saludable, bastante
deficiente— duró cinco años. Y no es hasta que
se corta que yo realmente vuelvo a incorporarme
de lleno.

Quizás vos conozcás ese tipo de conflictos: problemas sentimentales muy serios. Uno tiene toda
una serie de intenciones por un lado, y en la realidad las cosas se van dando de otra forma. Por
nuestra formación social o cultural si vos querés,
no somos capaces en un momento dado de enfren-
tarnos más que con las palabras a ese tipo de
situación. Cuando me separé de mi primer esposo
fue como romper con todo un mundo. Y me volví
a replantear la pregunta que me había hecho en
el 69: ¿estás haciendo todo lo de que sos capaz, o
estás simplemente engañándote, dando una colaboración para no sentirte mal del todo? Me obligué

[2] La GPP y la Proletaria, que eran las dos tendencias en
un primer momento, hasta que se definiera también la Insurreccional (terceristas).

a enfrentarme con mi propia realidad, como mujer, como profesional, y como ente político.

La respuesta que me di fue la que me tuve que dar: ya no más excusas, vas a seguir adelante, sabés que ése es el único camino. Entonces me incorporé decisivamente. Y en marzo de 1978 fue que se planteó la oportunidad de llevar a cabo el operativo que vos ya conocés.

II

Mirá, para hablar del operativo del "Perro" Pérez Vega, hay que ir un poco atrás. En ese tiempo, yo era el abogado y a la vez jefe de personal de una compañía constructora de las más grandes que había en Nicaragua. Eso me daba un manto y una cobertura muy amplios. Me relacionaba con los círculos ministeriales de gobierno, y también con la Guardia. La compañía en sí casi no trabajaba con la Guardia, pero sucedió algo particular si querés: ese señor, ese general —porque el "Perro" era general de la Guardia Nacional— poseía una cantidad de manzanas de tierra cerca de un reparto de la compañía constructora donde yo trabajaba. Y él demostró interés en desarrollar ese inmueble. De allí nacieron mis primeras relaciones de trabajo, pues.

Hay que destacar una cosa: ese hombre era de la peor calaña de bestia; era torturador, era todo. Cualquier calificativo sería poco. Yo comuniqué a la organización estas relaciones de trabajo, por supuesto, y la oportunidad que me brindaban de acercarme al "Perro". Se sabía que podríamos aprovechar esta situación para sacarle información al tipo. Pero los compañeros me aconsejaban mantener el canal y nada más. Yo todavía no estaba divorciada, y había que andar con mucha cautela.

Esa fase duró más o menos un año. El tipo naturalmente tenía fama de ser mujeriego y, como el clásico guardia, trataba de conseguir por las buenas o por las malas a la mujer que se le antojaba, cómo y cuándo a él se le ocurría. Entonces era importante que yo tuviera un cuidado absoluto en ese sentido. Cada vez que tuve que ir a su oficina lo manejaba, así, con muchísimo cuidado: cordialmente, pero con una frialdad terrible. Ha sido una de las cosas más difíciles que me ha tocado hacer.

Cuando vino mi divorcio, cuando él supo que yo ya estaba divorciada, como el clásico machista latinoamericano, dijo: "esta mujer es presa fácil". Y empezó con una política agresiva de enamoramiento. Fue entonces que se lo planteé a mi compañero responsable: "Mirá, yo creo que este señor está en una posición en que podríamos conseguir que él fuera al lugar que nosotros quisiéramos, para sacarle algún tipo de información." Me dijo: "Mantenlo interesado, y nosotros te vamos a avisar cuando tengamos analizada la situación. A ver qué provecho podemos sacar."

Así se desarrolló el asunto. Me sentía como que estaba caminando en una cuerda floja. Por un lado tenía que dejar entrever que estaba dispuesta a dar, y por otro mantenerme en una posición de no dar hasta que yo no quisiera. Tal vez en el fondo esa actitud mía ayudó a mantener el interés que él podía sentir. Pero llegó el momento en que ya se hacía insostenible la situación: cedía yo, o rompía. Porque ya no podía seguir alargando la espera. Ya él se había puesto incluso en un plan de "sí o no". Recuerdo que le puse como excusa última: "Mire, usted sabe que estoy dispuesta, pero va a ser a mi manera. Yo no soy una mujer como las que usted está acostumbrado a tratar. Soy una mujer independiente y tengo derecho a escoger con quién, dónde y cuándo." Por lo pronto aceptó mi respuesta. Y entonces los compañeros tenían el plan terminado.

Originalmente se concibió como un secuestro, para intercambiarlo por presos políticos —había muchos valiosos elementos de la organización presos en aquel momento. Los compañeros fueron

bien claros conmigo también, me hicieron saber
todo lo que significaba el trabajo que iba a hacer.
Querían que yo comprendiera que para mí signi-
ficaría una ruptura total; ser pasto de una serie
de gente que me iban a malentender, y más que
todo, la separación de mis hijos.

Yo tenía dos hijas en ese momento —una de
dos años, la otra de seis— a las que estaba terriblemente apegada. Los compañeros me insistían:
"Tomá tu tiempo. Pensalo y avisanos." Lo discutí
conmigo misma, pues. Y decidí hacerlo. Tal vez
esto pueda parecer irónico, pero una de las razones que me llevaron a dar ese salto fue precisamente la existencia de mis hijas. Porque consideraba que de esa forma yo iba a coadyuvar en
darles a ellas un mundo mejor. A ellas y a todos
los demás niños. Para mí fue una decisión afectiva-
mente dolorosa —por lo de las niñas, sobre todo—
pero la tomé con mucha serenidad. Tenía una
seguridad tal de que yo estaba haciendo lo correc-
to, y de que eso era lo que se necesitaba en ese
momento. Tenía que hacerlo; y debía y quería.
Entonces fue una decisión madura, adulta, sin
romanticismos. "Okey, estoy dispuesta."

El plan era citar a este señor a mi casa en un
día determinado. En la casa iban a estar tres
compañeros: uno en un closet grande que daba
al cuarto principal, otro en el cuarto de enfrente
y otro en un cuartito pequeño. Teníamos una
contraseña. Yo debía desarmarlo, que él no sos-
pechara nada, tenerlo totalmente indefenso, aga-
rrarlo y dar la voz —la consigna, pues— para que
los compañeros entraran en acción.

Yo lo llamé a las cuatro de la tarde. No estaba
—supuestamente andaba en el norte o algo así— y
ya no podía esperarse más el plan. Entonces le
dije a la secretaria: "Bueno, dígale al general que
algo que a él le interesa mucho y por lo cual
ha estado preguntando tanto tiempo, puede ser
hoy. Que si ya no es hoy, quién sabe cuándo va
a ser. Simplemente dígamelo eso. Que yo voy a
estar aquí en mi casa."

Como a los 45 minutos él llamó de vuelta. Me dijo: "Sí. ¿A qué hora? ¿Dónde? ¿Tu dirección...?" En ese momento salí al supermercado porque no tenía nada en la casa; ni licor ni nada. Salí a comprar rollos de película, conseguí un vehículo y llegué a la casa justo a tiempo. Como a los 15 minutos de haber llegado yo, llegó el general.

A mí me da risa ahora, y en ese momento, incluso, cuando sucedían los hechos me dio un poco de hilaridad —no risa, tal vez, sino que me sorprendió. Él llegó simplemente a lo que iba. Nada de traguitos, ni de pláticas previas. Ningún tipo de sutileza o delicadeza que usan los varones de vez en cuando, ¿no? Llegó y: "Aquí estoy. Vámonos ya." "Pero, bueno, ¿no se va a tomar un trago?" "No, no, no. ¿Para qué?" "Ah, bueno pues. Si no quiere, es cosa suya." Y así empezó. Nos fuimos a la habitación en seguida.

Yo lo desarmé. Y me quité todo lo que andaba encima, ¿no? Hice tal y como habíamos planeado. Los compañeros salieron y lo inmovilizaron. Él presentó resistencia fuerte. Era un hombre de unos 45 —tal vez 50— años, pero de una contextura bien fuerte. Empezó a pegar gritos a su escolta, pero la escolta no oía, pues. Posiblemente estaba con los vidrios cerrados y con el radio puesto dentro del carro.

Para no tener que deshacernos, digamos, del chofer, los compañeros me mandaron a que le dijera que se fuera. Entonces salí y le dije: "Dice el general que necesita una botella de *Ron Plata*." *Ron Plata* precisamente, porque yo sabía que en su carro llevaba todos los licores más costosos, pero el *Ron Plata* es un ron proletario y sabía que no lo iba a tener. Era demasiado "elegante". Entonces el chofer —la escolta— me dijo: "¿Dice el general...?" "Sí", le digo, "dice el general que vaya por favor, y que vaya rápido. Usted sabe que no le gusta esperar". "Bueno, bueno, cómo no", me dice. Y se fue.

Fui a traer el carro, para subirlo al garaje, y salieron los compañeros con las armas. Fue precisamente mientras yo andaba trayendo el carro que tuvieron que matar al "Perro". Ofrecía demasiada resistencia y hubo que ajusticiarlo. Visto ahora, creo que fue lo mejor. Porque el señor era todo un torturador, un tipo que no sé cómo podría llamársele ser humano, pues.

A veces me he puesto a pensar: yo estaba en una situación de ventaja. Es decir, tenía el respaldo de una organización y estaba ejecutando un plan cuidadoso. Pero pensaba en lo que pudo haberme hecho, y en lo que había hecho indudablemente muchas veces con mujeres tal vez necesitadas —ya sea de dinero o por la libertad de un pariente u otro tipo de favor. Él manipulaba mucho ese tipo de cosa: chantajeaba sexualmente a las mujeres para darles favores. Era uno de sus métodos preferidos.

En fin: traje el carro, nos montamos y llevé a los compañeros a donde los iban a recoger. Fui a dejar el carro a la persona que me lo había prestado —que no sabía para lo que era, ni mucho menos. Dejé el carro y fui a donde me esperaban para sacarme de Managua. Todo funcionó perfectamente: estuve un tiempo en el Frente Norte, oculta y tomando un curso militar. Después me sacaron del país y me incorporé por el Frente Sur en junio de 1978 —unos tres meses después del operativo. Asimismo fui responsable política de cuatro escuadras. Ésa es la época en que combatí.

III

Pero volvamos un poco atrás. Antes de ir al operativo, dejé a mis hijas en la casa de una prima hermana mía casada con un norteamericano. Consideraba que en esa casa estarían seguras en los momentos de mayor represión, mientras mi mamá regresaba de un viaje y se hacía cargo de ellas. El operativo fue el 8 de marzo, como te dije, y a mi madre la esperaban al día siguiente. Cuando llegó, las niñas quedaron con ella.

Por los compañeros supe que mis hijas estaban bien. Para mis padres todo eso fue un golpe que no esperaban. ¿Cómo lo iban a esperar? Y les costó muchísimo asimilarlo. Al principio tuvieron un resentimiento tan fuerte que hicieron como que ya no era hija de ellos. Pero con el tiempo y con el amor de padres, fueron tratando de entenderlo de alguna forma. Dicen que llegaron a comprenderlo después. Pero no ha sido fácil. Ni para mis hijas tampoco.

La mayor me ha reclamado por qué no le avisé que me iba. Tenía seis años, y así y todo... Cuando la volví a ver —un año después— lo primero que me dijo fue: "Un día estabas en la casa. Al día siguiente te fuiste. Y no me dijiste a dónde ibas, ni me volviste a escribir. Vos me abandonaste." Me decía: "Si vos me hubieras avisado, si me hubieras dicho que tenías que ir a hacer otra cosa, tal vez hubiera entendido. Pero lo que no me gustó es que vos no me dijiste nada." Es una niña bien madura para la edad que tiene. Será porque sufrió un proceso diferente a los demás niños.

Mientras estuve afuera conocí a un compañero militante de la organización. Era quien había hecho los contactos para el operativo y fue él quien me sacó de Managua. Pero después, afuera, tuvimos oportunidad de conocernos más, a pesar de las limitaciones que el clandestinaje ofrece. Es un compañero, para mí, casi perfecto. Un excelente compañero, con una comprensión muy grande, a nivel humano, pues. Además, muy honesto, vertical, un compañero verdaderamente revolucionario. La relación ha sido muy positiva. Me ha ayudado mucho a crecer, a madurar. No es un muchacho: tiene 39 años. Como comprenderás, no hemos podido estar mucho tiempo juntos en lo que ha sido nuestra relación. Pero las vivencias han sido profundas... Estuvimos juntos en el monte, en la guerra.

De hecho, en la lucha el tiempo adquiere otra

dimensión. Cuando las personas pueden estar juntas viven con una intensidad mayor que lo normal. Se crean lazos poderosos, afianzados por las circunstancias duras en que se vive. Con este compañero —que ahora es mi esposo— combatí en el Frente Sur. Incluso, en mi primer combate, él iba de jefe de escuadra.

Fue interesante para nosotras, las mujeres, en el Frente Sur. Uno de repente no era abogada, no era profesional, no era —en la mayoría de los casos— mujer u hombre. Una de las cosas más interesantes, y para una mujer sobre todo, porque raramente te sucedía en otra situación, era ser compañero nada más. En el entrenamiento esperaban exactamente lo mismo de nosotras que de los hombres. En el combate igual. Pero, digamos, en labores así, normales: cargar algo de un lugar a otro, y así, los compañeros siempre tuvieron un poco de atenciones para con nosotras. No implicaba un menosprecio en cuanto a nuestra calidad de mujeres. Es más, creo que las mujeres que estuvimos en el Frente Sur fuimos apreciadas y aceptadas como compañeros por todos. Pero como en ese tiempo yo estaba embarazada —como ahora, de nuevo— todos los compañeros andaban pendientes que si yo tenía que levantar un barril de agua, pues me decían: "No, yo te lo levanto...", y así.

Con seis meses de embarazo tuve que salir del campamento y quedarme en la periferia. No quería. Creía que todavía estaba en condiciones de estar en el monte. Pero los compañeros consideraron que no. Me plantearon: "No podés dejar que tus sentimientos personales vayan a ser un obstáculo para el resto de los compañeros. Vos ya estás en un nivel de embarazo demasiado avanzado como para que nosotros estemos tranquilos con vos aquí. Así es que te vas para la ciudad." Me encargaron el manejo del dinero del Frente Sur, la cuestión de abastos en general.

Desde el 19 de julio he pasado por tres lugares. Fui subprocuradora general de justicia —por una semana. La dirección me llamó, porque me había quedado en el ejército. Fui responsable general de finanzas, y monté el sistema de finanzas del ejército, con un grupo excelente de compañeros, porque yo de finanzas sabía muy poco. Estuve allí hasta octubre cuando ya, también por decisión de la dirección, me encargaron esta responsabilidad.

No es fácil. Aquí en Nicaragua, justicia oficial, no había ninguna. Hay que trabajar desde cero. Por supuesto, es una labor política también. Pero hay un buen equipo. Tenemos toda la confianza que da el proceso, y que el proceso deposita en nosotros.

Te voy a decir: la mujer nicaragüense es un ser que siente muchísimo lo que pasa a su alrededor. Nunca ha sido un ser apático. A pesar de que en muchas ocasiones no participaba, siempre fue bien receptiva. Y hay algo más: ella ama entrañablemente a sus hijos. A sus hijos y a la gente. Es decir, nuestra mujer es bien afectiva, y eso mismo muchas veces le lleva a entrar sentimentalmente a comprometerse por algo. Pero una vez metida, va creciendo. Con las experiencias, con las vivencias. Y cuando decide, creo que es como dijo Germán Pomares: "Cuando una mujer se decide no hay fuerza humana que la haga desistir."

Cuando nosotras fundamos AMPRONAC —porque en un momento dado estuve en ese trabajo—, cuando fundamos AMPRONAC con Lea Guido, con Gloria Carrión, con una serie de compañeras, las mujeres al principio eran muy tímidas. Decían: "Bueno, está bien, quiero trabajar en el barrio, pero por la luz, por el agua..." Pero con un poco más de trabajo —no tuvimos que hacer un gran esfuerzo— la mujer se fue incorporando, incorporando, incorporando... y cuando nos dimos cuenta, ya eran elementos tremendamente combativos. Y eso fue producto de la percepción de su propia realidad, y del deseo que tenía de hacerle frente a ella.

Me preguntás si ha habido un reflujo. Quizás en ciertos sectores sí. En la pequeña burguesía es posible que hayan las que se digan: "Okey, ya cumplí mi misión. Vamos a descansar un rato." Pero la mujer del pueblo, no. Entre las mujeres del proletariado, entre las mujeres campesinas, las que sufrieron más directamente la represión, allí no se ve eso.

El hombre de nuestra clase obrera es, incluso, más tradicional. Quizás sea una apreciación muy particular mía, pero me parece que la mujer es más firme, porque también es ella a quien le ha tocado ganarse la vida. La mujer del pueblo nuestro tiene igualdad de condiciones que el hombre por el hecho de ganarse la vida ella también, contribuir al ingreso de la casa. Aparte del sobrecargo que lleva, digamos, con sus labores domésticas. Porque ese papel no creo que ha podido cambiarlo todavía.

La mujer, además de que trabaja, tiene que atender a su marido y a sus hijos. En otras palabras, es una especie de *super mujer*. Eso no ha cambiado todavía ni siquiera entre nosotros, en la organización. Entre nosotros apenas *empieza* a cambiar; todavía no es un cambio radical.

Pero la mujer que vivió la lucha insurreccional, ya no puede ser una mujer apática. Ya no puede ser una mujer que se aísla de su contexto social. Tal vez puede replegarse un tiempo, pero estoy segura de que tarde o temprano se va a incorporar de nuevo. Y con renovada fuerza. Lo vemos con nuestra Asociación de Mujeres, ¿no? Son compañeras terriblemente combativas. Nos dimos cuenta de lo importante que es nuestra participación en la vida productiva. También adquirimos conciencia de lo determinante que fue nuestra participación en la lucha insurreccional. ¿Cómo no vamos a estar conscientes de que en esta etapa se necesita mucho, pero mucho, de ese 51% que cada una de nosotras representa?

6. LAS "COMPAS" DE VERDE OLIVO

> Muchacha del Frente Sandinista
> de botas y pantalón de dril
> qué linda te ves con tu metralla
> con ese pelo suelto
> que te creció en abril
> Tu novio se quedará plantado
> fallaste a la cita de amor
> Tu novio, tu novio verdadero
> es ese pueblo entero
> que pide tu fervor...[1]

—¿Cómo una muchacha de 14 años se integró al Frente Sandinista?

ANA JULIA: La misma extracción de clase, la misma pobreza en que vivíamos, es probable que en cierta medida me haya ayudado. Además, en aquel tiempo —te hablo de 1973, 74— los asesinatos de algunos de los compañeros empezaron a relucir. En 1973 murió Ricardo Morales Avilés, Jonathán González y tantos otros... Esas muertes produjeron un impacto en nosotros. Sentimos la necesidad de tomar sus fusiles...

Quien habla así es Ana Julia Guido, una joven de mirada franca, constitución fuerte y el modo sencillo del campesino nicaragüense. Viste de verdeolivo y lleva una pesada pistola a la cintura. Ana Julia trabaja en Seguridad Personal, la oficina que controla el movimiento de los escoltas que cuidan a los dirigentes de la Revolución. El día de nuestra conversación hace algo de calor y arremanga su camisa militar.

En los brazos descubiertos se ven las huellas de la famosa "lepra de montaña", mal muy frecuente

[1] Primera estrofa de la canción "Muchacha del Frente Sandinista", letra y música de Carlos Mejía Godoy.

entre los guerrilleros que tuvieron que pasar pro-
longadas etapas en el monte.

ANA JULIA: Yo soy de Matagalpa, del norte del país.
Mi mamá es campesina; mi papá, más relacionado
con la ciudad. Es decir, trabaja la agricultura pero
más bien dirigiéndola en las fincas. Nosotros éramos seis hermanos. Cayeron dos en la guerra. El
de 20 años murió el propio 19 de julio, el día de
nuestra victoria. El de 17 fue asesinado en la montaña, hace dos años.

Apenas llegué a primer año de secundaria. Cuando me integré al Frente, como te digo, no había
cumplido los 15 todavía. Desde primaria empecé
a mirar una serie de anomalías que se daban a
todos los niveles: en el campo, en la producción,
en la economía, en la educación. Tal vez no anali-
zaba todavía, pero sentía las cosas. Mi papá trabajaba en el campo entonces, y la guerrilla rural
andaba por allí. Él estaba ligado directamente
con el FSLN y los compañeros llegaban a la casa
a verlo. Así que mi integración fue más bien una
consecuencia lógica de todo aquello que me rodeaba.

Con una gran naturalidad, Ana Julia —y muchas
otras— hablan de su vida de soldado. En Nicaragua —como en Vietnam— la mujer se organizó
para pelear junto a sus hermanos varones. Es una
experiencia más de la guerra. En el capítulo "Las
comandantes" escuchamos el testimonio de tres
compañeras que llegaron a merecer el grado más
alto de la jerarquía militar. Son personas extraordinarias; indudablemente se hubieran destacado
independientemente del sexo, estando en tareas militares, políticas o de cualquier otra índole. Aquí
queremos hablar con las soldados comunes de la
hazaña nicaragüense, con mujeres jóvenes de las
ciudades y del campo, para quienes la forma lógica de participación ha sido la de incorporarse a
las fuerzas armadas del pueblo. Como Ana Julia, la

mayoría se ha quedado en el Ejército Popular Sandinista.

ANA JULIA: Primero trabajé en los barrios; estaba, como decimos nosotros, legal. Tenía tareas como la de comprar cosas para la guerrilla: ropa, hamacas, alimentos. También serví de correo. Pero después participé en el asalto a un banco, en Jinotepe, y tuve que integrarme a la clandestinidad. Estaba quemada, como se dice. Fue entonces que me mandaron al monte. Recuerdo que mi primera escuela la dio el comandante Tomás Borge.[2] Allí estuvimos juntas Mónica Baltodano y yo. Éramos las únicas mujeres.

Fue una escuela básica, diríamos. Estudiábamos cuestiones políticas, militares, algunas cosas culturales —mínimas— y enfermería. Pero con el énfasis en lo militar. De ahí es que salgo a la guerrilla como tal. Se decide formar un grupo que irá hacia la montaña —unos 8 o 9 compañeros— y entre ellos estoy yo. Los demás compañeros de la escuela van a trabajar en la organización de masas, en los barrios, en el movimiento estudiantil clandestino.

—Y la vida en la montaña, ¿cómo fue?

ANA JULIA: Yo nunca la sentí dura, como nos la pintaban. Tal vez iba preparada psicológicamente. Al principio casi no hubo mujeres, yo era la única. Después se incorporaron algunas compañeras campesinas. Pero esa situación no nos perjudicaba en nada. Nunca hubo una falta de respeto: todo eso que decía la gente del hombre y la mujer en la guerrilla. Al contrario, hubo una solidaridad inmensa. Tal vez lo más difícil fue adquirir una resistencia física. Pero me fui adaptando a la intemperie de la montaña.

—¿Cuánto tiempo estuviste?

ANA JULIA: Dos años y medio.

[2] Tomás Borge, comandante de la Revolución, miembro de la Dirección Nacional del Frente Sandinista y ministro del Interior. El único sobreviviente de los fundadores del FSLN.

—¿Y qué es lo más difícil de la montaña?

ANA JULIA: Se necesita de un poco de adaptación nada más. Unos seis meses para que no sientas tanto las lluvias, el hambre, las caminatas. Lo más duro son las caminatas: avanzar días y días con poca comida. Comida que no alimenta del todo, puros carbohidratos a veces. O mono, que sí alimenta.

—Y la primera vez que entraste en combate, ¿qué sentiste?

ANA JULIA: Uno siempre espera el primer combate. Yo nunca antes había oído tiros. Entonces, claro, en el primer momento hay una especie de desesperación. Pero ya a medida que uno va oyendo los tiros se va calmando. Los compañeros te ayudan. Y en los otros combates ya lo ves como una cosa normal. Nos decían los compañeros que eso era lo más peligroso: porque, digamos, entonces uno va confiado.

—¿Qué tipo de armas manejabas?

ANA JULIA: Eso variaba, pero generalmente anduve con carabina o con M-1, por ser más livianas. Además habían Garand, carabina, Thompson, subametralladoras...

A la caída del comandante Carlos Agüero, en 1977, la columna de Ana Julia queda reducida a 13 compañeros. A raíz del próximo combate se divide, con seis —entre los que está ella, la única mujer— cubriendo la retirada de los otros siete. Esto conduce a un posterior aislamiento. El grupo es capturado y llevado en helicóptero a Santa Rosa donde los comienzan a interrogar. Después los mandan a Waslala, donde Ana Julia pasa dos meses presa, y finalmente a Puerto Cabezas donde sufre el último medio año de cárcel.

—¿Cómo fue la cárcel para ti?

ANA JULIA: Pues duro. Preferiría mil veces estar en la montaña, a pesar de las durezas, que en la cárcel. En primer lugar uno se siente que no hace nada. Que cuando su pueblo más le necesita, está allí aislado, sin poder participar. Y las condiciones eran terribles, la alimentación pésima. Y yo tenía estas llagas, la "lepra de montaña" que decimos nosotros...

A su salida, Ana Julia regresa a Matagalpa, donde participa en la insurrección de 1978, que en esa ciudad tuvo lugar en agosto. Algunos meses después, ya hacia las últimas semanas de guerra, es nombrada responsable de toda la retaguardia que se esperaba por Honduras: un área que comprendía parte de los departamentos de León, Chinandega y Estelí.

—¿Encontraste alguna vez que algún hombre no quería tomar órdenes de una mujer?

ANA JULIA: Directamente no. Es decir, no se lo decían a uno, así de frente. Pero yo me daba cuenta. Notaba que a veces alguno se sentía mal por el hecho de que una compañera le ordenara, aunque yo lo hacía en una forma fraterna y con cuidado para que ellos entendieran. Tuve que hablar con ellos, pues, acerca de eso, para que se dieran cuenta de que la participación de la mujer en la lucha la habíamos ganado. Que nosotras mismas ganamos nuestro lugar y que eso había que entenderlo. Realmente puedo decir que los problemas eran mínimos.

—Ana Julia, ¿tú crees que tus experiencias te han cambiado como persona, como mujer?

ANA JULIA: Sí, claro. Me han cambiado mucho. O sea, he madurado en todo sentido. Si me hubiera quedado en mi casa, a estas alturas quién sabe cómo estaría. Yo pienso dedicar toda mi vida a la Revolución, e indudablemente si me hubiera quedado en mi casa, no pensaría así. Yo estoy dispuesta a todo, a ir a donde me manden, a ir a donde más me necesitan.

—¿No tienes ninguna aspiración de tipo personal?

ANA JULIA: ¡Cómo no! Y más ahora que voy a cumplir 21 años. Lo que más aspiro es a tener un hijo. Desde más o menos los 18 años, he venido pensando en eso. Y más ahora que he visto en la organización tantas compañeras que tienen sus hijos y que al triunfo de la Revolución, ya están grandecitos, van creciendo, y les pueden contar todo lo que han vivido, pues. Claro que son cuestiones que le hacen falta a uno. Tenía mi compañero, pero él cayó en la guerra. Yo pienso en este deseo mío, de tener hijos. Y de estudiar. Claro, ahora hay que consolidar la victoria. Si la organización me pregunta qué quiero hacer, diría que estudiar. Pero si me dicen que me necesitan aquí, aquí estoy pues.

Al norte del país, en el pueblo casi fronterizo de Ocotal, encontramos a Marlene Chavarría Ruiz, más conocida por su nombre de guerra: Yaosca. Trabaja en la sección de comunicaciones, del Estado Mayor del Ejército en esa localidad. La casa campestre que ahora le sirve de oficina, fue la residencia de un norteamericano rico, terrateniente de campos que ahora pertenecen al pueblo. En los jardines conversamos con esta combatiente de 19 años:

YAOSCA: No pude terminar más que el primer año del instituto, pues en ese año me integré al FSLN. En enero del 77. Allí en mi lugar, Santa Cruz, un tío mío fue el primero que comenzó a trabajar con la organización. Por medio de él yo hice los primeros contactos. Me ocuparon como correo en toda la zona, llevaba correspondencia y a veces mensajes orales. Hasta que no pude trabajar más legal, y tuve que meterme a la clandestinidad...

—Y tu familia, ¿cómo vieron el hecho de que te fueras tan joven de la casa?

YAOSCA: Es que no se dieron cuenta. No les dije nada. Soy la mayor de ocho hermanos, la que estudiaba, la que atendía la casa, pues mis padres, que también son sandinistas, no querían que me fuera. Entonces les dije que iba a trabajar a León, y a estudiar también. Les dije que como la Guardia me buscaba, no podía quedarme más allí. Y en vez de irme para León lo que hice fue salirme escondida de mi casa e irme donde un contacto. A los tres días se dieron cuenta mis padres. Entonces, les mandé una carta diciéndoles que comprendieran el porqué yo no me había despedido de ellos. Porque yo sabía que no me iban a dejar, y que mis ideas no me las iba a quitar nadie...

—¿Fuiste inmediatamente a la montaña?

YAOSCA: Estuve trabajando como seis meses de correo desde Estelí a Jinotega. Después ya me dejaron definitivamente en la montaña. Llegué al campamento del compañero Omar Cabezas, y lo primero que hicieron conmigo fue darme entrenamiento militar. Desde los primeros entrenamientos salí bien, no hubo ningún problema, ni en las caminatas ni en nada. Siempre la mujer campesina tiene condiciones físicas. Yo realmente no puedo decir que sentí dura la montaña: tal vez en el aspecto del frío, de los zancudos y todo, pero como uno miraba a los compañeros y todos vivíamos la misma cosa, sufríamos la misma cosa y luchábamos por lo mismo, no se sentía. Más bien uno se sentía alegre.

—En Estelí nos han dicho que tú fuiste el número uno en la escuela militar que se dio en el campamento. ¿Por qué no nos cuentas en qué consistía la escuela, qué tipo de entrenamiento recibían?

YAOSCA: Lo más difícil era un ejercicio que se llamaba carrera de obstáculos. Allí lo ponían a uno a correr encima de un palo, por ejemplo. Uno tenía que correr rápido, sin caerse, y el palo era bien delgadito. Muchos compañeros se cayeron. Yo medio me deslizaba pero me volvía a parar y seguía. Y eso lo contaban por minutos, a ver quién lo hacía más rápido. El compañero Lucio comenzó haciéndolo mejor que toditos, y después, en se-

gundo lugar, el compañero Alfonsito. Después nos
empatamos con el compañero Alfonsito y, bueno,
por último yo le pasé a él y quedé en segundo
lugar en la carrera de obstáculos...

—¿Tú fuiste la única mujer en el campamento?

YAOSCA: Sí. En los primeros meses fui la única.
Aunque en otros campamentos también hubo mujeres, más adentro de la montaña. Donde yo estuve, después vinieron tres más, casi al final.

—¿Y cómo fue el trato allí para la mujer?

YAOSCA: Desde el momento que llegué los compañeros se portaban de lo mejor conmigo. Como
era la única mujer muchos me decían que me
mimaban, pero no. Ellos me trataban igual que a
todos, con dureza. Allí no había distinción de nada.
Todos me querían mucho. Después yo me enamoré
de un compañero, nos casamos, y tranquilo. No
hubo ningún problema.

—¿Cómo es el casamiento en la montaña?

YAOSCA: En mi caso llamaron a todos los compañeros a una formación. Hicieron un orden cerra-
do. Después el responsable dijo: "La compañera
Yaosca y el compañero Justo son marido y mujer",
y pedía a los compañeros mucho respeto para
nosotros. A veces se hacía un arroz con leche, o
se conseguía una lata de sardinas y todos com-
partíamos. Cuando había una boda, o el cumpleaños
de alguien... se pasaba un rato alegre, cantando,
y hasta a veces había un traguito...

—El trabajo con el campesinado, ¿cómo era?

YAOSCA: Bueno, los campesinos de la montaña
son gente muy humilde. Cuando ven a personas
armadas son miedosos, porque la Guardia les había
metido en la cabeza que nosotros éramos viola-
dores, que matábamos a la gente y todo eso. La
Guardia los tenía engañados. Y nuestro trabajo,
entre otras cosas, era el de concientizar a los
campesinos.

Entonces nos acercábamos y rodeábamos una
casa. Primero decíamos que éramos la Guardia
Nacional, pedíamos a la gente que saliera y la
comenzábamos a registrar. Después nos poníamos

a hablar con ellos. Temblaban cuando nos miraban. Pero entonces les decíamos que no éramos de la Guardia, que éramos del FSLN y les explicábamos por qué luchábamos, para que el campesino viviera mejor. Les hablábamos de la explotación que ellos mismos conocían. Les decíamos que siempre buscábamos su bienestar, que no nos tuvieran miedo, que nos tuvieran confianza, que colaboraran con nosotros. La próxima vez que volvíamos ya tenían algo de confianza, ya nos daban de comer, un poco de pinolito... Como nunca pedíamos nada, sino que esperábamos hasta que ellos nos daban, así los hacíamos comprender lo que era la Guardia y lo que éramos nosotros.

Como son gente muy humilde, casi nunca preguntaban nada. Uno buscaba cómo platicar con ellos, cómo alegrarlos. Ellos se sorprendían cuando miraban a una mujer. Me decían: "...tan chavalita... ¿por qué dejaste a tu mamá?" Me preguntaban si no tenía miedo. Entonces yo les explicaba que la mujer también era explotada y que nosotros buscábamos una mejor vida para la mujer también. Siempre las campesinas se portaban de una forma especial con las mujeres, más cuando éstas necesitaban algo personal... Ellas me preguntaban hasta de mis cuestiones íntimas, que cómo hacía. Yo les explicaba y entonces me decían "pobrecita". Entonces yo les decía que no me tuvieran lástima, que yo me sentía bien...

Yaosca nos cuenta cómo bajaron de la montaña ya en los días finales de la guerra, cómo se juntaron las columnas en el llano y se dividieron para ir a tomar las poblaciones todavía dominadas por la Guardia. Es allí donde a ella la mandan a la toma de Yalí y es separada de su esposo, quien va a caer el mismo 19 de julio. Yaosca tuvo una niña en la guerrilla, a quien Justo pudo conocer por única vez a los 15 días de nacida. La niña se llama Yaosca Libertad.

—¿Y ese nombre?

YAOSCA: Es que el comandante Omar Cabezas me
había puesto el nombre de Yaosca a mí, cuando
entré a la guerrilla. Me acuerdo que le pregunté
por qué, y me dijo que Yaosca era un lugar donde
los campesinos ayudaron mucho a los guerrilleros.
Entonces yo a la vez quise que mi hija se llamara
así. ¿Y Libertad? Pues mi marido siempre decía
que le íbamos a poner Libertad porque iba a
nacer en el año de la liberación. Y así fue.

En la "Carlos Agüero", la escuela militar más completa hasta el momento —y funcionando en lo que
antes era el temido *bunker* de Somoza— [3] hablamos con varios oficiales acerca de la situación
de la mujer en un ejército de paz. Porque una
cosa puede ser la participación femenina en el
período de crisis, cuando todo esfuerzo resulta
bienvenido e incluso necesario, y otra muy diferente puede ser la misma participación cuando
se trata de construir el ejército como institución
estable. A pesar de que durante la guerra la incorporación femenina fue masiva, después de la victoria se llegó a cuestionar el entrenamiento de
hombres y mujeres juntos en las mismas unidades. ¿Por qué?, preguntamos.

"No es que las compañeras no tengan condiciones", nos respondió el director de la escuela, "y
no es tampoco que pensemos excluir a la mujer
del ejército. Hay compañeras con excelentes cualidades, y hay un lugar para ellas en nuestras
filas. Por el momento, sin embargo, hemos visto
la necesidad de entrenarlas separadamente. No es
por limitantes en las compañeras. Más bien es por
fallas que pueden tener los compañeros. Nuestro
ejército tiene mucho elemento nuevo, compañeros
que no tienen esa experiencia de haber combatido
junto a mujeres, que quizás no sean capaces to-

[3] Ahora el complejo militar "Germán Pomares", donde
funciona la escuela "Carlos Agüero" además del alto mando
del Ejército Popular Sandinista.

davía de verlas como un soldado más, sino que la ven todavía como mujer. Hay también sus excepciones. Hay compañeras que por sus condiciones hay que dejarlas en el ejército regular, y darles todas las posibilidades para avanzar."

Es claro que ésta es una situación transitoria: entrenar a las mujeres separadamente hasta el momento en que la disciplina de parte de todos los soldados sea tal que la mujer pueda ser vista por todos como "un soldado más". Por otro lado, hay todo un grupo de compañeritos —hembras y varones— para los cuales este problema no tiene vigencia. Son los llamados "sandinitos", los combatientes extremadamente jóvenes a quienes el triunfo sorprendió con 12, 13, 14 y hasta 15 años de edad.

Nos habían hablado de estos pequeños soldados: muchachos lanzados al quehacer militar por el momento histórico que les tocó vivir, y quienes, al término de la guerra se negaban a aceptar las becas y otras oportunidades de estudio que les brindaba el Gobierno y el Frente. "Tratamos de separarlos de la vida militar", nos explicó un vocero del ejército, "porque consideramos que un muchacho de esa edad debe estudiar en otro contexto. Pero ellos no aceptaban la baja. Aman al Ejército Sandinista, y entienden que han ganado el derecho de pertenecer a él. En este sentido tienen razón. Son jóvenes que han dado muestras de una firmeza —y, en algunos casos, de un heroísmo— extraordinarios. ¿Qué hacer, entonces, con ellos? Por ahora están estudiando aquí en la 'Carlos Agüero'."

Nos acercamos a un grupo de "sandinitos", y entablamos una conversación acerca de sus experiencias y anhelos. Era difícil conseguir que estos jóvenes se adentraran mucho en su problemática. Todos, evidentemente, veían su integración al ejército como consecuencia lógica de la participación en la lucha, y tampoco esa participación tenía ya nada de extraordinario para ellos. A Mariana, de 15 años, le preguntamos cómo los padres, en general, aceptan el hecho de que sus hijos fueran tan jóvenes a pelear. Nos explicó: "Bueno, ésa es labor de los hijos. Tienen que hablarles, explicarles lo que sucede en el pueblo. Los hijos tienen la obligación de concientizar a sus padres. Yo no creo que un padre consciente niegue a su hijo la posibilidad de participar." Pero cuando le pedimos que puntualizara un poco más en el caso particular suyo, se rió y dijo: "Es que yo no les hablé. Me fui de la casa, y punto. Yo sabía que no me dejarían. Mi papá buscó un mecate para amarrarme cuando sólo salía a las huelgas estudiantiles. Entonces un día me levanté bien temprano, hice todos los oficios y me fui. No regresé hasta dos semanas después, que fue cuando la retirada a Masaya..."

Todos estos jóvenes estuvieron de acuerdo en que los cambios en sus vidas han influido bastante en sus relaciones de pareja: "La misma situación del país, nos ha hecho madurar." "Ahora hay más igualdad..." "Antes el hombre era el que mandaba, casi siempre. Ahora la novia opina, ambos opinan..." A una pregunta acerca de qué dirían a los jóvenes de otros países, todos los exhortaron a "luchar, luchar como se luchó aquí. Y a los padres también, que luchen a la par de sus hijos, porque los padres son los que a veces le dicen a uno que no lo haga, tienen miedo... ¡Que el deber de la juventud en cada país es el de luchar hasta lograr la liberación!"

El caso de la juventud combatiente, en Nicaragua, es una historia digna de ser contada por sí sola; merece un libro aparte. No sólo son miles y miles de jóvenes que perdieron la vida bajo bombardeos genocidas o por otras consecuencias de la represión dictatorial. Hay ejemplos —y son muchos— de militantes sandinistas que contaban 9, 10, 11 años. Está el conocido caso del niño-mártir, Luis Alfonso Velásquez, que con 7 años empezó a participar en el movimiento estudiantil de primaria, dejó la escuela en tercer grado para dedicarse de tiempo completo a la lucha, se destacó en un gran número de actividades como verdadero líder y antes de cumplir los 10 cayó acribillado por las balas de un esbirro que lo seguía para eliminarlo.

El comandante Jaime Wheelock nos habló de unos muchachos de 9 a 10 años quienes se quejaron con él cuando los pasó por alto y envió compañeros mayores a una misión de bastante riesgo. Los tiernos combatientes le argumentaron: "Comandante, nosotros sabemos que por nuestra edad no peleamos tan bien como otros... pero, ¿no cree usted que mandándonos a nosotros podremos servir como ejemplo para que los demás peleen mejor?"

Algunas compañeras han tomado la iniciativa de fundar sus propias compañías. Quieren salirle al paso a cualquier tendencia machista dentro del Ejército Popular Sandinista (EPS), y seguir ahondando en esta nueva tradición de mujeres organizadas para combatir. Nos contaron que la primera compañía femenina estaba acampada cerca de Estelí, y fuimos allí a conversar con las compañeras.

Era domingo, y encontramos a las integrantes de la Compañía de Infantería "Juana Elena Mendoza" en actitud de descanso. Algunas estaban de pase. Otras se encontraban a la entrada del campamento, conversando con familiares o amigos. Preguntamos por la responsable, y rápidamente apareció Rosa Adelina Barahona —seudónimo "Margarita"— de 20 años de edad. Es una compañera pequeña, delgada, agradable. Después de una consulta rutinaria con el mando militar en Estelí, nos invitó a pasar. Conversamos también con la subjefa, María Elisa Navas —seudónimo "Magdalena"—, vivaz y expresiva, con sus 17 años.

Nos acomodamos en un patio central, y mientras nos preparamos para recoger el testimonio de estas dos jóvenes, otras caminaban por los alrededores, alguien renovaba un periódico mural con recortes de noticias recientes, algunas limpiaban sus armas o escuchaban una música alegre en un pequeño radio de pilas. Rosa Adelina y María Elisa se animaban en la medida en que se adentraban más en su historia: la toma de conciencia de la necesidad de luchar, la incorporación a la guerrilla, la transición a un ejército regular y, finalmente, la responsabilidad por esta compañía de 130 mujeres:

ROSA ADELINA: Yo recuerdo que cuando entré al campamento guerrillero, allí tenías que ganarte hasta el arma, porque no había suficientes... Recuerdo que lo primero que me dieron fue un palito, un palito en forma de fusil. Ese palito no debía perderse, ni caerse, había que tratarlo con qué amor... pues ése sería mi fusil mientras ocupara uno. Ya estaba acostumbrada a andar con el fusil —el palito— y hacía el entrenamiento, la escuela, mi primera escuela. Yo recuerdo que el palito lo dejábamos a la orilla de nuestra champa. A la hora que tocaban a formación para comenzar los ejercicios sólo nos tirábamos de la hamaca, metíamos todo a la mochila y salíamos. Agarrábamos el palito, en carrera, a la formación. Yo no estaba acostumbrada a ninguna clase de ejercicio; estudiaba en un colegio religioso donde el trato es diferente...

En mi familia todos estábamos organizados. Somos ocho hermanos, cuatro que anduvimos en las guerrillas —cayó uno en la zona de Waslala. Éramos 20 primos combatiendo. Andábamos en distintas zonas...

Ingresé por Quilalí, por Baná, en Río Coco. Allí estuvimos en una escuela —la primera— que se llamó "Juan Gregorio Colindres". Y yo soy nieta del general Juan Gregorio Colindres, el que anduvo con Sandino...

Mi primera experiencia militar fue el asalto al Plantel de Carreteras de Ducualí. ¿La primera vez en combate? Pues al principio, cuando no había escuchado los tiros, sentí miedo, el ¿qué iba a pasar? Pero al escuchar ya el combate, se le olvida a uno, se le olvida que está combatiendo, máxime cuando va con un ideal: el pueblo, su pueblo...

Ya veníamos combatiendo... Después me mandaron aquí, a Estelí. Entré al Comando, fuimos unos de los primeros que entramos. Recuerdo que mi responsable ya estaba formando una escuadra de mujeres y me dijo que yo iba a ser la jefa. O sea, ya el 20 de julio empecé a trabajar con mujeres: ya tenía un pelotón, con miles de dificultades...

MARÍA ELISA: La compañía es algo que nosotras mismas ideamos. Demostramos nuestra capacidad, nuestras ansias de pertenecer a un ejército, nuestras ansias de defender nuestro pueblo y de formarnos. De que la mujer ocupe un lugar. Más que todo, ésa ha sido la lucha, pues, ¡que se sepa que la mujer sirve para algo...!

ROSA ADELINA: ...que no nos tengan como un objeto, como nos tenían en el régimen pasado...

MARÍA ELISA: ...Fíjense que anoche anduve en mi casa, estuve de paso y fui a un casamiento. Estuve platicando con un muchacho y me dijo: "Pero, ¿por qué estás en el ejército? Yo considero a las mujeres delicadas..." "No", le digo, "eso sí que no. *No me gusta* que un hombre considere a una mujer delicada", le digo. "No hay nada que me guste más que un hombre diga: la mujer es igual que el hombre..."

Hemos tenido tantas experiencias, en la guerrilla y también en la liberación. Ahora mismo: yo nunca pensé estar... Mirá: a los días que se libera Estelí: ¡qué alegría! No cabía en nosotros que Estelí estaba libre. El ombligo de Somoza, decían... ¡hala! Nos abrazábamos: un gran regocijo... no cabía en nosotros. Entonces nos fuimos. Yo pensé quedarme en Estelí para la reconstrucción y todo, pero formaron una columna y me tuve que ir. Nos mandaron a combatir a Boaco, de allí nos trasladaron a Managua. A los 15 días nos pidieron de Estelí y regresamos. Ya vimos Estelí con gente. Sólo estaba tomado por nosotros, y entonces comenzó a entrar la gente que estaba en los alrededores, y ¡qué alegría, pues! Ver el poco de gente, ya ventas, esto y lo otro... Y fue cuando me di cuenta: una escuadra de mujeres, al mando de una compañera. Algo inaudito. Me parecía mentira. Y ahora: una compañía...

Durante nuestra plática se nos acercó un compañero, el único hombre que habíamos visto por los alrededores. Era Víctor Pérez Espinosa; como Rosa Adelina, es también jefe de compañía, y antaño instructor militar de las compañeras. Aprovechamos para preguntarle acerca de la calidad de ellas como combatientes, explorar un poco algunas de las ideas prevalecientes que ponen en duda la aptitud de las mujeres para igualar al hombre en las artes militares, que cuestionan sus condiciones físicas.

—¿Cómo tú ves las cualidades físicas de las compañeras? Nos han contado que la mujer, por ejemplo, no puede lanzar una granada tan lejos como la puede lanzar un hombre: por lo de la musculatura de los brazos. ¿Qué opinas al respecto?

VÍCTOR: La opinión que le puedo dar es que estas compañeras no tienen nada que envidiarle, pues, a un combatiente varón. Físicamente rinden lo mismo, y se lo digo porque he tenido experiencia entrenando a hombres y a mujeres. ¿Lanzar una granada? Pues es posible que la compañera no alcance la misma distancia que el compañero, porque el hombre en general ha hecho trabajos más fuertes y ha llegado a tener una fortaleza mayor que la de las compañeras. Pero aquí hay compañeras que lanzan granadas a 30 metros. Y hay compañeros que no pueden lanzarlas tanto, ¿verdad?

Fíjense que aquí en un concurso de lanza-cohetes que hicimos hace unos días, una compañera de esta unidad realizó el mejor tiro de todos, incluyendo a los compañeros varones de diferentes unidades. Ella realizó el mejor tiro de toda la región.

Pero lo importante, entre los combatientes hombres y mujeres, es que adquieren una conciencia política, que saben que están aquí luchando por el pueblo —por los explotados— y que adquieren también una conciencia internacionalista. Hay que aprender a lanzar la granada y el cohete, pero hay que aprender una alta técnica de guerra —y eso no depende de la fortaleza física— y sobre todo, hay que tener muy claro para quiénes luchamos y qué es lo que defendemos.

De nuevo, en Managua, en la escuela "Carlos Agüero", tuvimos la oportunidad de entrevistar a una de esas compañeras a quienes el director de la academia se había referido cuando decía que "hay también sus excepciones". Juana Galo es excepción entre hombres y mujeres. Cuando se presentó ante nosotras, lista para la entrevista, ya sabíamos que se le consideraba uno de los mejores expedientes en los cursos superiores de la escuela. Es una compañera sencilla, modesta, y nos dio la impresión de sentirse completamente cómoda en el contexto militar. Se preparó para la entrevista un poco como se prepara uno para cumplir con una tarea; no concebía su caso como algo fuera de lo común y al principio su relato era escueto, informativo pero sin mucho detalle. En la medida en que iba recordando su vida, sin embargo, se animaba y entregaba generosamente sus experiencias:

JUANA: Nací en Chinandega y tengo 19 años. Soy de una familia obrera —mi papá es electricista y mi mamá modista— y somos cinco hermanos. Mi papá, cuando más ganaba mil córdobas. No le ajustaba para mantener el hogar, pues, y entonces todos teníamos que colaborar. Yo estudié secretariado del 75 al 77. De allí comencé a trabajar como secretaria en el Instituto Agrario. Yo era una de las bases económicas de mi casa, pues, y sé que fue un golpe bien fregado para ellos cuando me fui. Al principio tiene que haber sido bien duro, pero después entendieron...

En el 76 entré a una organización que se llama MES —Movimiento Estudiantil de Secundaria. En el 77 comencé a trabajar con el MPU,[4] en el 78 me dan la premilitancia de la Juventud Revolucionaria Nicaragüense[5] y se me manda de responsable de la comisión de propaganda a mi barrio. Yo vivo en Santa Rosa, uno de los barrios más sufridos de aquí de Managua.

En todo el año 78 se puede decir que se alentó más el hostigamiento a la Guardia: tirábamos bombas, hacíamos las pancartas, las papeletas, confeccionábamos las banderas del Frente. Nos quedábamos en las calles hasta la una, las dos de la mañana, pegando papeletas. Comenzábamos a concientizar a la gente, a nuestros amigos, en el trabajo... y así fue que en el 78 —del 78 acá— creo, pues, que di lo que más tengo para mi pueblo.

En el 79 participé en el asalto que hubo en el Instituto Agrario donde trabajaba —se llevaron de rehén al director del Instituto. Yo era la secretaria del consejo directivo, y participé en eso. Después empezamos a trabajar más a la gente. Ya existían los Comités de Defensa Civil y yo era la encargada de las comisiones de finanzas y de propaganda. Me mandan llamar y se nos dan los planes para tomar los barrios. Comenzamos a hacer trincheras, barricadas: allí todo el mundo cooperaba.

[4] Movimiento Pueblo Unido, una organización amplia con representación del FSLN y otras agrupaciones antisomocistas.

[5] La juventud de una de las tres tendencias —la Proletaria— que después de la unidad queda como la semilla de Juventud del FSLN en su conjunto; ahora se llama "Juventud Sandinista 19 de Julio".

Después Chombo —se llamaba así mi responsable— fue uno de los primeros compañeros que cayó. A mí me mandan de responsable de tres zonas entonces, donde había dos clínicas, una tarea bastante grande. Así estaba cuando se comienzan a hacer los planes para la retirada a Masaya.

Llevar fechas y días era lo más difícil: uno en la mañana se levantaba —si es que pasaba dentro de una de las clínicas— a preparar las cosas, los medicamentos; había horario para pasar limpieza a los enfermos... Yo venía a la una, a las dos de la mañana. A veces pasábamos inspeccionando trincheras en las tres zonas que tuve bajo mi responsabilidad. Si había tiempo, se iba a tomar algo, agua siquiera, para mantenerse. Y así, hasta que se da el repliegue.

En ese entonces éramos 11 en una escuadra, el pelotón era de 33 o de 35. En la columna que yo iba, marchaban como 125 compañeras mujeres... Las relaciones eran superfraternales, allí me sentía como con mis hermanos, pues. Allí no había colchones, allí no había camas, usábamos el mismo baño, pues. Dormíamos con un pedacito, nos cobijábamos con la misma chaqueta, yo dormía entre 12 compañeros y ahí éramos hermanos, y nos mirábamos como hermano a hermano; el caramelo que comía uno, lo comíamos todos. Bañarse allí era echarse agua sin jabón, sin toalla, sin nada: uno de los compañeros cuidaba afuera y yo me bañaba. Como en familia: si a uno le pasaba algo, todos lo sentíamos...

Me acuerdo cuando salimos al Coyotepe, o cerca de ahí, salimos a la misión de exterminar a los *perros*: se nos bombardeó una noche —cosa que era difícil pero ahí tiraban a lo loco donde fuera, pues—, y en ese bombardeo me pegó un charnalito; me tocó uno de los pulmones. Entonces me llevaron al hospital, pero no pasó a más. Aunque hubiera sido grave, aunque el médico hubiera dado orden de que permaneciera en el hospital igual me hubiera ido, porque sabía que era imprescindible que estuviéramos todos los combatientes allí en la línea.

Al final me mandaron a Jinotepe. Estuve de responsable de un cuartel. Allí se dio el triunfo. Después nos reunimos y nos comenzaron a dar escuelas. En agosto comencé un curso de jefe de escuadra, después otro de jefe de pelotón. Ahora mismo estoy haciendo el de compañía y batallón, que son seis meses...

Me encanta la vida del ejército. Estando aquí yo aporto lo más que tengo para nuestro proceso, para el pueblo, pues, que es el que todo merece. Para el pueblo que es todo. Uno nació de él y se debe a él. Hasta que me muera, seré de mi pueblo...

Sabíamos que la gran mayoría de los instructores políticos en la Escuela Militar son mujeres,[6] y que el responsable de ellos también lo es. Hacia el final de la conversación con Juana Galo, Adela Tapia Roa —jefa política de la Escuela— se acercó y tomó un asiento alrededor de la mesa donde estábamos. Tuvimos así la posibilidad de discutir más a fondo con esta compañera "de la vieja generación" —¡tiene 25 años!— la situación que se da con las compañeras.

ADELA: La política que seguimos está determinada por los problemas que ha habido, aunque entendemos que no puede ser una política general. Es decir, hay casos específicos, como es el de la compañera Juana, que realmente sobresale entre muchos compañeros. Y es que en el caso de ella, ya no se ve como hombre o mujer, sino como un combatiente más.

Quizás sea producto, si se quiere, de la misma educación tradicional que nosotras las mujeres hemos recibido, que hace que no todas las compañeras alcancen el nivel deseado en esta circunstancia. La educación de los compañeros también falla

[6] El 93% al momento de la entrevista.

en este sentido. Y sin embargo, sabemos que el papel de la mujer dentro del ejército es fundamental, y es esto, precisamente, lo que determinará nuestros pasos en un futuro. Aquí tenemos mujeres con cargos de mucha responsabilidad.

Adela, original de Masaya y madre de una niña de tres años y medio, fue jefe de pieza —de un mortero 82— en el Frente Sur. Allí pasó toda la guerra, con dos compañeros radistas. Con el triunfo se quedó en el ejército, donde se siente muy a gusto.

ADELA: Realmente es interesante el trabajo que aquí se desarrolla. Y especialmente el trabajo político que es organizar y asegurar la definición combativa de nuestro pueblo a través de su ejército. Hemos conformado un buen equipo. En la sección política hay un responsable de propaganda, de cultura, un responsable de instrucción política y un equipo de instructores. A la vez yo estoy vinculada directamente con la dirección de la Escuela. Mi experiencia desde agosto —cuando llegué— ha sido que en ningún momento los compañeros subestiman mi condición de mujer. Participo al igual que toda la dirección.

...Muchacha, muchacha sencilla
semilla de liberación
permite que en tu carabina
enrede mis versos de amor
el pueblo que espera la aurora
la aurora de la libertad
conoce tus luchas heroicas
muchacha mujer de verdad.[7]

[7] Última estrofa de la canción "Muchacha del Frente Sandinista", letra y música de Carlos Mejía Godoy.

7. SER MUJERES DE ESPERANZA: HERMANA MARTA

Matagalpa —sus calles estrechas, su plaza-mercado, su vida de cafetaleros, de ganaderos y de todos los que de una u otra forma viven de esos dos renglones de la economía nacional— se acomoda en un valle. Por las estribaciones de las colinas que la rodean se extienden el cementerio, por un lado, y por otro, el lugar señalado ya por la mayoría de la población sobreviviente: "...allí arriba estaba el M-50, el cañón que tiraba al pueblo".

Cuando llegamos por primera vez, el hospital funcionaba en su antiguo edificio casi partido en dos. Por todas partes se veían los daños de la guerra. Muestras de destrucción y, en la medida en que pudimos hablar con los habitantes, muestras también de una entrega colectiva, de una inventiva popular y de un heroísmo común al país entero.

Alguien nos contó cómo, ya al final de la guerra pero con los guardias todavía metidos en su cuartel, los muchachos se reunían buscando una forma de botarlos de allí. Toda la gama de armas caseras que poseían no parecía suficiente contra la solidez del edificio y su poderío bélico. Cuando por fin hubo la idea de rociarlo por completo de gasolina y prenderle fuego, se veía a los militares somocistas corriendo como ratas hacia las colinas.

En una de esas colinas circundantes al pueblo, hay un colegio conocido como el "Santa Teresita". Allí, durante la guerra y mucho antes, se desarrolló toda una labor de apoyo al pueblo en armas. En busca de la figura representativa de la escuela —y representativa, también, de ese sector de la Iglesia católica que en Nicaragua ha luchado porque la Iglesia se sitúe a la altura de su prédica— llegamos una mañana de noviembre al sencillo edificio de cemento.

Salió a recibirnos la Hermana Marta.

De esta compañera monja habíamos oído hablar en Managua. Sabíamos que nació aquí, en Matagalpa, el mismo año en que lo hizo la heroína sandinista Doris Tijerino. Fuimos a hablar con ella pensando, en primer lugar, en el fenómeno que tiene lugar en el continente entero: una institución poderosa, cuya historia la ha situado siempre al lado de las clases dominantes, ahora da muestras de una nueva vida: una vida mucho más acorde con las palabras de su credo.

Primero fueron los casos aislados: un pequeño grupo de Maryknoll en Guatemala, una monja torturada por las fuerzas represivas en Brasil, las primeras muestras de lo que después sería un movimiento de sacerdotes "por el socialismo" en Chile. La experiencia liberadora de Ernesto Cardenal en la isla de Solentiname. El ejemplo glorioso de Camilo Torres en Colombia. Era evidente que la tradición del cura-obrero —ya conocida en Europa— se hacía sentir en tierras americanas. Y la tradición es mucho más vieja. Tenemos un padre de las Casas, un padre Hidalgo. Pero, a pesar incluso de los Silva Henríquez, de los Obando y Bravo [1] y de otros prelados mediadores entre las dictaduras y los pueblos, la posición de la IGLESIA —así en mayúsculas— todavía parecía hallarse al lado de los generales y no de los humildes.

En Nicaragua esta situación empieza a resquebrajarse, por lo menos en algunos sectores. Y, al momento de escribir estas páginas, las noticias del asesinato de monseñor Óscar Arnulfo Romero, en El Salvador, confirman una vez más que dentro de la Iglesia como fuera de ella, hay hombres y mujeres que dicen —con sus vidas— que nada puede en contra de la voluntad de un pueblo por demasiado tiempo explotado, pisoteado, y ahora

---

[1] Silva Henríquez es el arzobispo de Santiago de Chile, quien se ha puesto al lado del pueblo y en contra de la Junta fascista de ese país. Obando y Bravo es el arzobispo de Managua, cuya posición ha sido también de rechazo a Somoza y apoyo al pueblo en lucha.

levantado en justa exigencia de sus derechos. Monseñor Romero reiteró repetidas y públicas veces el derecho del pueblo a levantarse en armas. No veía ningún conflicto entre las enseñanzas de su creencia religiosa y el socialismo. Y mientras oficiaba una misa en la catedral de San Salvador, matones a sueldo de la reacción lo acribillaron a balazos. Pasó a ser uno más entre los mártires de esta guerra popular y continental.

Pero volvamos a la hermana Marta. El rostro sereno y sin adorno, que nos sonreía desde el hábito blanco que denota servicio, nos recuerda a las monjas de nuestra niñez: esos seres misteriosos que uno veía por la calle, y quienes —por lo ajeno de su mundo al nuestro— nunca pudimos colocar con certeza en nuestra escala infantil de personajes. Nos invita a pasar a una sencilla habitación —un escritorio, unos libros, una reproducción de un cuadro neoclásico, una cafetera en un rincón y algunas sillas de madera— y allí comenzamos a hablar.

HERMANA MARTA: Mi nombre es Martha Deyanira Frech López, pero todos me dicen Hermana Marta. Nací aquí en este pueblo de Matagalpa, en el año de 1943...

—El mismo año que Doris Tijerino...

HERMANA MARTA: Sí, éramos compañeras de infancia. Nos educamos las dos en el colegio San José de Matagalpa: desde el principio fuimos muy amigas. Doris fue —y es— un ejemplo para nosotros. La recuerdo siempre como una muchacha muy inteligente, muy reflexiva e inquieta en cuanto a los problemas de justicia social. Porque los de nuestra edad no hemos conocido nunca otra cosa sino un pueblo oprimido, aplastado. Doris fue una de las compañeritas que encendió en nosotros ese ardor por la patria, ese amor por los oprimidos. Desde que estábamos en el colegio.

Doris se definió muy chiquita, por su camino de lucha. Y yo, personalmente, quería seguirla. Yo, y otras compañeritas nuestras del colegio. Pero el

monseñor Calderón y Padilla nos decía que a
él le preocupaba el destino de Doris, porque era
muy jovencita. Decía que era muy justo por lo que
ella estaba luchando, y que estaba bueno que la
imitáramos, pero que por ser tan jóvenes era
peligroso que nos fuéramos así, a la clandestinidad, donde los hombres, en fin... El Frente Sandinista, nuestra vanguardia, estaba organizándose
apenas. Entonces el monseñor nos influyó bastante. Quiso que estudiáramos para religiosas y
nos dijo que así también podíamos ir a los campesinos, a la gente pobre, y hacerles conciencia.

Como en mí estaban las dos posiciones, ¿no?, la
de luchar por el pobre, por el oprimido, desde
la política y desde mi posición de cristiana, entonces decidí combinar esas dos inquietudes. Y el
obispo de Matagalpa me dijo que siendo religiosa
yo podía luchar también como Doris María: ella
en el campo de batalla y yo en la vida religiosa.

—Es interesante, esta combinación. Porque la
Iglesia ha mantenido una posición por tanto tiempo en contra de los intereses del pueblo. Es interesante que aquí en Nicaragua un sector de la
Iglesia —no algunos religiosos aislados, sino un
sector realmente— se ha pronunciado, por el cambio social. Y no sólo se ha pronunciado, sino que
se ha jugado entero. ¿Por qué tú crees que aquí
una parte de la Iglesia ha comprendido la necesidad de la lucha?

HERMANA MARTA: Esto ha sido gracias a la actitud que han tomado ciertos pastores, una actitud
beligerante y en defensa de la clase explotada. La
empezó en Nicaragua monseñor Calderón y Padilla, que ya murió. Él acompañaba a los sindica-
listas. No le importaba que fueran comunistas. En
las manifestaciones estudiantiles él siempre iba
presidiéndolas para que la Guardia no tomara
medidas represivas.

Recuerdo un día —Doris María todavía no se
había ido a la clandestinidad—, creo que estábamos en sexto grado de primaria nada más, e
íbamos en una manifestación para protestar por

la masacre estudiantil del 23 de julio.[2] Íbamos
por la calle Central, allí por el colegio San José, y
de pronto salen tres BECATS [3] y nos tiran bombas
lacrimógenas. Llegó el monseñor y dijo: "Déjenlas,
yo respondo por ellas. Las voy a acompañar hasta
el final." No nos salvó quitándonos de allí, sino
se unía a nosotras, y seguía la protesta. Y como
él era jerarquía de nuestra Iglesia, y nos apoyaba,
eso ayudó bastante.

—¿Tú no ves ninguna contradicción entre el socialismo y el cristianismo?

HERMANA MARTA: Definitivamente ninguna. Porque
Cristo vino a predicar una religión liberadora, y
no un opio para el pueblo. Lo que pasa es que
algunos sectores de la Iglesia han tratado de traicionar el mensaje evangélico, predicando una religión alienante, una religión conformista, espiritua-
lista y sacramentalista. Pero Cristo fue un hombre
encarnado en los problemas de su pueblo. Él quiso
sacar de la esclavitud a Israel. No estaba de acuerdo con los poderosos de su tiempo. Y para mí,
pues, la forma de no traicionar al evangelio es
ponerme al lado de mi pueblo.

—¿Cómo ha sido la lucha aquí en Matagalpa?

HERMANA MARTA: Bueno, aquí, como en toda Nicaragua, hay su historia: larga y hermosa. Yo diría
que los estudiantes son los que primero tuvieron
el coraje de luchar. En Matagalpa el movimiento
estudiantil empezó hace tiempo, en el 59. Cuando
Doris María y yo estudiábamos en el San José, ya
había movimiento. Pero tiene un auge allí por el
77. Ya nuestra vanguardia, el Frente Sandinista,
estaba más fuerte también. Hubo mucha represión
y lamentables pérdidas de gente joven, pero también hubo varias acciones que daban fe y confianza
al estudiantado y al pueblo en general. Como para
que el pueblo se comprometiera en una lucha de
esa categoría, ¿no?

[2] El 23 de julio de 1959, en León, las fuerzas represivas
de Somoza ametrallaron una manifestación estudiantil pacífica, con un saldo de cuatro muertos y cien heridos.

[3] Vehículos de la policía.

Ya en el 78, a raíz de la muerte de Pedro Joaquín Chamorro y la gran huelga nacional, el pueblo perdió aquel miedo a la Guardia, a la represión. Hubo muchos grupos de análisis de la realidad, que vienen concientizando a distintos sectores aquí en Matagalpa. Visitaban los barrios marginados también, y yo creo que eso fue un factor determinante para nuestros jóvenes, porque al ponerse en contacto con la miseria, no queda otro remedio que salir revolucionario. Ya las tomas de colegios era una cosa común...

Entra otra monja —mayor en años, pero con esa misma vitalidad— y aceptando la invitación de la hermana Marta, toma un asiento junto a nosotros. Es la madre Pilar Ximeno, superiora de esta Congregación de Misioneras de la Caridad. A pesar de residir muchos años en Nicaragua, retiene su acento español. Ahora aporta a nuestra conversación:

MADRE PILAR: Las tomas aquí empezaron en el año 1976. Hubo también en el 77 cuando lo del Instituto. Ésa sí tenía un carácter bien político. Fue mi creencia, desde el principio, de que ahí ya iba tramándose algo importante, que venía la revolución. Ese tipo de actividad tenía lugar en León, también, y en otras partes del país. Es decir, no era una cosa local solamente. Primero las tomas de colegios, y después las tomas de iglesias.

—Y, ¿qué papel jugaron ustedes, en esa época?

HERMANA MARTA: Nosotras ayudamos en todo lo que pudimos. En la insurrección de septiembre —bueno, en agosto, porque aquí en Matagalpa la insurrección se adelantó— nosotras actuábamos como mediadoras. Estábamos en contacto con los jóvenes, y sabíamos el tipo de armas que tenían: muy poca cosa, armas muy pobres y una preparación bélica también pobre. Entonces vimos una masacre en potencia. Por eso nos pusimos a la orden de la Cruz Roja. Dejamos esta escuela para los damnificados, y nos fuimos a trabajar allí. Así pudimos apreciar todo el aparato bélico que estaba entrando desde Managua, y sabíamos que nuestra juventud no tenía otro remedio en ese momento que esperar la muerte. Fue entonces que formamos una comisión mediadora: el monseñor Obando y Bravo, el doctor Amador Kul,[4] la Madre Pilar y yo, y conseguimos una tregua con el comandante de la Guardia.

En realidad la Guardia no respetó esa tregua. Nosotros íbamos de comando en comando diciéndoles: "Muchachos, va a haber una tregua. Mejor retírense porque llevan las de perder." Pero la Guardia se aprovechó y cometía el atroz asesinato de la familia Soza. Entonces los muchachos dijeron: "No queremos tregua, porque ha sido una traición." Ése fue nuestro papel en ese momento: irnos de comando en comando, comunicándoles el armamento que iba entrando a la ciudad, y ayudándoles a emprender la retirada, el repliegue táctico.

A los que tenían que salir a Managua, les ayudamos con gente de las comunidades cristianas quienes los transportaban en vehículos y los tenían en sus casas. De aquí salieron 150 muchachos para ser colocados en casas de seguridad de gente cristiana —cristianos progresistas— que les dio albergue por todo el tiempo que fuera necesario hasta que pudieran asilarse en las embajadas o tener las medidas de seguridad para regresar acá.

A raíz de esto, la Guardia empezó a ejercer cierta persecución, especialmente conmigo, ¿no?, porque estábamos bien metidos con la juventud. Dijeron que acá en el colegio se daban reuniones "de tipo comunista marxista". Que yo debería salir de Matagalpa porque corría peligro mi vida. Entre la Guardia, se decía: "Esta monjita va a caer en nuestras manos y le vamos a provocar un acciden-

---

[4] En aquel momento presidente de la Cruz Roja Nacional actualmente ministro de Salud Pública en el Gobierno de Reconstrucción Nacional.

te." Yo no tenía miedo, y no era mi voluntad salir. Pero se pensaba que en realidad era más prudente que saliera en ese momento. Yo dije: "Bueno, si me mandan me voy, pero no es mi voluntad. Porque si estamos dispuestos a acompañar a la juventud en este proceso, tenemos que asumir todas las consecuencias que ese acompañamiento implique, ¿no?"

En eso vinieron de Estelí —donde la represión era feroz— para suplicarnos que fuéramos para allá a formar una comisión mediadora para que no se siguiera matando a tanta gente. Entonces nos movilizamos a Estelí. Una vez allí, los compas nos dijeron: "Les vamos a suplicar una cosa: saquen al padre Julio López, que andan buscándolo para matarlo. Dan diez mil córdobas por la cabeza de él." Entonces allí nos vimos metidos en otro problema.

Entramos al colegio de Nuestra Señora del Rosario —llevamos alimentos para los refugiados que allí había— y le dijimos al padre Julio: "Padre, tiene que salir porque lo van a matar." No era fácil convencerle de que tenía que salir. Pero lo vestimos con una gabacha de la Cruz Roja y lo trajimos acá al colegio. Estuvo clandestino aquí un tiempo, una semana, mientras se agilizaba la salida por medio de una embajada.

Fíjate, que la Iglesia tiene de todo: la madre Pilar solicitó al Nuncio anterior que tuviera al padre Julio en la nunciatura porque representaba más garantías que las que tenía aquí en el colegio, y el Nuncio dijo que no. Entonces vimos que estábamos solas en la lucha.

La Revolución tenía sus agentes de inteligencia, como es lógico, y fueron a Migración y vieron que el nombre del padre Julio, y el mío también, estaban en la lista negra. No pudimos salir de Matagalpa legalmente. Tuvimos que buscar la manera de salir disfrazados.

Así fue que yo salí de *blue jeans*, con una peluca: ¡la doctora Rizo me pintó y me hizo todo el maquillaje que necesitaba! Mi hermana Olga le

hizo al padre Julio un peinado "de moda" también,
y salimos tranquilos. En cada puesto nos paraban
los guardias, guardias incluso que me conocían
a mí, y ninguno nos reconoció. Así llegamos a
Managua, estuvimos clandestinos un tiempo, y nos
asilamos. El padre Julio se fue a la embajada de
Colombia y yo me fui a la de Costa Rica.

Salí de Nicaragua el 27 de septiembre del año
pasado. Recuerdo que decían que yo era pagada
por "el comunismo internacional". Imagínate: yo
no sé cuáles serán los agentes del comunismo internacional, ni hasta ahora los conozco. Pero un
guardia, delante del comandante, le dijo a la madre: "Ella es un instrumento del comunismo internacional, está pagada por el comunismo internacional." Yo decía: "Muchas gracias. Si la Iglesia
es comunista porque lucha por la justicia, pues
soy comunista."

(A la madre Pilar): —¿Y usted se quedó aquí?

MADRE PILAR: Sí. Yo me quedé toda la guerra.
Pasé el proceso completo. Pero no crea que tuvimos mucho miedo. Estuvimos bastante tranquilas,
bastante serenas, esperando lo que pudiera venir,
tratando de ayudar en lo que podíamos.

HERMANA MARTA: En Costa Rica aprovechamos
para hacer un trabajo, digamos, de relaciones públicas. Explicando la situación que había aquí en
el país. Dimos entrevistas, conferencias de prensa,
hablábamos por la BBC de Londres, explicábamos
que lo que sucedía aquí era una insurrección popular. Después pasé a Honduras. Pero siempre
tenía mucho pesar de estar afuera. Es decir, no
me acostumbraba a estar viendo los toros desde
la barrera. Quería acompañar hasta el final a mi
pueblo.

Allí, en Honduras, pronto tuvimos contacto con
los representantes del Frente Sandinista. Organizamos un grupo llamado Juventud Cristiana Progre-
sista. Y empezamos a trabajar a nivel de solidaridad. Recogimos dinero, donantes de sangre para
la guerra, todo lo que se podía desde allá. Y un

día tuvimos la dicha de conocer a "Modesto", al comandante Henry Ruiz.[5]

Henry Ruiz es un hombre que nos dio una impresión grandísima, un hombre muy humilde, muy inteligente, un verdadero revolucionario. Ese tipo de hombre nos reafirmó en nuestra confianza en los líderes de nuestro proceso, en la alta dirigencia del FSLN, que sabía hacia dónde iba y que no marcharía en contra de la mayoría de nuestro pueblo.

El comandante "Modesto" nos encomendó un trabajo. Nos dijo: "Queremos encomendarles una misión muy especial, pero tienen que salir del país, dejar a Honduras." "¿Cuándo?", le preguntamos. "Pues hoy mismo si es posible. Porque están en juego muchas vidas." Nosotros no dudamos. La historia es la que va comprometiendo a la gente, pensé yo. Y cuando uno de estos jefes pide una cosa así, hay que cumplir con él, que es cumplir con el pueblo.

Entonces nos fuimos a Panamá. Y otra vez a Costa Rica. Hicimos ese tipo de trabajo hasta finalizar la guerra. Después pude regresar —que todo el tiempo era mi sueño— porque queda un trabajo enorme, y tendremos trabajo mucho tiempo, diría yo. Aquí hemos montado seminarios políticos cristianos, para hacer conciencia en la juventud de que la Revolución no está ganada totalmente, que tenemos que ir construyéndola día a día, con sacrificios todavía, y con ese compromiso incondicional de siempre.

(Yo tenía una última pregunta): —Hemos hablado de la participación de sectores de la Iglesia, pero quisiera que habláramos también de la mujer. Ésta ha sido, en cierto modo, una revolución de jóvenes y de mujeres. Me ha impactado la participación de las masas femeninas. Creo que tal vez con la excepción de Vietnam, ¿verdad?, no se ha

[5] Henry Ruiz, comandante de la Revolución, miembro de la Dirección Nacional del Frente Sandinista y ministro de Planificación del Gobierno de Reconstrucción Nacional.

dado en ningún país, en ninguna otra revolución, una entrega tan generalizada de la mujer. ¿A qué atribuyen ustedes esta participación tan grande aquí?

HERMANA MARTA: Es que nuestra sociedad nicaragüense es muy machista. La mujer siempre ha sido considerada como un instrumento de satisfacción sexual, y como la que tiene que estar sometida al marido, cumpliendo con sus deberes caseros: el arte culinario, el cuidado de los niños, el esperar al esposo. Entonces lógicamente la mujer ve en la Revolución un factor de cambio y toma parte beligerante para liberar a su pueblo y dentro de ese pueblo para liberarse ella misma de su condición de explotada en una sociedad machista. Es una observación muy personal mía, ¿no? La Revolución es una tabla de salvación para la liberación de la mujer.

A mí me gustaría que opinara también la madre Pilar, porque ella vivió la guerra civil española, que fue otra experiencia histórica. En España la Iglesia apoyó después a Franco, como en Rusia, ¿eh?, la Iglesia fue la que sostuvo al zar. No era una religión encarnada en la realidad del pueblo, ni comprometida con ese pueblo. Y en Nicaragua tenemos varios sectores en la Iglesia, y tenemos cristianos que todavía tienen miedo al socialismo, que dicen que van a quitar la religión, que el socialismo tiene que ser ateo.

MADRE PILAR: Yo, en España, era pequeña. En la España de mi niñez el comunismo y la Iglesia eran grandes enemigos. Yo creo que la actitud de los comunistas entonces tal vez se debía a cómo estaba la religión de aquellos tiempos: protectora del rico y todo eso. Pero también pasaban cosas demasiado horribles, matanzas de religiosas, de sacerdotes. Nosotros vimos todo eso y al comunismo lo vimos como un espectro horrible. Pero ya después, reflexionando, creo que eso se debía a la posición de la Iglesia.

A raíz del Concilio, la Iglesia ha dado un giro bastante profundo, y entre algunos sectores se acepta mejor al marxismo y al socialismo. No se les tiene ese horror de antes. Y se ve que los revolucionarios tampoco tienen saña con la Iglesia. Yo creo que un evangelio más auténtico puede compaginarse perfectamente con un sistema social que busca la justicia para los hombres.

HERMANA MARTA: Ayer mismo hablamos de eso. Porque cierto sector de la Iglesia aquí está contribuyendo a que en el pueblo haya una predisposición negativa hacia el proceso revolucionario, mientras que la Confederación de Religiosos de Nicaragua está preocupada por eso. Porque si los líderes cristianos tenemos miedo al proceso revolucionario vamos a influir también a todos los estudiantes y personas a quienes tenemos ocasión de educar. El Nuncio nuestro de ahora fue muy claro en una reunión a nivel nacional que tuvimos recientemente en Managua. "El cristiano", nos dijo, "tiene que ser un hombre de esperanza. No tenemos que tener miedo a fantasmas."

Tenemos que insertarnos en el proceso. La Revolución no prohíbe a los cristianos vivir su fe, pero debe de ser una fe que vaya de acuerdo con los intereses de las mayorías. La Revolución busca, ante todo, los intereses de las mayorías, y debemos trabajar unidos.

Aquí en agosto, cuando trabajamos en la Comisión mediadora, desde el Banco Nacional la Guardia nos tiró una ráfaga y tuvimos que ir agachados así, con el presidente de la Cruz Roja Nacional. Es decir, gente de la Iglesia —sacerdotes, religiosas— estuvimos junto al pueblo de esa forma. Las religiosas del Maryknoll, en el Open 3, fueron llevadas a la cárcel; fueron golpeadas por la Guardia. Entonces ésa es la Iglesia que se identifica con el pueblo, y por lo tanto es el tipo de Iglesia que la Revolución quiere que esté en estos momentos en Nicaragua. Y no una Iglesia conformista. Tenemos que ayudar a nuestro pueblo a construir nuestra historia, insertarnos en esta historia y no ir en contra de ella.

Esta conversación no fue la última con la hermana Marta. La próxima vez que visitamos Matagalpa, tuvimos la oportunidad de nuevo de ir a ese centro de actividad social. Vimos llegar camiones llenos de mujeres, sus nombres en pequeñas etiquetas sobre el pecho, integrantes de grupos cristianos de los distintos barrios. Se reunían en el colegio para ver la presentación de la película alemana "Septiembre, 1978", sobre la insurrección popular. La hermana Marta trabaja ya con la Asociación de Mujeres "Luisa Amanda Espinosa", predicando sobre todo entre mujeres de tradición religiosa en quienes la contrarrevolución encontraba un caldo de cultivo propicio para sembrar miedos y mentiras.

HERMANA MARTA: ¿Cómo te parece esta consigna: SER MUJERES DE ESPERANZA, PARA CONSOLIDAR NUESTRA REVOLUCIÓN? Mirá, estoy preparando una pequeña charla para las compañeras...

Y me mostró un manuscrito que empieza con estas palabras:

Hoy para la mujer nicaragüense, llena de profundos sentimientos cristianos, María la Madre de Dios es su primer modelo para impulsar esta Revolución. Porque ella fue portadora ante el mundo del mensaje de liberación...

Después de citar unos versículos de *Lucas*, la charla de esta agitadora cristiana continúa con estas palabras:

...María no es la mujer acaramelada y mojigata que a veces tratan de pintarnos los cristianos reaccionarios. Ella a sus 15 años —al igual que DORIS MARÍA TIJERINO— supo ser parte activa y dinámica en la liberación y en la historia de su pueblo. En el canto del MAGNÍFICAT no habla de cambios individuales moralistas, sino de la restructuración del orden en el cual hay ricos y pobres, poderosos y humildes. Por eso, ante este nuevo amanecer lleno de grandes esperanzas y responsabilidades cristianas y revolucionarias, las mujeres nicaragüenses debemos seguir la senda heroica que comenzó María de Nazaret y Doris María de Matagalpa. Sólo nos queda una alternativa: SER MUJERES DE ESPERANZA PARA CONSOLIDAR NUESTRA REVOLUCIÓN.

8. DE NOSOTROS SE ESPERA TODO: GLADYS BÁEZ

"...morimos tantas veces que cerramos los párpados a la memoria"

RICARDO MORALES, *Pancasán* [1]

"...En tiempos de Pancasán, de la heroica jornada de 1967, mientras los dirigentes se retiraban a planificar, nosotros —los combatientes— nos retirábamos a soñar. Y soñábamos que si uno de nosotros quedaba con vida, tenía que quedarse en el campo haciendo ciudadelas. Y nos poníamos a trazar, en el suelo, las líneas de una ciudadela: ahí discutíamos, peleábamos, cada quien aportaba. Por eso esta ciudadela envidiable lleva el nombre 'Rigoberto Cruz-Pablo Úbeda: Recuerdo de la Jornada Héroes de Pancasán'."

GLADYS BÁEZ

I. LA CHISPA

Por la carretera León-Poneloya hay una unidad agrícola que un día será una ciudadela envidiable. Gladys Báez, vieja militante del Frente Sandinista y mujer con varias vidas ofrecidas ya a la conquista del cambio en su país, es responsable de la "Rigoberto Cruz-Pablo Úbeda". Buscándola, transitamos el camino polvoriento y, aún sin encontrar-

[1] Ricardo Morales, miembro de la dirección nacional del FSLN, profesor y poeta, murió en la tortura el 18 de septiembre de 1973. Esta línea es de un poema suyo titulado "Pancasán".

la, sentíamos que valía la pena: hay algo diferente
en el aire de esa comuna, algo de futuro, algo que
habla de la compañera legendaria, algo que promete la entrevista que finalmente conseguimos
cuando logramos dar con Gladys en un barrio
humilde de León.

En un establo, a la entrada de la comuna, hay
unos niños jugando alrededor de una máquina de
moler maíz. Nos señalan una vieja escalera de madera, que nos lleva a donde dos jóvenes laboran
sobre un libro grande de cuentas. Uno de ellos
nos dice que "Luisa les estaba esperando, pero
tuvo que irse para León", y ofrece indicarnos el
camino. Acordamos seguirle en nuestro jeep, pero
lo perdimos antes de llegar a la ciudad. Rodando
lentamente por las calles de los barrios pobres
vemos de nuevo el viejo carro rojo, y en seguida
el compañero que ahora nos hace señas desde la
puerta de una casa. En su interior damos finalmente con Gladys, la Luisa de esta zona.

Es una mujer de aspecto campesino, constitución aparentemente fuerte, rasgos casi indios. Dos
gruesas trenzas negras caen a medio pecho. Los
ojos guardan una mezcla precisa de decisión y
pureza. Alrededor del cuello y sobre la camisa de
rayón oscuro, cuelga el rostro del Che Guevara
tallado sobre una estrella de madera. La hicieron
un grupo de presos del Frente, quienes se la dejaron cuando fueron liberados y enviados afuera
del país menos de un año antes del triunfo. Gladys
lleva pantalones y botas de trabajo. Sus rasgos
sobresalientes e inmediatamente notables son la
sencillez, la honestidad, la voluntad de hacer. Sin
demora —siempre hay prisa por el trabajo— jun-
tamos unas sillas de madera en el patio de la
casa y empezamos la entrevista.

De entrada Gladys no puede responder a nuestra
pregunta sobre el año de su nacimiento. Dice que
es muy olvidadiza, pero que hace días cumplió
38 años y nos dice —entre risas— "saca la cuenta". Rodeados de niños y de gallinas, en ese patio
nada ajeno, le explicamos la necesidad de que

hable, de que nos cuente de su vida, recordando
personas y hechos. Dice varias veces que "hablar
de la vida de uno es un poco incómodo", que "a
casi nadie le gusta hablar de sí misma...", pero
es una mujer de verdadera chispa y un don extraordinario de cuentista. Al poco rato se siente
más a gusto, y ojos, manos, voz del pueblo, toda
ella empieza a entregarnos esa vida multiplicada.

GLADYS: Nací en Juigalpa, departamento de Chontales. Mi mamá era una señora aplanchadora, obrera. No me crié con mi papá, es decir: mi formación
se la debo íntegra a mi madre. Era una señora
con un humanitarismo tremendo. Le decían "La
Abuela". Me parió a los 42 años y fui la única
hija. No pudo parir más pero se convirtió en la
abuela de todo el barrio. A cada paso veía cómo
ella asumía los problemas de los demás.

Mi niñez fue bastante corriente. Ella, queriendo
lo mejor para su hija, me mantenía muy cerca
de la Iglesia. A los siete años yo era la rezadora del
barrio: hacía rezos de Virgen, rezos de muertos,
bueno: todos los rezos habidos y por haber. A esa
edad, ya era capitana de las Hijas de María, ¿ve?
Sin embargo, tenía bastante chispa. A pesar de
participar así, no me dejaba convencer tanto de la
cuestión religiosa. Iba a la iglesia para ver feliz
a mi mamá pero en el fondo yo era bastante chis-
peante, bastante jodida, pues, como decimos aquí.
De tal manera que pronto vine comprendiendo el
jueguito ese de la limosna y todo. Entonces cambié
rotundamente.

Cambié ese tipo de vida por una vida social absurda: las fiestas, los bailes, todo lo que en definitiva es vagancia. Ya con 12, 13, 15, 16 años, bueno, a mí no me detenía nadie. Si no había fiestas,
yo las promovía. Cumplía tres veces al año con
tal de ver una fiesta. Pero en esa época pasé a
formar parte de la directiva del Club de Obreros,
porque eso sí: nunca se me subieron los humos
a la cabeza. Siempre supe cuál era mi clase.

Mi mamá era muy pobre. No tenía para darme

una educación. Llegué a tercer grado de primaria, no más. Pero siempre sentía la necesidad de
leer, y comencé con Corín Tellado —dada, pues, mi
formación de aquel entonces—, el príncipe azul
y todas esas babosadas.

Allí por el 56 me casé con un hombre trabajador, un hombre metido en el movimiento obrero. Él
era miembro del Partido Socialista Nicaragüense.
Yo era cabeza hueca, pues, tenía humos en la
cabeza, aserrín nada más, en esa época. Pero ahí
comencé a oír, y comencé hasta cierto punto a
participar. Recuerdo que la primera participación
que tuve —ya no por instinto sino por un poquito
de convicción— fue cuando la muerte de Somoza
García. Hicieron una redada, y aparecieron todos
los opositores presos. Entre ellos estaba mi marido. Yo andaba embarazada, y así y todo empezó
mi participación: las visitas a la cárcel, la cuestión
rudimentaria de las madres, de las esposas, de
las hijas. De llevarles el bocado de comida, de ver
cómo los trataban y todas esas cosas.

Allí fue donde a mí se me ocurrió la cuestión
organizativa: decíamos que la unidad hace la fuerza y comenzamos entonces a explotar la sensibilidad de la mujer. Fuimos a hablar con la esposa
del comandante. Ni siquiera pedimos libertad para
nuestros presos, sino que les dieran un trato más
humano nada más. Allí participamos de una manera organizada cantidad de mujeres, porque generalmente cuando hay un preso van las madres, las
esposas, los hijos; casi nunca aparecen los hombres allí. Generalmente los hombres aportan dinero, pero la mujer es la que hace acto de presencia. Todo eso me motivó y empecé a participar
más. Pasé a militar directamente en los sindicatos.

También en el barrio mío conocía compañeros
que estudiaban, que leían otra clase de libros que
a mis manos nunca habían llegado, ¿ve? Recuerdo
que Miguel de Castillas, nacido en Juigalpa y que
vivía en el mismo barrio, me llevó un libro un
día: *La madre*, de Gorki. Yo estaba acostumbrada

a mi Corín Tellado y no le tomé importancia. Dejé
pasar un mes y se lo regresé. Le dije: "Está muy
bonito tu libro." Y mentira, no lo había leído
nada. Él comenzó entonces a conversar conmigo.
Seguramente se dio cuenta que no había leído ni
papa del libro. Solamente por un poquito de ves-
tigios de educación —que en mí no existe mucho
tampoco— se lo había dicho. Entonces comenzó
a explicarme parte del libro y me entusiasmó tanto
que se lo pedí otro rato prestado. Lo leí, lo terminé, y ésa fue la chispa.

Ya en 1958 estábamos organizando sindicatos de
oficios varios. E íbamos al campo: toda la zona
de Chontales la teníamos nosotros. A la vez —1958,
59— en la casa donde yo nací, que hoy es la Casa
Mártires y Héroes de Juigalpa, se formó el sindicato de obreros y campesinos y la escuela nocturna gratuita. En aquellos años, en los pueblos
generalmente no había escuelas nocturnas, sólo
diurnas; y la cantidad de madres que por tener
que pasar el día en el río lavando no mandaban
sus hijos a la escuela... y, bueno, pues, fuimos
viendo la cuestión esa social y abrimos la escuela
nocturna. Y dio resultado. Dio resultado pero a
la vez la reacción no se hizo esperar. Dijeron
que la escuela era comunista, que no le enseñá-
bamos a los niños a creer en Dios, y allí empezó
el choque.

Recuerdo que el sacerdote del pueblo nos dedicó
una Semana Santa entera. En todas sus charlas
y sermones hablaba contra la escuela. Al principio
era en contra de la escuela en general, sin mencionar nombres. Pero llegó el día en que dijo "la
maestra", y la única maestra allí era yo. Los demás
profesores eran compañeros obreros, varones. Fue
entonces que mi mamá tuvo un aparte conmigo.
Me dijo: "Mirá, esto te va a perjudicar mucho,
porque ya es una cuestión directa contigo. Además de que prestás tu casa, de que participás... yo
sé que tenés tu razón, pero, ¿por qué no vas
a hablar con ese señor para que deje de estar
molestando?"

Mi mamá fue una señora que no salía a la casa vecina, amén de que fuera a ayudarle a alguien, que alguien se lo solicitara. Generalmente la casa se mantenía cerrada cuando yo no estaba. Cuando estaba abierta era señal de que yo me mantenía allí. Pero también mi mamá era de una gran entereza, y eso se demuestra con el hecho de que me invita, pues, a ir a hablar con el cura ese. Entonces yo acepté el reto. Me llevé 15 alumnos —los más grandes— y fui a hablar con el sacerdote.

En ese diálogo esclarecimos que el niño es como loro, ¿no?, repite. Y que si los padres hubieran sabido de esa situación no los hubieran vuelto a mandar. Luego le dije que si a ellos les perjudicaba tanto la escuela, por qué no ponían otra escuela gratuita. Dio como resultado que sí, que al siguiente año ya había otra escuela gratuita, y con grados de primero a sexto. Fue positiva toda la experiencia.

Chontales es un lugar que hasta ahora tiene un adormecimiento tremendo en cuanto a la política, en cuanto a la ideología. Y es que en las estructuras de trabajo en este estado capitalista en que nos encontró la Revolución, no se concibe que en Chontales todavía se siga usando el arado tirado por bueyes, el espeque y todas esas cosas. Y una cosa conlleva la otra, naturalmente. Por eso fue difícil, al principio, el trabajo nuestro allí. Por 1960, 61, nosotros hicimos el primer intento de salir a la calle el primero de mayo. Hicimos un gran trabajo: desfilamos y fuimos a un mitin. Habían cuatro oradores, entre los cuales estaba yo, A mí me tocó el primer tema: "El porqué del primero de mayo."

Yo nunca había hablado en público hasta ese momento. Pero me dieron el tema con un poco de anticipación, me documenté, pues, y fui a consultar con otros compañeros: Carlitos Guerra, Goyito Aguilar... Dijeron que a su juicio lo que yo había preparado estaba bien. "Bueno", les digo, "a mí si me ponen a bailar, yo bailo. Si me ponen

a cantar, yo canto. Si ustedes dicen que yo lo
digo bien, lo digo. No importa, pues." Además que
a mí no me daba vergüenza decir las cosas mal. El
día que diga una cosa mala ese día alguien me
dice que está mala y yo lo acepto.

Recuerdo que en las primeras reuniones del
sindicato, una vez llegó Álvaro Ramírez, Chaguitillo, un poco de gente. Llegaron tarde. Entonces
como no habían llegado a tiempo, pues, hicimos
la reunión nosotros. Cambiamos la directiva, y
cuando ellos llegaron me tocó a mí informar. Y
les dije: "Compañeros, pues aquí todo estuvo
magnífico. El objetivo se cumplió. Se cambió la
directiva de una manera diplomática..." Entonces
me dijeron que no se decía así, que no era *diplomática* sino *democrática*, pues. Entonces les dije
que sí. Mi objetivo nunca fue callarme, sino hablar
para que me enseñaran. Y seguí adelante.

II. FUI A LA URSS SIN CONOCER MANAGUA

Te hablaba de ese primero de mayo. Domingo
Vargas había llegado por la CGT independiente, y
él me pidió mi discurso. Lo llevó al seno de la
CGT, y al Partido por supuesto. Entonces, si mal
no recuerdo, fue Chaguitillo el que decía que
estaba muy bueno, y ¿por qué yo no representaba
al Partido en un congreso de mujeres en Moscú
que se efectuaba ese año? Tenían diferentes candidatas, mujeres de otras partes del país. Él decía
que todas ellas harían un buen papel, pues, repre-
sentando a la mujer nicaragüense, pero que yo
era hija de la clase obrera y que él proponía que
yo fuera. Parece que hizo muy buena alocución,
porque llegaron a preguntarme si yo aceptaba.

¡Imagínate! ¡Yo ni conocía Managua en aquel
entonces! Cuando vino a plantearme la cosa, le
dije al compañero: "Mirá, aquí hay una cuestión,
yo soy una mujer casada. Mi marido no está muy
de acuerdo con que yo participe; él quiere que me

quede en la casa, viendo a mis hijos. Si ustedes le dicen que me van a mandar a la URSS, bueno muchachos: olvídense. ¡Que no me sacan de Juigalpa ni amarrada! Así es que enderecemos la cosa, y busquemos la agilidad para dominar esta situación."

Entonces les propuse que le dijeran a mi mamá, que tenía que quedarse con la niña mía, a mi marido que tenía que quedarse en Nicaragua, y a toda la organización que yo iba a Costa Rica a estudiar un curso y que después regresaba a trabajar en la escuela. Todo el mundo aceptó. Ellos se imaginaban que algo había, pero se imaginaban las cosas de otra manera. Ya para ese tiempo estaba la efervescencia de la Revolución cubana, y ellos pensaban que el Partido me mandaba a Cuba. Me decían: "Cuando veas a Fidel me le das un beso..."

Me trasladé a Managua ocho días antes. En esos ocho días quisieron meterme todo lo que debería de decir, lo que debería de aprender, y, bueno... "Yo", les dije, "asimilo lo que puedo, y con lo que puedo me voy. No se preocupen que yo voy a ir. Lo que menos puedo hacer es perderme. Y si no vuelvo, pues, me perdí. Ustedes verán que es lo que hacen conmigo." Fui la única delegada al Congreso por Nicaragua. Fui a la URSS sin conocer Managua.

En ese tiempo las limitaciones eran tremendas. En México estaba el compañero Edelberto Torres. Con él tuve que contactarme, y a través de él hice los últimos arreglos. Como siempre, Nicaragua llegaba a todos los eventos tarde, ya había comenzado el Congreso cuando yo llegué. Pero, bueno, me integré. Recuerdo que para el 62 ya habían las divergencias entre Rusia y China, y comenzaban las chinas a poner su tesis y las rusas la suya y, bueno, yo no dije nada. "Ahí que se enreden, que se maten y que salga bien el que quiera salir bien."

Yo ya había informado y quise darme cuenta cómo era la cosa, si los demás habían asimilado

lo que yo había dicho. La compañera intérprete
me ayudó bastante. Manejaba siete idiomas; tenía
especialidad en cuestiones de congresos. Entonces
yo le decía: "Mirá, yo aquí tengo dos problemas.
Uno es la lengua. Algunos de los que están aquí
saben lo que yo digo pero los demás no. Así es
que las cosas que van un poco malas, tú me las
arreglas." Yo me fijé que muchas delegadas, cuando hablé, escribían ciertas cosas sobre Nicaragua.
Por lo menos quedó algo, pensé.

Ese Congreso fue una gran experiencia para
mí. Porque yo tenía un concepto equivocado, por
la falta de capacidad mía y por el oscurantismo
que había aquí. Esa experiencia me hizo mucho
bien. Vine liberada, pues. Aprendí muchísimo.
Aprendí más de lo que hubiera aprendido en 100
libros. Cuando fui a la URSS no era militante
del Partido, pero cuando vine, sí. Empecé a militar
y vine a hablar con interés de la organización de
mujeres en Nicaragua. Y así formamos la Organización de Mujeres Democráticas.[2] Yo trabajé con
las mujeres y a la vez seguía con los obreros y
campesinos.

Los años 1963, 64 fueron años terribles en las
montañas: quemas de ranchos, encarcelamientos,
una represión grande. Yo militaba en el Partido, y
la línea política del Partido era pacífica, por adquirir progresivamente el beneficio para la clase
trabajadora. En 1965 llevamos a todo el campesinado de Matagalpa, Jinotega, Estelí, Rivas y Chontales a una manifestación monstruosa por las calles
de Managua. Veníamos desde nuestros lugares a
pie. Ésa fue otra experiencia: haber vivido eso
con ellos.

Traíamos lo mejor, lo más consciente, porque
a nadie sin conciencia se le puede decir que venga
tantos kilómetros a pie. Lo mejorcito de la organización campesina y de la organización obrera
venía allí. Fuimos hasta Managua y nos metimos
sin permiso a la Casa del Obrero. Unos alegaron

---

[2] Véase nota 5 del capítulo 3.

que teníamos que salir porque no teníamos permiso, pero "bueno, señor, cuando nos dijeron que era la Casa del Obrero, nosotros creíamos que era nuestra, pues, y que no teníamos que pedir permiso. Sáquenos entonces." Pero después se arregló y nos quedamos por ocho días. A diario habían mítines. A diario llegaban los estudiantes. Fuimos a la Cámara de Diputados, hicimos huelga de hambre, de todo hicimos allí. Al final tuvimos que retirarnos igual, y a los que nos decían dirigentes nos capturaron y fuimos a parar a la cárcel.

Ya para entonces yo tenía experiencia de carceleadas. En mi pueblo ya contaba por lo menos con 25 veces. Pero era una carceleada bastante suave, pues, una cuestión que aparecía un volante y me llegaban a traer presa, aparecía una pinta y me llegaban a traer. Yo explicaba, dejaba sentada mi tesis, me tenían un día y me dejaban ir a dormir a mi casa. Si se le ocurría al comandante que volviera al día siguiente, volvía pues; pero nunca me dejaban dormir allí. Como no era un movimiento revolucionario pujante, pues tampoco la represión se hacía muy dura. Pero ya en el 65 fue una cosa más seria, porque ya fue en las calles de Managua, ya era una movilización de varias partes de Nicaragua, y ya yo estoy a la cabeza del campesinado.

Caímos presos Jacinto Baca —que tenía política del Frente—, Domingo Sánchez, Salgado "Chaguitillo", dos compañeros estudiantes y yo. Éramos seis por todos. Como nos habíamos declarado en huelga de hambre, seguimos en la cárcel en huelga de hambre. Nuestra moral seguía en alto, nuestros principios los manteníamos. A los seis días, más o menos, empiezan los problemas.

Ellos siempre pensaban que podían resolver las cosas montando en camiones a los campesinos y regresándolos a sus lugares. Pero los dirigentes campesinos regresaban y decían que mientras a nosotros nos tuvieran en la cárcel ellos no se iban. Al gobierno en aquel entonces no le convenía un escándalo. No estaba en posición abiertamente dictatorial, brutal, como fue la cosa después. Entonces era cuestión de aparentar una estabilidad en el poder, aparentar que ellos eran buena gente. A los seis días nos sacaron ante el juez de policía y el juez nos sentenció a ciento ochenta días inconmutables.

Recuerdo que yo les dije: "Bueno, seré la única prisionera que no voy a cumplir esa condena." Me preguntó: "¿Será que van a ir tus compañeros a sacarte?" "No", le dije, "no voy a aguantar seis meses, pues. ¿No ves que estoy en huelga de hambre? Y si no como, no aguanto seis meses. Lo único que le pido es que el día que yo muera, no me toquen. Pues así no me ensucian a mí ni se ensucian las manos ustedes. Me dejan allí, llaman a algún perro de la calle, a cualquier carretonero que me saque y que el pueblo se encargue de llevarme donde él quiera."

Los periodistas estaban desesperados. Venían a la cárcel e insistían en vernos. Y aquí en Nicaragua —antes— cuando un preso escuchaba la palabra "periodista" gritaba su nombre, sacaba la mano, un dedo, cualquier cosa para que el periodista supiera que estaba allí. Entonces cuando yo oía que estaban los periodistas, gritaba mi nombre y trataba de sacar la mano. ¡Y al día siguiente aparece en *La Prensa* y a ocho columnas que me tenían desnuda y guindada de los dedos de los pies! Claro, ellos vieron algo y no vieron ropa. Se imaginaron que estaba patas arriba, ¿ve?

Entonces mis carceleros llegaban a rogarme que respondiera a *La Prensa* que era mentira. Ellos me decían: "No te hemos hecho nada, lo único es que no querés comer. Nosotros no te hemos golpeado, no te hemos hecho nada. Lo más que hemos hecho es ofrecerte la mejor comida..." Era cierto. Incluso iban a traer comida de los restaurantes. Pero no quise declarar, porque decía: esta vez no me han hecho nada, pero ¿y la próxima? Hubo mucho movimiento estudiantil, campesino; de Chontales venían como fuera a pararse a la CGT independiente y eso no convenía al régimen. Entonces por la tarde de ese mismo día nos dieron la orden de libertad.

Inmediatamente nosotros dijimos: "Esto es la ley fuga; nadie se va." Y nadie quiso irse. Quedamos en la sala de banderas, hasta ahí llegamos. Y de esa sala nadie quiso dar un paso adelante. ¿Cómo iba a ser que nos dieran la libertad si esa misma mañana nos habían sentenciado? Pasamos la noche y a las ocho a. m. nos encontraron allí todavía. Recuerdo que finalmente Jacinto Baca se levantó y dijo: "Bueno... saben la hora que es y a esta hora salgo. Si a la cuadra oyen el balazo ya saben que el resto no va a salir, ¿ve?" Pero no. Vimos que salió y me imagino que a la cuadra pegó la carrera del siglo, pero nada. No se oyó el balazo, y así fuimos saliendo uno a uno. Yo andaba trastabillando, pues, por los seis días de huelga de hambre. Ya sentía la debilidad. Me fui recostada a la pared, buscando cómo salvaguardar la integridad física. Porque uno nunca se sabe en manos de esa gente cómo va a salir, ¿verdad?

III. LA TRANSICIÓN

Después de esa carceleada, pasó algo que me facilitó más la transición al Frente Sandinista. Resulta que salí de la cárcel y llegué a la casa del Partido. Me encontré con Elí Altamirano y me sale diciendo: "Mire compañera, nosotros sabíamos que usted iba a responder, nosotros sabíamos que usted tenía una convicción, nosotros sabíamos todo lo que usted es capaz de hacer; teníamos plena seguridad en su respuesta. Pero, ¿sabe?, la conversación que usted tuvo en la Casa del Obrero con Armando Nurinda dio lugar a comentarios desfavorables a su persona." La noche anterior a nuestra caída, habíamos estado hablando con ese compañero en la Casa del Obrero, y como yo era una mujer casada... en fin: cuestión de prejuicios.

Entonces yo le dije: "Así es que mientras yo aguantaba hambre, ¡ustedes hablaban de puterías, pues!" Parece que eso impactó bastante. Además, yo no era funcionaria del Partido. Yo trabajaba voluntariamente. Como ellos miran la reacción mía, me hacen pasar con el secretario general, que en ese entonces era Manuel Pérez Estrada. Y allí cometen otro error conmigo.

Yo puedo conversar con quien sea, el dirigente máximo, pero cuando se trata de mis principios, de mi forma de ser, a mí no me importa decirle lo que sea. Es más, creo que tengo obligación de decir las cosas. Como ellos veían que no había sido prudente lo que me había dicho el compañero, y sabían que yo no tenía riales, que trabajaba voluntaria, me mandaban con el secretario general y él me quiso dar 200 córdobas para que se los mandara a mis hijos. Decía que mis hijos tenían necesidad. Eso lo sentí como una bofetada. Rompí el dinero y lo tiré a la calle. "Si fuera pordiosera me iría al mercado, que allí ganaría más, pues." Entonces es que salgo del Partido. Me sentía dolida.

Por otro lado, yo no podía estar sin militancia. Tenía que convenir mi trabajo con algo positivo, organizado. No quería estar en el Partido ya, porque veía que no me comprendían. Por otro lado, yo no era antipartido. El Frente andaba buscándome. Yo tenía mis conceptos del Frente bien arraigados, conceptos que los mismos dirigentes del Partido me habían metido: que los del FSLN eran oportunistas, aventureros, locos, vagos y demás. Yo repetía todo eso con convicción. Fue un momento difícil.

El Frente mandó a Efraín Sánchez a hablar conmigo. Él me explicó los conceptos políticos, la línea pacífica y la lucha armada. Pero yo estaba brava y no hubo caso. Regresó Efraín y dijo que yo era caso perdido. Después mandaron a Danilo Rosales. Danilo se convirtió en un enamorado platónico. Llegaba todos los días a las cuatro de la tarde a visitarme. Conversó muchas veces sin

tocar el tema político. Mucho tacto, pues. Poco a
poco comenzamos a tocar el tema político: qué
cosa es el Partido, qué cosa es el Frente, las líneas
políticas de uno y el otro. Finalmente le dije que
me diera ocho días para pensar todo. Y me fui
con el FSLN.

Pero debería volver atrás un momento, y ha-
blarte de mi regreso de la URSS. Porque allí
pasó algo que iba a influir mucho en mi vida
posterior, en mis relaciones con el Partido y en
mis relaciones con mi marido. Resulta que en mi
pueblo, al regresar de la URSS, el sacerdote me
excomulgó. ¿Vos podés imaginar lo que eso representa en un pueblito? Yo tenía una venta y
nadie me compraba. Ni me compraban ni me vendían. Era modista, y nadie se mandaba a hacer
un vestido conmigo. No tenía medios de subsistencia. Entonces el Partido —porque todavía estaba en el Partido— me decía que pasara a ser
funcionaria, que me fuera para Managua y trabajara como funcionaria del PSN. Pero yo les dije
que no, que no podía dejar esa situación en mi
pueblo, que tenía que romper con esa barrera.

Yo vivía a media cuadra del hospital, y como
nadie me hablaba, comencé a visitar a ese llamado
centro de salud. Claro, los enfermos no saben de
la excomunión. Además, hay enfermos a quienes
nadie llega a ver. Yo conversaba con ellos. Y por
otro lado adquirí una cámara y una grabadora
y comencé a ver el desastre hospitalario. Vi la
situación y tomé fotos, grabé, conseguí las prue-
bas. Personas que estaban macheteadas, que tenían
gusanos en sus heridas, cosas así.

Los mismos enfermos me pedían: "¿Puede usted
hacerme un favor...?" Querían que llevara una
razón a sus casas. Así fui rompiendo el hielo
entre la gente. Tal vez llegaba a una casa, saludaba
y no me contestaban. Entonces decía: "Bueno, yo
no vine a que me contesten sino a dejar esta
razón..." Al mismo tiempo aproveché y dije: aquí
vamos a hacer una campaña. A un médico se le
había muerto su propia hermana por deficiencias

del hospital. Al médico ése se le tuvo que morir la hermana para que reaccionara. Entonces montamos un mitin, yo sacaba mis fotos, mis grabaciones, pedimos las firmas de la gente. Cuando un médico firma, cuando un intelectual firma, lo demás es fácil, pues. Pedimos que cambiaran al director del hospital, que cambiaran el trato ese inhumano... Se hizo una gran campaña, y dicho sea de paso, la gente se olvidaba de que yo estaba allí metida.

Resultado de ese mitin fue que la policía de Juigalpa me puso una multa de 1 000 córdobas, multa que por supuesto yo no pude pagar. Yo tenía siete meses de embarazo, entonces aproveché al máximo eso: la gente tiene un cierto temor por la mujer embarazada: "pobrecita... parir en la cárcel..." Me aproveché de eso y fui a pedir real por real. ¡Resultado de la campaña fue que sacaron al director del hospital y al director de la policía! Yo me quedé en mi pueblo, rompí por completo la barrera que había creado ese sacerdote excomulgándome. Y eso trajo como consecuencia también que en los futuros acontecimientos la gente de mi pueblo reaccionara, viera que a pesar de los golpes yo siempre seguía adelante.

En mi matrimonio todo esto tuvo otro desenlace. Hay la cuestión fundamental del machismo del hombre. Mi marido nunca quiso pasar a más de la organización del sindicato, resultó ser economista en la política. Y los problemas personales y los problemas políticos llegaron a la par. Cuando yo llegué de la URSS me vine a encargar otro hijo —el embarazo ése cuando la cuestión del hospital— y mi esposo quiso que me quedara en la casa. Como esposa, como madre.

El problema social —la excomunión del sacerdote—, el problema político que me eché encima con la campaña del hospital, todo eso le empezó a caer mal. La cuestión económica era dura también. Cuando no me vendían ni me compraban, vivíamos mi hija y yo del plato de comida que regalaban a mi madre. La solución del Partido, de

que me fuera para Managua, no me gustó a mí.
Entonces todo eso era demasiado para mi marido.
Se recluyó en el alcohol; me imagino que ha de
haber sentido un complejo de inferioridad. Por
otro lado, él no quiso superarse. Y nos tuvimos
que separar. Yo no era irresponsable: no iba a
seguir pariéndole hijos si él no era capaz de
responder como era debido.

Cuando me querían reclutar para el Frente Sandinista, recuerdo incluso que en la montaña hablaron de mí. Dijeron que mi marido estaba reclui-
do en un sanatorio, de tanto tomar "guaro" [3] para
olvidarse de mí, se había enfermado y lo habían
llevado a un sanatorio. Entonces me dijeron que
los compañeros se pusieron a reír y dijeron que
"esa mujer es para llevarlo al cementerio a uno, no
al sanatorio sino al cementerio..." Así es como en
ese período salí del Partido, arreglé las cosas en mi
pueblo, me separé de mi marido y entré al Frente
Sandinista.

IV. PANCASÁN

Me vine para Managua entonces, y ya pasé a trabajar en las casas de seguridad. Recuerdo que en la
primera casa estuvimos Payín —Efraín Sánchez—,
Selin Schible, llegaba también Carlos Reyna... Pero
la dirigencia pronto tuvo la idea de que yo debería
irme para la montaña. Decían que la compañera
que había ido a una huelga de hambre, la compañera que había ido a una marcha a pie, debería
estar en la montaña. Que además los campesinos
de esa zona me conocían bien: los campesinos de
Matagalpa, de Jinotega.

Yo había estado en todas las casas campesinas
de Los Cedros, El Bijagua Norte, El Bijagua Sur,
Pantasma. Y decían que si yo regresaba ahora
con un arma sería una cosa bien influyente. Por

[3] Cualquier bebida alcohólica barata.

eso me trasladaron al monte y allí es donde aparezco, pues, en lo que hoy llamamos la jornada heroica de Pancasán. En la ciudad ya había mujeres: la Martha Narvez, la Doris Tijerino, la Michel Nadjlis. Mujeres en las casas de seguridad, mujeres en el movimiento estudiantil. Pero en la montaña no había ninguna todavía. La Doris llegaba a dejar cosas, junto con Daniel Ortega. Pero yo fui la primera que llegué a quedarme.

Fuimos Efraín y yo, con un carro lleno de libros, armamento, municiones, toda una serie de cosas de alta potencia explosiva, pues. Aprovechamos mi condición de mujer para poder llevar todo eso. Nos hicimos que éramos un matrimonio... en San Benito empezamos a aminorar la velocidad e hicimos que romanceábamos. Llegamos a la conclusión de que si pasábamos despacio o ligero íbamos a llamar la atención. Mejor que nos paráramos en frente esperando que el guardia llegara. Recuerdo que me dice Efraín: "Mirá mujer, bajate para que te vea que vas en estado de embarazo" —habíamos decidido que iría así. Entonces me bajé del vehículo y fui a alcanzar al guardia. Le dije: "Miré, señor, yo quisiera que nos hiciera un favor, que nos registrara el vehículo y nos dejara pasar porque yo en este estado no puedo andar mucho." Fue, revisó —sólo tocó— y bueno: "pues váyanse". Habíamos salido del primer "clavo",[4] pues.

Después de Matagalpa ya estaban los compañeros esperándonos. Daniel Ortega, entre otros... Nos fuimos caminando, y tres días después aparecimos en el campamento. El recibimiento que me hicieron fue algo tremendo, algo impactante para mí, pues, la solidaridad humana, compañeros que ya creían que no existíamos, que habíamos muerto. Allí los chistes: "Aquí les habíamos hecho los nueve días." Los chistes y las canciones. Un recibimiento de verdadera hermandad. Y después la cuestión seria, formal, de la fila india de todos

[4] "Clavo", problema.

los compañeros: un recibimiento formal de ingresar a la guerrilla. Allí en el campamento estaban Carlos, Tomás, Silvio: fundadores del Frente.[5]

En la columna guerrillera tuve distintas tareas. Una de ellas era la propaganda armada: salir a platicar a las comarquitas. Ese trabajo lo habían comenzado Rigoberto Cruz, Carlos Reyna, Otto Casco, El Cuje. E hicieron un buen trabajo, al extremo que allí encontramos que en algunos lugares donde nosotros no borramos las huellas, los campesinos se encargaban de eso. Lugares en donde nos indicaban con un pañal blanco si había posibilidad de entrar, o un trapo rojo si había peligro, ¿ve? Todo eso era producto del trabajo político. También enseñamos a leer y a escribir a los campesinos en la tropa. Hubo teoría y práctica: el estudio de la táctica guerrillera y simulacros de enfrentamientos.

Cada quien tenía sus responsabilidades, y a la vez participaba en todo el proceso del destacamento: las caminatas, los ejercicios, los estudios. No es lo mismo caminar en línea recta que bajar y subir, bajar y subir. Yo no estaba acostumbrada al esfuerzo, ni a cargar el peso que tenía que cargar. Sin embargo, permanecí ahí varios meses, hasta que llegó Danielo Rosales —él era médico— y me examinó. Dijo que tenía algo en los ovarios, que debería bajar a la ciudad para poder operarme. Yo no quería bajar por nada en el mundo.

Fue para julio, fines de julio, que dos campesinos se fueron de la guerrilla. Nos llamaron a todos, nos pusieron en fila india y nos habló Carlos. Nos habló del programa, de los estatutos, nos dijo que los estatutos señalaban la pena de muerte para

[5] Carlos Fonseca Amador, Tomás Borge y Silvio Mayorga, fundadores del FSLN. El único sobreviviente de los tres es Tomás Borge, actual miembro de la Dirección Nacional del Frente y ministro del Interior en el Gobierno de Reconstrucción Nacional. Carlos Fonseca, dirigente máximo de la organización, cayó el 8 de noviembre de 1976, combatiendo en las montañas. Silvio Mayorga cayó en agosto de 1967, en la guerrilla de Pancasán.

un traidor, para uno que se fuera, pero que en
ese momento no se iba a aplicar la pena de muerte a ninguno que por incapacidad ideológica, por
necesidad, por lo que fuera, diera un paso al frente. Nos daba media hora para pensarlo: cualquiera
que encontrara la vida de la montaña demasiado
dura podría irse.

Sucedía que en los descansos muchas veces
—como no estaban acostumbrados a andar con
compañeras mujeres— los compañeros de la base
agarraban cierta jodarría, pues: "¿Por qué no te
quedaste en la ciudad? Sos el atraso de la guerrilla", y así. Entonces cuando la charla ésa yo
veía que muchos me miraban, como diciéndome
que me fuera, pues. Pero yo me dije: Vine para
quedarme. Y además, ninguno de ellos me manda.
Nadie dio el paso al frente. Nadie. Todo el mundo
nos quedamos esperando la media hora. Después
recuerdo que por primera vez —por única vez—
miré llorar a Carlos. Me imagino que de emoción.

En seguida empezó la jodienda, nos pellizcába-
mos, nos abrazábamos, nos reíamos, parecíamos
locos: "Yo sabía que no te ibas" o "no, yo sabía
que te ibas, pero por un poquito te quedaste"...
"La verdad es que se iba... si las mujeres no
sirven para nada..." Entonces al unísono nos dijeron Carlos y Silvio que ellos sabían que nadie
se iba. Sabían que yo no me iba y que nadie se iba.

La respuesta de la ida de esos dos campesinos
fue traer muchas mujeres más, al campamento
y a la organización. Y vemos que del 67 a nuestros
días, la mujer participa en todos los frentes y en
todas las acciones. Incluso hay mujeres como la
compañera Claudia Chamorro, una compañera que
si analizamos no tenía necesidad de haber abandonado todo, ¿ve? Sin embargo, la vemos participando en un movimiento guerrillero, un movimiento difícil, pues, en la montaña, y allí cayó.

Después de la ida de esos dos campesinos, las
cosas cambiaron respecto a mí. Entre los combatientes generalmente nadie sabía el nombre propio
del compañero, sino su seudónimo que en aquel

momento era su lugar de origen. Entonces nos encontramos con que estábamos dos de Chontales: Rigoberto Cruz que era de La Libertad y yo que era de Juigalpa. Decíamos a uno "El Masaya", a otro "El Corinto", y así. Cuando llamaban a un compañero, decía "presente". Pero decíamos que no íbamos a decir dos veces "Chontales". Entonces decían: "Vamos a hablar de la emancipación de la mujer; a ver qué cosa es lo que va a decir la Adelita." Así me conocían en ese período, como Adelita.

Hablábamos también de la costa atlántica. Ninguno de la guerrilla del 67 era de la costa, pero en medio de la tragedia siempre salen nuestros chistes, nuestra manera de ser. Y comenzamos a ver las características nuestras, y decimos: "Pomares, que representa la costa atlántica; pues es moreno, trompudo, murroco..." Entonces decíamos que "El Vejano" [6] tenía que representar a la costa.

Entonces tuve que bajar a la ciudad por mi estado de salud. No quise bajar pero tuve que hacerlo. Cuando fui al médico tenía siete parásitos distintos. Y el problema de los ovarios, los calambres, toda una serie de problemas. Y por bajar es que no muero en Pancasán. Porque es precisamente la escuadra de Silvio Mayorga la que perece allí. Y en esa escuadra estaba yo. En la fila india venía "El Chinito", "El Chelito" [7] Moreno, y yo le seguía a él con Silvio detrás. Para mí fue difícil aceptar la noticia de la muerte de los compañeros. Difícilmente la aceptaba porque yo vi la preparación del trabajo. Para mí fue un golpe duro, durísimo.

---

[6] Germán Pomares nació en el pueblo llamado El Viejo, departamento de Chinandega, y por eso lo conocían por "El Vejano". Ahora el pueblo ostenta el nombre del mártir: Germán Pomares.

[7] "Chele" o "Chelito", una persona de pelo y ojos claros.

V. NUNCA ACEPTÉ LA TESIS DE QUE IBA A MORIR DE
   LOS "CHUZOS" *

Lo de Pancasán fue en agosto de 1967. En noviembre de ese mismo año yo caigo presa. Al fin
me pusieron un tratamiento largo en vez de operarme, y estaba trabajando de nuevo en las casas
de seguridad en Managua. Pero me capturan y allí
termina mi período de operarme o no operarme,
curarme o no curarme, tratamiento o no tratamiento —pues voy a caer en la cárcel y allí no hay
posibilidad de nada.

En la casa del barrio Monseñor Lezcano estábamos Casimiro Sotelo, Roberto Amaya, Hugo Me-
dina, y el Chino Mundo que había estado en Pancasán también. Éramos dos mujeres, pero la otra
se gana su libertad hablando. Yo me quedo man-
teniendo mi posición de conciencia, la posición,
pues, de un militante. Eso me dio como resultado
dos meses incomunicada en la Seguridad con toda
clase de torturas. Todavía no había la capucha. Uno
podía ver todas las barbaridades que te hacían, y
quién te las hacía también. Me aplicaron chuzos
eléctricos en la cabeza. Estuve un año y ocho
meses sin poder manejar la cabeza, y sin el brazo
derecho.

Los médicos militares me habían desahuciado.
Al salir de la cárcel los médicos revolucionarios
dieron el mismo dictamen. Pero yo me sentía joven. Me negaba a aceptar morirme por eso. Uno
dijo que era desgaste en el cerebro, pero yo dije
que de eso se puede rehabilitar. Otro dijo que era
un tumor y que tenía que ir a México. Pero yo
dije eso también aguantaba, pues. Yo no pensaba
recuperarme tan bien como estoy, pero nunca acepté la tesis de que iba a morir de los chuzos. Me
fui donde mi familia porque era una carga para
la organización y para los amigos. De manera silenciosa, entonces, me fui para mi casa.

Mi mamá todavía vivía; mis hijas estaban gran-

* Toques eléctricos. [E.]

des. Yo pensé que iba a poder darles mis últimos
días, pero me encontré con una situación bastante
golpeante. Por un lado mi mamá no sabía la condición en que yo estaba. Era vieja, y yo nunca
quise que supiera que estaba en la montaña. Entonces le había encargado a unas señoras en Managua ponerle una carta al mes —unas cartas que
dejé en las que decía cosas bonitas: que estábamos
trabajando, que todo iba bien, que mucho me
quería la gente que estaba alrededor mío. Y le
mandaba dinero cuando lo había. Así es que le
llegaba esas cartas y de vez en cuando dinero, y
lo que menos podía imaginarse era un golpe de esa
naturaleza. Ella no pudo asimilarlo muy bien.

Para comer lloraba. Me volvía a ver y lloraba.
"Bueno, se va a morir usted primero que yo", le
decía. Entonces me fui a una finca a vivir con
una tía, una señora de un temperamento más
fuerte, pues. Pero por mi propia condición yo
también tenía unos descontroles grandes. Por fin
lo que hizo mi familia era lo más inteligente: dijeron a todo el mundo que yo había muerto.

Estuve mucho tiempo así. Hubo compañeros de
la organización que vinieron a buscarme de todas
formas: Efraín Sánchez, Omar Cabezas, Mercedita
Espinosa. Y después de un largo tiempo comencé
a salir de la finca ésa, bajé a Juigalpa, pero no
era mucho lo que yo podía hacer. Por un lado la
necesidad terrible de trabajar, de participar...
por otro lado, cada vez que trataba de hacer
algo, salía mal. No podía. Me dolía mucho la cabeza. Me olvidaba de las cosas.

Vino mi rehabilitación. Fue lenta pero vino. Después de sentirme como un trasto viejo que nadie
sabía nada de mí, ya poco a poco podía asimilar
de nuevo. Buscaba cómo cooperar con el proceso,
buscaba la forma de no impresionarme tanto con
las cosas.

Para darte una idea de lo horrible que uno se
siente cuando no está haciendo nada, te diré lo
que al principio encontré para hacer: hubo una
huelga de madres de presos políticos, entonces yo

me puse a hacer 10 fundas con la efigie de Sandino para esas madres, ¿ve? Como no tenía dinero
para comprar material, pues compré manta. Y al
llevarla a bordar a la máquina se me retorció; no
me sirvió. Entonces tuve que hacerlas a mano. Yo
decía: Mientras ellas aguantan hambre yo voy a
volar aguja. Me acuerdo que cuando terminó la
huelga de hambre, terminamos completos. Locuras
que se le ocurren a uno porque por supuesto no
es nada fundamental. Sin embargo, da la idea de
lo horrible que uno se siente cuando no puede
hacer nada.

Después la mamá de Daniel Ortega me dijo que
no todas las madres eran revolucionarias, que a lo
mejor algunas iban a botar esas cosas. Y como
ella sabía que las había hecho a mano: "Mejor
las damos a los compañeros en la cárcel", me
dijo. Y así fue.

Empezamos a trabajar también con la mujer: la
Organización Patriótica de Mujeres Nicaragüenses.
Fue un intento, antes de lo de AMPRONAC. La bandera era algo lindo... ya cuando hicimos la bandera teníamos militancia de campesinas, de obreras;
bajaron las compañeras campesinas a la universidad
a tener un diálogo con nosotros. Trabajábamos
para conseguir casas de seguridad, para conseguir
dinero, trabajábamos para la relación entre el preso y su familia. Así... aunque yo todavía no podía
incorporarme de lleno, siempre buscaba qué hacer. Y me iba componiendo.

Pero parece que los compañeros no me tomaban
en cuenta para el trabajo duro. No creían realmente
que yo servía ya. Y eso me dolía, me angustiaba.
Empecé a decir: la única forma para que esta
gente piense que en realidad yo sirvo para algo
es si me encontrara un hombre, me enamorara y
pariera un hijo. Si soy capaz de parir un hijo, cómo
no voy a ser capaz de otra cosa. Entonces así me
planteé el problema: ¿cuál iba a ser el hombre
que se adaptara a mi forma de vida? Históricamente es la mujer la que le aguanta al hombre. Aquí
era lo contrario.

Entonces me encontré con un hombre que no era político ni mucho menos. Era opositor sin saber qué cosa era opositor. Y le gustaba como mujer. Aproveché al máximo esa sencillez del hombre y lo fui moldeando. Lo fui formando, diciéndole quién era yo y viendo cómo iba a reaccionar. Y si él iba a ser capaz de asimilar esa situación, de quedarse en la casa y que yo fuera a veces con otro hombre, en un carro y así.

Le decía: "Vos sos feo, vos sos pobre, vos no sos intelectual; y tal vez yo tendré que vivir con un hombre que tiene riales —aparentemente, porque anda en un carro—, que es bonito porque es mejor que vos de apariencia, y que habla bien. Entonces vos te vas a sentir molesto y lo que va a resultar para nosotros va a ser otro fracaso." Pero él decía que podía asimilar la situación. Y yo decía, a lo mejor. Además me caía bien el hombre, por su sencillez, por su aspecto, pues, de hombre humilde y sincero más que todo. Entonces vine a complementar mi vida a la par de él. Salí embarazada y comencé a esgrimir mi argumento con los compañeros. Les dije: "Bueno, si yo soy capaz de parir un hijo, soy capaz de cualquier cosa."

De hecho en estos dos últimos embarazos, me daban grandes problemas en la cabeza. Terribles problemas en la cabeza. Pero lograba recuperarme cada vez, y pasé a militar de una forma más activa, que era lo que yo necesitaba. Iba a restablecer los contactos en las zonas que conocía, donde había trabajado antes... reactivaba los contactos en esas zonas para que otros pudieran ir a continuar el trabajo. También incrementamos el trabajo legal con la organización de madres, el comité de madres y familiares de los reos políticos.

VI. UNA EXPERIENCIA QUE HAY QUE DECIRLA

En marzo de 1979 tuve mi última carceleada. Fue por un problema con una expropiación bancaria. Asaltaron un banco gente vinculada con el Frente pero de pocas convicciones —realmente lo que querían era quedarse con el dinero para su uso personal. Nosotros vimos la posibilidad de hacer que ese dinero —por lo menos la mayor parte— llegara a la organización. Y así fue. Pero esa gente, por sus mismas características, carecían de medidas de seguridad, y allí nos cayó la represión.

Allí me puse viva, y tuve un poco de suerte también. No di mi seudónimo, entonces no tenían pie para investigar más. El Frente me puso un buen abogado, el pueblo se movilizó también, y después de 27 días estaba libre de nuevo. Cuando salí fui a vincularme ya directamente para la insurrección final.

Buscando los contactos vine a parar a la zona de occidente. Y allí también tuve una experiencia que hay que decirla. Se adelanta todo un poco, por la misma naturaleza de la represión, y después de varios días de combate por el lado de Chinandega, nos toca retirarnos hacia León. Yo me encontraba con un grupo de compañeros. Dejamos gente embuzonada, y nos vamos, bordeando el Fortín. Vamos a dar a una finca, y a mí me toca bajar a la ciudad. León ya está también en plena insurrección. Bajé vestida de campesina —una compañera me prestó un vestido, unos zapatos— y con un chavalo que tenía vínculos con la organización allí, bajé a buscar un contacto con Magnus Verbis.[8] Todo funcionó como debía, me contacté con él y él a su vez me llevó al estado mayor.

Pero en el momento que llego al estado mayor me encuentro con un compañero que no me co-

---

[8] Magnus Verbis es un compañero líder entre los subtiavas de León. Entre los indios subtiavas, el apoyo al Frente Sandinista es ya tradición.

noce, ¿ve? ¿Cómo nos van a conocer los de ahora, a los que empezamos hace tantos años? Bueno, hablo con él, le explico la situación, y él acepta. Pero en ese momento su escuadra va a pelear y comete el error de irse sin reportarme al resto de los compañeros. Cuando llega el resto tienen la orden de trasladar a los presos, y da la casualidad que yo estoy sentada a la par de los presos, pues. Los compañeros tampoco me preguntan qué es lo que ando haciendo allí. Sólo dicen: "Vamos a trasladar a esta gente."

Cuando ellos me ponen una venda en los ojos, yo lo veo como la cosa más natural. Nosotros, los de antes, cultivamos muchas medidas de seguridad. Ya como instinto. Así es que yo pienso en ese momento: ¡Qué bien está trabajando esta gente por aquí, con todas estas medidas de seguridad! Yo no tengo por qué saber a dónde nos van a llevar, y acepto la venda como cosa lógica.

Pero cuando llegamos por San Felipe —voy vendada y está un avión bombardeando y está el traqueteo por donde quiera, pues— empiezo a darme cuenta de que las cosas no son como deben ser. Y llegamos a un lugar y oigo que alguien dice: "Ah... ésa era la mujer que andábamos buscando, la mujer de no sé quién..." Entonces le pregunto: "¿Quién es el responsable aquí?" Se acerca un compañero, y sin quitarme la venda ni nada me contesta: "Soy yo, ¿qué se le ofrece?" "¿Qué cosa es esto?", le pregunto. "Pues aquí es la cárcel."

Entonces le digo: "Mirá, decile a ese hijoeputa que no me dirija la palabra. Ninguno de ustedes tienen la autoridad moral como para poderme hablar. Y no vuelvo a hablar con ninguno de ustedes. Que llamen al estado mayor y cuando se les ocurra que vengan a sacarme."

En eso yo veo un muchacho, me acuerdo nomás de su cara. Me acerco a él y le digo: "Estoy segura que no te acordás de mí, pero a vos te decíamos en tal época tal nombre." Entonces empieza a meditar y pregunta: "Y vos, ¿quién sos?" "Bueno", le digo, "si te digo quién soy tal vez no te acordás,

pero en esa época a mí me decían Adelita." "¿Y
vos sos la que estaba presa?", me mira asombrado.
"Pues sí", le digo, "pero no quiero discutir eso
aquí; eso queda para más tarde. Ahora necesito
regresar al estado mayor. Tenemos que ver lo que
vamos a hacer ahora, y queda el problema de los
compañeros embuzonados..."

Regresamos al estado mayor. No era el momento
de estar discutiendo la equivocación que se había
cometido, sino de dilucidar las tareas primordiales
de ese momento. Entonces los compañeros del estado mayor —Dora María, Miriam, José, Lucía— se
pusieron de acuerdo y nos entregaron una escuadra armada con la obligación de ir a levantar a
los compañeros que habían quedado embuzonados.
Allí es donde empiezo a trabajar normalmente. Me
toca una zona de contención entre León y el ingenio San Antonio.

VII. NOSOTROS NO QUERÍAMOS QUE EL CAMPESINADO FUERA UN ESPECTADOR DE LA GUERRA

Nosotros no queríamos que el campesinado fuera
un espectador de la guerra, sino que tuviera participación activa. Hicimos un campamento. Y también tuvimos que manejar la entrada de armas. Los
que llegaron a León vinieron por Poneloya —allí
se había hecho una pista de aterrizaje— pero el
camino era infernal. Pues en 45 años Somoza nunca
lo había compuesto, a pesar de que allí estaban
varias haciendas somocistas. Había que transportar
las armas en tractores. Entonces 126 campesinos
en 26 días compusieron ese camino para que pudieran pasar las armas de mejor manera.

Otra cosa que hicimos allí: sabíamos que en todas partes del mundo donde hay una guerra lo que
viene después es hambre. Y si los campesinos no
pueden sembrar, esa hambre se generaliza. Entonces, con la ayuda de Julio Vázquez —un agrónomo
que se presentó voluntario— y un equipo de cam-

pesinos, hicimos un inventario hacienda por hacienda de las cosas que habían en la zona. Vigilamos que no se comiera el ganado inmisericordemente, que se comiera sólo lo que era necesario para salvaguardar el ganado lechero. Vimos el problema de la Guardia también, que no fuera a salir en desbandada sino que la aniquiláramos allí mismo donde tratara de salir. Vimos el problema de la siembra de los campesinos, que tuvieran su semilla, en fin: toda una serie de problemas que se presentan en una zona así: problemas políticos, sociales, militares.

Desde antes —desde siempre— a mí me interesaba el problema organizativo del campesinado. Desde antes del triunfo queríamos asegurar que el campesinado tuviera la oportunidad de participar plenamente en el proceso revolucionario. Y siempre pensábamos en el problema económico que iba a asomar su cabeza después de la insurrección. En plena guerra cuidamos de salvar un arroz que se estaba perdiendo. Logramos hacer asambleas con los ordeñadores, con los mandadores, para que ellos tomaran una posición ante la situación que se estaba presentando. Entre el ganado se presentó una epidemia, y en plena guerra también bajábamos en tractores, en bicicletas, a caballo, a como fuera a conseguir medicinas para salvar ese ganado. Todas esas cosas nos tocó vivir y hacer en los últimos meses.

Yo trabajo ahora con el INRA.[9] Soy la coordinadora de una comuna allí por Poneloya: "La Rigoberto Cruz-Pablo Úbeda: Recuerdo de la Jornada Héroes de Pancasán." Aparte, vamos a ver si trabajo un poco con la Asociación de Mujeres "Luisa Amanda Espinosa". A la comandante "Miriam"[10] la trasladaron de la cuestión militar al movimiento

[9] Instituto Nicaragüense de Reforma Agraria.

[10] "Miriam" es el seudónimo de Leticia Herrera, comandante del Estado Mayor del FSLN en León cuando los revolucionarios tomaron la ciudad. Ella quedó unos meses allí en la vida militar, y después pasó a tareas políticas civiles. Véase su testimonio en el capítulo 2.

de masas a nivel departamental, y me ha pedido que haga una labor entre las mujeres.

También están las charlas políticas, las charlas sobre un poco de nuestra historia: la gesta de Sandino, las guerrillas de Ramón Raudales, de Charles Haslam, de Julio Alonso...[11] es decir, durante el somocismo nos ocultaron nuestra verdadera historia, y hay que darla a la gente, hay que hacerles conscientes de dónde ha venido todo esto: la historia del Frente y todo lo que hubo antes del Frente. Yo he estado ayudando en todo esto, y así he buscado la forma de seguir contribuyendo un poco al proceso.

Pero valdría la pena hablar un poco de nuestra comuna, de cómo logramos lo que hoy tenemos. Desde la misma insurrección vimos a los compañeros campesinos con mentalidad de parcelitas. Porque ésta era una zona de asentamientos del viejo Instituto Agrario Nicaragüense (IAN), dependencia del gobierno somocista. Nosotros sabemos que la parcelita lo que hace es hacer más miserables a los campesinos, entonces nos dimos a la tarea de asentarlos en una comuna.

¿Cómo lo hicimos? Pues el IAN nos había entregado una pequeña hacienda que se llamaba El Pilar. Entonces estando allí comenzamos a preguntar quiénes eran nuestros vecinos más cercanos. Los campesinos nos informaron que la hacienda que quedaba más próxima se llamaba San Carlos, y que el dueño era un señor somocista. Nos contaron "bellezas"; por ejemplo, en el tiempo de Somoza ese individuo había metido presos a los campesinos por el sólo delito de comer un mango.

---

[11] Ramón Raudales luchó con Sandino, sobrevivió a la gesta de los años 30 y se quedó en la montaña. Fue nombrado por el General de Hombres Libres jefe del último destacamento guerrillero. Veinticinco años después, en 1958, cae en combate en Yaule. Charles Haslam y Julio Alonso condujeron otras experiencias guerrilleras, entre las muchas que espontáneamente tuvieron lugar en el país antes de que el FSLN empezaba a organizar una lucha guerrillera más coherente.

Con esa información, y dándole toda la credibilidad que había que darle a los compañeros campesinos, pasamos los datos a INRA y a la Procuraduría General. Dijeron que iban a investigar, que aguantáramos un poco. Pero ese señor había sido el azote de la zona, y los campesinos se desesperaron. Un día de tantos decidieron tomar la hacienda por asalto. En principio iban a destruirla, pero nosotros hablamos con ellos, les explicamos que las cosas de los somocistas había que cuidarlas.

Pudimos influirlos pero no controlarlos completamente. Seis compañeros —cuatro varones y dos mujeres— llevaron a cabo el asalto armados tan sólo de un '22, una escopeta y una pistola. A fin de cuentas fue una buena decisión, porque nos dio la oportunidad de encontrar toda la documentación de ese somocista: cartas y cosas que lo vinculaban sin lugar a dudas al régimen, a la Guardia Nacional y a la fatídica Seguridad del Estado. Nosotros fotocopiamos todo ese material y pasamos los originales a la Procuraduría y también al INRA.

Lógico que en esos primeros momentos de desorden después de la guerra, todavía habían personas en el aparato estatal que querían salvaguardar sus intereses de clase, sus intereses de familia. Nos dimos cuenta un mes después, cuando los documentos habían desaparecido de la Procuraduría y del INRA. Sin embargo, no habían desaparecido de nuestras manos. Y como sabíamos que teníamos la razón, luchamos contra viento y marea.

VIII. UN SUEÑO EN GRANDE

Inmediatamente nos pusimos a producir. Roturamos la tierra, comenzamos a sembrar. Tuvimos la ayuda valiosísima de nuestro hermano Julio: agrónomo titulado —subtiava de León, que había alcanzado su título en esa disciplina. Él nos aconsejó, y es más: en todo momento trabajó junto a nosotros.

Pensamos no sólo en nuestras necesidades inmediatas, sino en la economía del país. Y por eso sembramos productos de primera necesidad y sembramos divisas. Tenemos 40 manzanas de maíz, 60 de ajonjolí, 10 manzanas entre pipianes y melones, 150 cabezas de buen ganado. Somos 50 familias en 25 manzanas para casas y edificios comunales. Tenemos los nombres de avenidas, de calles, de andenes. Tenemos en boceto —y en trabajo— todo lo que va a ser: una ciudadela envidiable, un sueño en grande. Pero volvamos a los problemas, que no se acabaron allí.

Ese señor de San Carlos tenía, como te decía, amigos en todas partes, la solidaridad profesional, la solidaridad burguesa que es la solidaridad del amiguismo. En el primer juicio le favorecieron a él. Y comenzó a presionar mucho más para que nosotros saliéramos de "su finca". Pero nosotros confiábamos en la dirección del Frente Sandinista, confiábamos en la Revolución, y sabíamos que en el transcurso de su desenvolvimiento se iba a ir señalando quién era quién. De tal manera que volvimos a entregarle a la Procuraduría y al INRA los documentos que teníamos en nuestro poder. Y ya la cosa fue diferente.

Nosotros habíamos ido haciendo conciencia entre el campesinado de la zona de la situación real del país. Les decíamos que el nuevo gobierno había encontrado las arcas completamente vacías, y nos dimos a la tarea de trabajar sin goce de salario. Les explicamos que en el somocismo el salario les había dado para medio comer y beber guaro. Y les decimos que el ser humano tiene tres necesidades básicas: comida, medicina y educación. Podíamos aportar más a la Revolución trabajando gratis un tiempo, e íbamos a ver cómo resolverles esas tres necesidades.

El somocista ése se valió del trabajo nuestro para ir a la radio y denunciarnos. Dijo "la bota militar de la compañera Luisa...", que "tenía un campo de concentración...", que "en qué país se había visto que los campesinos trabajaran sin goce de salario..." y así. Sin embargo nuestros hermanos campesinos estaban muy contentos, muy satisfechos produciendo, y sabíamos también que era nuestro. Eso es importante. Cuando tomamos por asalto esa finca partimos de la nada. Comenzamos a dormir en el suelo, de ahí fuimos haciéndonos con nuestro propio valor y nuestra propia decisión.

Llegó el momento en que el INRA nos dijo que saliéramos de San Carlos, que fuéramos a otra parte y cuando todo estuviera legalizado podíamos regresar. Pero nosotros le contestamos que la Revolución no es un juguete, que nosotros habíamos hecho revolución y que después del 19 de julio terminaba la etapa insurreccional y comenzaba la revolucionaria. Por lo tanto no íbamos a salir de San Carlos. El compañero Julio se quedó al frente de la producción, trabajando hombro con hombro con los campesinos. Y nosotros salimos a trabajar externamente por las necesidades de la comuna: una charla política = una máquina de escribir; una charla política = diez machetes, y así.

Entonces se dieron cuenta en el INRA que ni así estábamos dispuestos a dejar lo que habíamos ganado. Y nos dieron todo su apoyo. Llegó el comandante Jaime Wheelock, se hizo una asamblea con los comuneros, y aceptamos gozar de salario. Ya nuestra comuna era estatal. Pero allí no termina el cuento.

Lo más fantástico es que el señor seguía presionando y la Procuraduría todavía no fallaba. Entonces fue al Ministerio del Interior y levantó una vil calumnia. Fue a decir que había llegado a un comando donde la responsable era la compañera Luisa, que llegó a arreglar el problema de "sus tierras" y que la compañera Luisa le había pegado un balazo en un pulmón. Cosa insólita, porque yo a este señor ex dueño de San Carlos no lo conozco. Nunca le he visto.

Él no puede decir lo mismo, que no me conoce

a mí. Porque en León todo el mundo me conoce. Sin embargo yo no lo conozco a él. Entonces el Ministerio del Interior pasó esa información al Ejército Popular Sandinista y la fiscalía militar levantó una investigación. Insólito, porque había que ver a quién se le daba crédito: si al señor Francisco Juárez Ayón o a la compañera Gladys Báez con el seudónimo de Luisa. Les dije a los compañeros que hicieran la investigación completa. Pero también les dije que si ese señor hubiera llegado a la comuna no le hubiera pegado un balazo. ¡Lo hubiera matado! ¡Hubiera llamado a una conferencia de prensa y me hubiera hecho famosa en León! ¡Y de ahí en adelante la burguesía sabría bien que no podía seguir riéndose de los campesinos!

Por lo tanto eso aligeró todo. Hundimos a ese señor, porque fuimos con el fiscal militar a investigar los hechos de verdad. Él decía en su declaración que estaba hospitalizado. Lógico que si le había baleado en la zona de León, tenía que haber llegado al hospital de León. Fuimos allí y nos encontramos con que él había sido hospitalizado allí en el año 1954, y desde esa fecha no había vuelto. Partiendo de ese hecho no más, le exigí a la Procuraduría el fallo. Y por supuesto tuvieron que fallar a favor nuestro.

Así es que después de cuatro meses en los que los campesinos tuvieron incertidumbre sobre la tierra, el fallo nos favoreció. Lo recibió el compañero responsable del INRA en la zona, la fiscalía militar también. Y vemos en ese fallo no el triunfo de la compañera Luisa contra Francisco Juárez Ayón, sino el triunfo de la clase proletaria contra la burguesía.

Habíamos aguantado la inauguración de nuestra comuna hasta que se diera el fallo de la Procuraduría. Vivimos allí, trabajamos, producimos, pero no la habíamos inaugurado. El 2 de diciembre inauguramos la comuna. Dimos un carnet a todos los comuneros para que puedan movilizarse a lo ancho y largo del país, no como vagos sino como productores de esta sociedad. Y vamos a estimular a los compañeros que se han destacado en la producción, como vamos a estimular también al compañero Julio Vázquez, que si no me equivoco es el único agrónomo que nunca preguntó: "¿Cuánto me van a pagar?" Él gana un sueldo de campesino, de machetero [12] —C$26.20 diarios— y es agrónomo titulado. Vive y trabaja allí con nosotros en la comuna. Y eso para nosotros tiene un gran valor, un valor revolucionario. Mucho más grande que el valor nuestro, ya que de nosotros se espera todo.

[12] Machetero, cortador, el que trabaja con el machete.

9. LAS MADRES Y LAS HIJAS

> "Si somos mujeres, profundiza-
> mos hacia el pasado a través de
> nuestras madres..."
>
> VIRGINIA WOOLF

Madre e hija: convencionalmente, una relación difícil. Todas las mujeres son hijas, y la gran mayoría llega también a ser madre. La alegría natural y profunda de la reproducción de nuestra especie es casi siempre matizada por la gama de consideraciones —y distorsiones sociales— que entraña la maternidad. Ser madre, para una mujer, es a menudo la expectativa paralela a las que en el caso del hombre serían "ser ingeniero", "ser soldado", "tener éxito". De hecho, para una mujer en el capitalismo, tener hijos es requisito esencial para el éxito. El hombre llegará a ser algo; la mujer llegará a conseguir un buen esposo, produciar un hijo y servirles a ambos.

Esto, claro está, es el sueño, la imagen vendida como objeto de consumo. La realidad no siempre logra empatarse con el sueño. Hemos visto cómo en Nicaragua el capitalismo dependiente forjó una sociedad en que un número elevado de mujeres se encuentra abandonado por el esposo, cómo se lanzan a trabajar en lo que sea con tal de mantener a su familia, y cómo, por ende, la mujer compone la mayoría de la fuerza laboral asalariada, aun cuando lo hace en los sectores peor remunerados y a menudo en renglones tradicionalmente al margen de los trabajos contemplados dentro de la estadística.

Pero en la vida elusiva del sueño o en la dura vida real, sigue siendo madre. Y sus hijas siguen siendo hijas. Y porque pienso que la relación entre ambas, ambigua e intensa en cualquier sociedad, se torna particularmente interesante y con nuevos rasgos en la nicaragüense, quiero examinar aquí algunos aspectos de esta dinámica.

¿Cuáles son las características tradicionales de la relación madre-hija?

La madre a menudo tiene a sus hijos por motivos ajenos a su absoluta voluntad. Sobre todo cuando es una madre pobre. Los hijos "vienen". Es "la voluntad de Dios". Es la voluntad, también, del hombre, no pocas veces objeto de su orgullo viril, pero no siempre de su ayuda psíquica y material. Entre el proletariado y el campesinado de nuestros países, cada niño que llega es otra boca para llenar. Y otra tarea —tiempo completo— para la madre. Aun entre los estratos más pudientes, los niños no llegan siempre por deseo puro. ¿Cuántas veces se ha traído una nueva vida al mundo para tratar de salvar un matrimonio gastado, tambaleante?

En ambos casos —en el de la familia humilde y en el de la pudiente— la madre llega a tener una cercanía especial con sus hijas mujeres. La tradición mantiene a la hija cerca del hogar. Casi desde el principio, el hijo es "del mundo". Si la madre se siente satisfecha de sus propias cualidades y trayectoria, a menudo quiere que la hija sea tan recta, tan pulcra, tan buena ama de casa, tan atractiva, tan sacrificada, como ella. Si la madre se siente fracasada en sus aspiraciones o logros, probablemente exige que la hija sea lo que ella no pudo ser. Quiere "ser de nuevo" a través de esta joven imagen de sí misma. Ver en ella una segunda oportunidad.

En cualquier caso, la hija, desde su nacimiento, ya carga con una serie de metas que no son propias. Existe una presión silenciosa pero constante que la quiere moldear, y que hace cualquier cosa menos tomar en cuenta sus propias aspiraciones y necesidades. La mayoría de las veces esta realidad ni siquiera es expresada verbalmente. Lo que menos hacen, a veces, las personas que viven en estrecha relación, es comunicarse en verdad. Pero la realidad existe. Y marca indeleblemente la vida.

En general, en cuanto a los hijos se refiere, la madre moldea la vida de éstos mucho más que el padre. Aun cuando el padre está presente físicamente —que no siempre es el caso— no está circunscrito al ámbito familiar de la misma manera que la madre. Una madre amorosa, dominante, suave, dura, exigente, moralista, enferma, capaz, religiosa, triste, alegre, limpia, desorganizada, etc., influye realmente en las características que van a tener sus hijos —positiva o negativamente; provocando una de dos necesidades: la de "ser como ella" o la de "no ser como ella". El padre puede poseer toda la gama de cualidades buenas y malas, pero su influencia es menor. Y, por la prolongada proximidad de la hembra, todo esto es más característico en la relación madre-hija que en la de madre-hijo.

La madre espera que su hija llegue a ser madre. Es el mito y la meta. Alrededor de ello hay todo un contexto esperado: la niña crecerá suficientemente pasiva y maleable para atraer a un buen pretendiente. Se casará. Será "una buena esposa", parirá los hijos deseados según las circunstancias socioeconómicas y culturales y será "una buena madre". Y entregará a sus hijos los valores —morales, religiosos, sociales, sexuales— que le fueron inculcados por su propia madre. Así se proyecta hacia el futuro una perpetua cadena. Como apuntó Simone de Beauvoir: "Toda la educación y crianza de mi madre le había convencido de que, siendo mujer, su máxima aspiración era la de llegar de ser madre de familia. Ella no podía jugar ese papel si yo no jugara el de hija obediente."

En la sociedad nicaragüense, este ciclo tradicionalmente ha sido portador de los valores cristianos de la virginidad antes del matrimonio, la piedad ante la Iglesia católica, la fidelidad al esposo aun cuando de éste se acepta un margen "latino" de infidelidad, la obediencia al cónyuge y la responsabilidad abnegada y casi absoluta por los hijos.

Posiblemente la relación madre-hija sea una de las más complejas que existen. Es más que el cordón umbilical que ata toda madre o padre con su prole. Es otro cordón —especial, terrible— por el cual corre la naturaleza de la semejanza más exacta: la mujer que da a luz a otra mujer, que a su vez tendrá que vivir y sufrir y resolver —con las características de su tiempo y espacio— el mismo ciclo de vida.

De la pluma aguda de la escritora norteamericana Adrienne Rich, tenemos que: "Madres e hijas siempre han intercambiado —más allá del amor verbalmente trasmitido de la supervivencia femenina— una sabiduría que es subliminal, subversiva, antecedente del verbo: lo conocido que fluye entre dos cuerpos similares, uno de los cuales ha vivido nueve meses dentro del otro."

Aún en estos años de profunda conciencia femenina, no ha sido fácil para la hija ver a su propia madre como mujer, ni siquiera como ser humano. Es siempre, en primer término, La Madre. ¿Cuánta inhibición y —sí— hasta destrucción, es capaz de infligir la madre en su hija-mujer? ¿Con cuánta injusticia e incomprensión de su problemática real ve la hija a su madre?

En Nicaragua, en los años recientes, a menudo la hija ha asumido el papel de formadora de la madre. Son incontables los casos en que una madre empieza a luchar motivada por la actitud de los hijos. El hijo está integrado a la lucha revolucionaria. Ella empieza trabajando en tareas de apoyo, forma parte de una red de retaguardia necesaria, cose, cocina, lleva mensajes; y poco a poco piensa en cosas que van más allá del ámbito doméstico. Confronta problemas sociales, políticos, y lo hace colectivamente. Asume tareas más grandes, más complejas. Finalmente milita. Ya ella misma, como ser social independiente, es partícipe activa de una lucha por cambiar la vida de todos. Pero su acercamiento inicial ha sido a través de sus hijos.

A veces se dio el caso de dos mujeres, madre

e hija, quienes independientemente entraron a tener una vida política. Una hija expresa así el verdadero encuentro con su madre:

"Realmente con mi mamá siempre me he llevado bien, pero a raíz de que empiezo a trabajar en Jinotepe, ella veía que yo salía y que no le decía muchas cosas, entonces se dio un cierto conflicto en esa época. Ni ella comprendía, ni yo creía que le podía decir. Pero ya una vez que se integró, y sobre todo una vez presas las dos —y haber pasado por esa experiencia tremenda que es la tortura, las dos juntas—, pues, ya se superó el conflicto. Nos tratamos como militantes, como compañeras, y ahora somos buenas amigas realmente."

Quien habla así es Rina Campos, hija mayor de Ruth Marcenaro, y hermana mayor de María Judith. El caso de Ruth y sus dos hijas ilustra de una manera bastante común, la nueva situación de madres e hijas nicaragüenses. Cuando a Ruth le pregunté por su esposo, me dijo:

"Es que yo tenía como 12 años de estar separada de él, ¿ves?; él no militó nunca, y tal vez hubiera sido un freno si hubiera estado viviendo conmigo. Tal vez hubiera frenado mi participación, como la mayoría de los hombres adultos..."

Ruth tiene 38 años. Milita en el Frente Sandinista de Liberación Nacional desde 1975. Es madre de cuatro hijos: tres hembras y un varón. Fue la primera, pero no iba a ser la última entre las compañeras entrevistadas para este libro, que insistió en que en Nicaragua —década de los 70— la mujer se hizo sentir con un peso especial en la lucha que desembocó en la liberación nacional. Aclara:

"Cuando hablo del hombre no me refiero a la juventud, que ésa, masivamente, sin distinción de sexo, se integró a la lucha. Me refiero al hombre adulto, al hombre mayor de 30, 35 años: a ése fue muy difícil incorporarlo, con pocas excepciones. Pero la mujer sí se integró desde todas las edades."

Y especifica: "A mí en lo personal me parece que esto es peculiar en Nicaragua, y que no es

casualidad. Posiblemente se debe a que la irresponsabilidad paterna es mucha, es muy. alto el
porcentaje de irresponsabilidad paterna aquí en
el país. Esto significa que en la mayoría de los
hogares —sobre todo de las clases bajas, de los
sectores oprimidos— la economía del hogar está
a cargo de la mujer. Y es suya también la carga
psíquica; es ella quien toma las decisiones. Incluso aunque esté casada y tenga el hombre a la orilla. Ella es el verdadero eje de la casa. El hombre
tiene bien afianzado el machismo, y esto entraña
una situación aparentemente ambigua: él es el
hombre para asumir su papel de 'jefe de familia',
pero para asumir las obligaciones económicas, la
responsabilidad de la crianza y de la educación
de los hijos; para esas cosas, él ya no es el
hombre."

De hecho encontramos una conciencia nueva en
la mujer nicaragüense, una participación mayor
de lo que históricamente parecería corresponder al
hecho de que ella compone el 51% del pueblo en su
conjunto; una determinación y un coraje que con-
tradicen por completo los conceptos de dependencia
y pasividad que tradicionalmente se tienen de la
mujer. Ya hemos examinado algunos aspectos del
porqué de este fenómeno, en el caso de Nicaragua.
Aquí queremos tocar la línea específica que pasa
de una mujer a otra —sobre todo dentro de una
misma familia— y por la cual corre la chispa necesaria, la necesaria entrega, lo que la va colocando,
finalmente, del lado del futuro.

Porque la juventud ha tomado sin lugar a dudas
el liderazgo en la lucha nicaragüense, a menudo ha
sido una hija —o un hijo— quien poco a poco
ha llevado a la madre a plantearse la necesidad
de su participación. Es elocuente esta dinámica
en el capítulo de "Las comandantes", sobre todo en
el caso de la comandante Mónica Baltodano y su
madre, doña Zulema.

La historia de doña Zulema muestra la trayectoria de una mujer cuyas propias raíces remontan
a una búsqueda de justicia, pero cuya integración

personal se logra en la medida en que tiene que
apoyar la decisión de lucha de sus hijas, o senci-
llamente abandonarlas. Quizás lo que nos llega con
más nitidez de su testimonio, es la pérdida, paso
a paso y conscientemente, del miedo. Agradecemos
la capacidad de esta mujer de decirnos en cuatro
momentos diferentes de su relato: "lo principal
que yo sentía era temor...", "para entonces me
había decidido —porque así tenía que ser—, no
sin que siempre dudara de que fueran a triunfar",
"Mónica cae presa... entonces no me importó que
se diera cuenta el mundo que yo era revolucionaria..." y "hacia el final se dio lo que se tenía
que dar: en mi casa todos mis hijos comenzaron
a partir, sin quedarse uno, toditos participaron,
toditos se integraron a la lucha".

El testimonio de doña Zulema recorre momentos en que el miedo es la emoción principal, en
que se ve arrastrada por la actividad de una hija,
en que la necesidad de la hija presa ya suprime
incluso el miedo lógico de que sus simpatías sean
conocidas, y finalmente el momento en que habla
con orgullo no sólo de su propia participación
sino de la de sus nueve hijos también. Quien se
expresa así es una mujer que perdió una hija de
16 años en un bombardeo, asistió a otra que perdió
sus dos manos haciendo bombas de contacto, y
vivió cada uno de los días y las noches clandestinos
de su hija comandante. Es la expresión de una mujer que explica: "...me ayudó a ser consciente, me
ayudó más tarde a aguantar los duros golpes que
yo recibí. Si no hubiera tenido esa conciencia
me hubiera pasado, pues, lo de muchas madres
que todavía están renegando. Pero es por la falta
de conciencia política."

Doña Zulema también nos muestra la relación
madre-hija/madre-madre, cuando nos habla de la
muerte de su propia madre —ya muy anciana—
en los momentos en que se espera que su hija
Mónica salga de la cárcel. Zulema siente sus dos
obligaciones: la de estar junto a su madre en la
agonía de ésta y la de estar presente en momentos

tan críticos para su hija. Comenta: "...la misma mañana del día en que murió, mi madre escuchaba la radio y se dio cuenta de la situación de Mónica. Dijo 'la niña no salió... la niña no salió'. Pero no comprendía realmente. Pertenecía a un mundo pasado."

En la oficina de la compañera Lea Guido, ministra de Bienestar Social, hay una impactante foto de una morena de ojos profundos: la abuela materna. Está parada junto a un florero, y su larga falda es también floreada. "La madre de mi madre", me explicó, siguiendo la dirección de mi mirada. "Ella también vendía carne en el Mercado Oriental." La palabra "también", en este caso, se refería al hecho de que doña Eva, la madre de Lea, es vendedora de carne en el mismo mercado. En Nicaragua, muchos casos como estos dos nos crean conciencia no sólo de los lazos madre-hija sino de los lazos abuela-madre-hija.

Pero volvamos al caso de Ruth Marcenaro. Ruth fue trabajadora social en 1975. Laboraba entre los campesinos y la lucha por la vida de éstos le abrió los ojos a la situación de crisis que vive la gran mayoría de su pueblo. Buscaba cómo acercarse al Frente Sandinista. Si hubiera sido estudiante en ese momento, sin duda hubiera sido más fácil y más rápida su integración. Pero era "una mujer mayor" según los parámetros con que se mide la edad nicaragüense ahora. Tardó algo en poder hacer los contactos necesarios:

"Yo anduve siempre como a la expectativa, de ver cómo hacía para conectarme con el Frente. Y como era una cuestión clandestina, ¿verdad?, no había forma, no podía ser... Pero en esa época mataban a muchos jóvenes, y entre los que murieron hubo varios de nuestro sector. Vi que todo el mundo se pronunciaba por los muertos, todo el mundo menos nosotros que se suponía deberíamos preocuparnos por los problemas sociales, ¿verdad? Y es que la directiva de la Asociación de Trabajadores Sociales estaba compuesta por elementos reaccionarios y no tenían el mínimo interés en pronunciarse por nada. No sólo reaccionarios, sino somocistas. Pues entonces fui e hice el pronunciamiento en nombre de la Escuela de Trabajadores Sociales de la UNAN.[1] Y llegué a la universidad a buscar firmas. Llegué a convencer a más gente, a que todo el mundo se pronunciara, que nosotros teníamos un compromiso. Fui a dejar la papeleta al CUUN [2] y así fue que me encontraron." Así fue como en 1975 Ruth es reclutada por un militante del Frente. "Inmediatamente le dije que sí, pues que ésa era la oportunidad que yo venía esperando desde hacía tiempo."

Para la hija mayor de Ruth, fue menos difícil integrarse. Como estudiante, Rina Campos siguió el curso y el compromiso de muchos. Durante 1972 y 73 apoyó desde el sector estudiantil las huelgas de los choferes por el encarecimiento de la leche, participó en las tomas de colegios, trabajó con otros estudiantes en los barrios marginales a raíz del terremoto y a través del Movimiento Cristiano. Ingresó al FSLN en 1974, en Jinotepe, donde militó con Arlén Siu, Mauricio Duarte y otros. Ya en 1975 —estudiando el año básico en la universidad, en Managua— siguió su militancia sin conocer cabalmente la búsqueda de la madre. Ésta, a su vez, tampoco estaba al tanto de la integración de su hija mayor:

"Yo no sabía que Rina militaba", confiesa Ruth, "si hubiera sabido le hubiera insinuado, pues, le hubiera pedido que me conectara directamente. Y ella tampoco supo, después, de la militancia mía. Es que en esas cosas había que tener una discreción absoluta, incluso dentro de la misma familia. Fue una cosa curiosa: las dos nos imaginábamos algo, pero ninguna hacía comentarios en ese sentido. Yo veía una cuestión como sospechosa de ella, me daba cuenta que escondía materiales, que trataba de salir rápidamente, sin ser vista, buscando algún pretexto. Mi propio trabajo

[1] UNAN, Universidad Nacional Autónoma de Nicaragua.
[2] Centro Universitario de la Universidad Nacional.

me permitió ver eso... y ella también, ¿verdad? Incluso en algún momento llegamos las dos a una complicidad callada, digamos. Que nadie decía: 'yo sospecho de vos'. Pero no nos dimos cuenta totalmente, hasta que la represión nos cayó encima y la vi presa..."

Rina también tiene su enfoque de ese período: "Vivíamos en la casa de La Centroamérica.[3] Mi mamá empieza a militar en el 75, pero yo todavía no me doy cuenta. Es decir, en esa época manteníamos compartimentado todo el asunto de manera que ella estuvo un tiempo trabajando y yo también y no nos dábamos cuenta. A medida de que fueron llegando compañeros a la casa yo veía la cosa rara, ¿verdad?, yo decía: esta conducta me es familiar. A raíz de la crisis supe con más certeza de que mi madre también estaba trabajando, porque nuestras discusiones ya tenían otro matiz. Analizábamos la situación política desde el punto de vista de dos militantes. En ese momento ella estaba trabajando con la tendencia GPP, y yo con la proletaria. Y en esa cuestión estábamos cuando caímos presas, el 4 de febrero..."

No es sólo la madre y la hija que caen presas ese 4 de febrero. Es la madre, dos hijas y un hijo. El hijo tenía 14 años, y la otra hija —María Judith— apenas 10.

La casa de La Centroamérica servía para reuniones en ambos casos, es decir, para cada una de estas mujeres. Ese día el comandante Tomás Borge estaba en la casa, reunido con otros compañeros. Llega la Guardia, Tomás logra huir momentáneamente, aunque es capturado a la salida de la ciudad. La compañera Mildred Abaunza muere en el combate que se establece entre los revolucionarios y la Guardia. Los otros compañeros logran escapar.

Ruth, que había estado en la reunión, se queda en la casa. Rina estaba repasando física con un

[3] Barrio de Managua de casas de trabajadores capacitados y pequeños profesionales.

compañero de estudios. Hay papeles, libros, y sólo
días antes se había limpiado el lugar de unas
pistolas. Ante la evidencia de lo que quedó, ambas
mujeres se hacen cargo de sus pertenencias. Rina
admite lo que es suyo; no quiere cargarlo a su
madre. Ruth, a su vez, acepta ser dueña de varios
libros —la obra completa del Che Guevara, y
otros— que llevan su nombre. "Mi mamá había
ido a la Argentina en el 73, y trajo un poco de
libros, y les había puesto su nombre. En esa época,
como no pensaba meterse en nada, no vio ningún
problema en ponerle el nombre, y todos decían
'Ruth Marcenaro'", explica la hija.

Es en la Oficina de Seguridad que las dos mujeres —madre e hija— comprenden a cabalidad
el compromiso de cada una. Allí son encapucha-
das, golpeadas, esposadas a unas argollas en las
paredes de un sótano inmundo. Allí pasan 26 días
desnudas, entre ratas y alacranes, a veces metidas
en cuartos helados, forzadas a hacer sus necesidades físicas allí mismo, pasando por repetidos
interrogatorios y bajo la presión psicológica de las
amenazas de muerte a hijos o hermanos. Dice la
madre: "...eran diversos tipos de tortura, sobre
todo los golpes, ¿verdad?, golpes y más golpes. Y,
bueno, esa capucha que uno siente que ya se va
a asfixiar. Pasamos 26 días sin poder lavarnos los
dientes. La comida que le daban a uno era una
bolsita plástica con un poco de gallopinto [4] una
vez al día, y se tenía que comer con una mano, con
la que nos dejaban libre".

Rina aclara: "...cuando a mí me llevan mi mamá
no lo sabe. Ése es el problema. Ella cree que
sólo se la llevan a ella, a mi hermano varón y a
un amigo. Cree que María Judith y yo nos quedamos
en la casa. Pero yo sé la verdad, porque soy
la última en ser llevada. Yo sabía que podía negar
todo, podía echar todos los libros y documentos
que encuentran, a mi madre. Pero no. Tengo que
asumir la responsabilidad de lo mío, y entonces

[4] Gallopinto, arroz blanco con frijoles negros.

elaboro una coartada: digo que yo colaboraba pues, que no era militante pero que era colaboradora. Que por eso guardaba esas cosas en la casa. Y como soy estudiante universitaria, es bien factible.

"A mi hermana menor y a mi hermano les dejan libres después de unos días, no sin maltratarlos primero. A mi madre y a mí nos tienen casi un mes así, en la tortura, con constantes golpes, ejercicios, amenazas de violación, manoseos, simulacros de fusilamiento y todo, casi sin comer, a veces en el cuarto frío, y de interrogatorio en interrogatorio. En el sótano, después de los primeros días, es que mi madre y yo podemos hablar, en voz baja, levantarnos las capuchas a medias, comunicarnos algo. Es allí que mi madre se da cuenta de que a la niña la habían cogido también: "No me digás que aquí estaba la niña", me dice. Es allí que se da cuenta de la muerte de la Mildred. Allí estuvimos juntas mi madre y yo, un poco largas, no podíamos ni tocarnos; pero hablábamos un poco, bajito, y juntas esperábamos el final de la tortura.

Ruth permanece 14 meses en la cárcel; Rina, nueve —esa vez. Porque la hija va a caer de nuevo, en junio de 1979. Va a ser torturada de nuevo, más duramente que la primera vez. Va a vivir toda esa experiencia una vez más. Pero en 1976-77 pasan alrededor de un año entre las oficinas de Seguridad y la cárcel Modelo. Y salen ambas a seguir trabajando políticamente, su relación madre-hija fortalecida por una militancia común.

De esa experiencia "familiar", la hija más joven también tiene sus recuerdos. María Judith, ahora con 14 años, milita en las filas de la Juventud Sandinista "19 de Julio". Cuando cayó presa con su madre y sus hermanos mayores —a la edad de 10 años— no había tenido, realmente, ninguna participación. Rememora:

"Hubo como un choque, que no me dejó ni llorar, pues nada. Me sentía como en blanco. Me

hicieron preguntas, me pegaron, veía cómo torturaban a los otros presos. En la patrulla iba con
mi hermana, y ella lograba decirme algunas cosas:
que mejor no dijera nada, que hiciera como que
no había visto nada. Yo iba llorando. Pero decía
que sí, pues.

"En la Seguridad nos separaron. Nos encapu-
charon. Después me metieron en el cuarto frío. Yo
oía lamentos, quejidos, y entonces veía que estaba
allí con dos compañeros casi desnudos, llenos de
sangre, pero cuando los quería ver me golpeaban
para que no los viera. Cuando me sacaron del
cuarto frío me empezaron a mostrar fotos, de Tomás Borge, de otros. Me preguntaron si yo conocía a esos compañeros, si habían estado en mi
casa. Yo les decía que no... Me preguntaron acerca
de mi madre, de mi hermana: si eran del Frente
Sandinista. Yo decía que no a todo. A todo. Vi
los anteojos de mi hermana y me imaginaba cualquier cosa: que la estaban torturando, que la habían matado. Pero después de un día así, vino
mi tía, y me dejaron ir. Me llevaron a casa de mi
madrina; allí estuve un tiempo. Regresé a la escuela y entonces ya comencé a organizarme, en el
colegio, a nivel de MES.[5] Pero quedé afectada por
mucho tiempo. Me daban ataques de llanto, un
miedo pues, cuando veía a los muchachos, a la
Guardia, cuando sentía las bombas... Pero me or-
ganicé, empecé a trabajar a nivel de mi escuela, y
también mejoré mucho mis notas. No quise de-
fraudar a mi madre, ni a mi hermana que seguían
en la cárcel. Yo había sido una mala alumna siempre, pero después me mejoré en todo. Para no
defraudarlas."

Aunque en el contexto de la lucha nicaragüense
ha sido más común la influencia de la hija sobre
la madre en cuanto a la integración política de
esta última, hay ejemplos donde se ve lo contrario. Mercedes Taleno y su hija Lesbia López
vivían en el Open 3 —ahora Ciudad Sandino—,

[5] MES, Movimiento Estudiantil de Secundaria.

inmenso sector proletario a donde fueron a vivir
muchos de los damnificados del terremoto de 1972.
Mercedes es una mujer delgada pero fuerte, de 42
años, cada uno de los cuales le ha marcado el
rostro sufrido. Cuando la entrevistamos trabajaba
en la oficina de servicios y abastos de Seguridad
del Estado, encargada de todo el movimiento de
armas. Pero extrañaba el trabajo de masas, el
contacto con la gente, con las mujeres sobre todo.
Por eso, poco tiempo después entró a trabajar
en la Asociación de Mujeres, organizando compañeras.

Lesbia, acompañaba a su madre la noche de
nuestra conversación, así como sus dos hijas: Maura, de dos años —producto de la violación de un
guardia que la torturó en la cárcel— y un bebé
de meses, hija de su compañero caído 14 días
antes del triunfo. Lesbia tiene ahora 18 años. Trabaja en el ejército.

Sabía que la violación y el resultante embarazo
de Lesbia, habían provocado una fuerte discusión
en el seno del movimiento revolucionario dos años
atrás. Hubo los que opinaban que la joven combatiente debería abortar el hijo que llevaba en
su vientre; que había que aborrecer al producto
de un guardia, como si la paternidad en este caso
fuese lo único real. Pero hubo un grupo —mayormente mujeres— que entendían que no, que el
hijo que nacería sería tanto o más de la madre;
y que debería no sólo nacer sino crecer como
una bandera de lucha y de resistencia, una muestra
de lo que es capaz la mujer cuando toma la determinación de luchar, a pesar de los riesgos y los
ultrajes.

Ante nosotros, la madre y la hija. Y las hijitas,
las nietas. Me interesó profundamente la vida de
estas dos mujeres, de cada una como combatiente,
y de la relación entre ambas. Mercedes habla sin
quitar los ojos de encima. Su mirada —triste, pero
de una claridad muy honda— da un peso adicional
a sus palabras:

"Yo me inicié en el año 73, con Caritas' de

Nicaragua.[6] Había llegado a Ciudad Sandino a
fines del 72, con mis ocho hijos. Mi esposo nunca
estaba de acuerdo con nada, nunca quiso que me
metiera en la lucha. Hace dos años que nos separamos por lo mismo, pero entonces todavía vivía
con nosotros. Él me decía siempre que dejara
eso, que pensara en mis hijos... pero yo le decía
que precisamente pensando en mis hijos era que
yo debía participar, que era un deber como nicaragüense y también como mujer explotada. Cuando
yo cobré conciencia no hubo nada que me des-
viara de mi objetivo. Mi marido se valió de amis-
tades, sacerdotes, todo, para persuadirme. Pero ya
yo estaba resuelta.

"Es a través de mi ejemplo que se integran mis
hijos, uno a uno. Mi hijo mayor, Edgar, cayó
ahora en la etapa final, cayó el 20 de junio en
la toma del comando de Chichigalpa. Él era del
estado mayor de Chinandega. Tengo la satisfacción
de haberle dado mi hijo a la patria, aunque no lo
digo totalmente convencida —como algún día po-
dré decirlo, seguramente— porque es muy reciente todavía la herida.

"Mirá: amo grandemente nuestra Revolución. No
se imagina cómo. Antes estaba que iba a ofrecer
mi vida o mi libertad; estaba consciente de eso.
Pero ahora doblemente: si fuera preciso entregar
mi vida, la entregaría. Ahora no son sólo los sacrificios, las lágrimas, sino es también la vida de
mi hijo que está de por medio, entregada por esta
causa tan hermosa.

"Todavía no estamos liberados totalmente, pero
es el primer paso. Aquí había mucha desconfianza
de que pudiéramos contra un enemigo tan poderoso, pero yo siempre les infundía fe a los compañeros. Yo decía que ningún enemigo podía ser
más poderoso que nuestro pueblo. Que aun cuando
ellos tenían tanques, aviones, tanquetas y seme-

---

[6] "Caritas", organización internacional con su sede en Estados Unidos, de tipo caritativa. Tiene conexiones con la
Iglesia católica.

jante poderío de armas, un ejército de miles y
miles de soldados, yo decía que nosotros —el
pueblo— era más fuerte que ellos.

"Nos miran siempre como si fuéramos insigni-
ficantes, hormigas, gusanos, pero la verdad no es
ésa. La verdad es que somos muy fuertes, cuando
estamos unidos. Yo soy una simple mujer del
pueblo. Una mujer sin escuela, sin estudios. Pero
yo quise luchar, y luché. Transportaba armas, bombas, granadas, propaganda —todo en la cabeza
como si fueran vegetales. A veces no podíamos
conseguir un vehículo y yo tenía que cargar dos
Garands, dos FALS, una 30-30, y una escopeta con
sus respectivos parques y magazines; tenía que
llevármelo todo en la cabeza. Llegué a ser la responsable política de las milicias de mi sector. Me
reunía con las escuadras dos veces por semana.

"El compañero de mi hija era nuestro responsable. Acababa de salir de la cárcel y yo sabía
que en cualquier momento podría caer otra vez
y que entonces no lo íbamos a volver a ver, que
lo iban a matar de viaje. El miedo que tuve de
que él siguiera arriesgándose me hizo tomar la
decisión de desarmar todas las armas, empacarlas
bien y como quien lleva ropa en la cabeza, así
las empaqué y así me las encajé. Me iban golpeando
—eran bien pesadas— pero el sacrificio nunca lo
miré como tal. Al contrario, todas esas pequeñas
cosas me daban alegría, satisfacción. Yo siempre
andaba con un arma bala en boca por si cualquier cosa. Estaba dispuesta a que no me cogiera
la Guardia viva, sino muerta. Pensaba dispararle
a ellos y acabar conmigo misma, antes de caer en
sus manos. Pero la Guardia nunca sospechó de
mí, por la edad. . ."

La edad de Mercedes: 42 años. En otra cultura,
en otro lugar, podría ser la cima de la vida. El
momento apropiado para darle una estirada a la
piel de la cara, teñir el pelo y . . . a ver. En la
Nicaragua cuya juventud recién llevó a cabo una
guerra popular, fue la edad de una mujer suficientemente vieja para no provocar las sospechas

de las fuerzas represivas. Pero miles de "viejas" como Mercedes jugaron un papel decisivo en la lucha. Dice ella:

"Esta revolución se ha hecho de jóvenes, pero no se puede decir que personas mayores no hayan participado. La comprometida en este proceso ha sido la juventud porque los viejos tenemos más miedo tal vez, el temor de que vaya a morir un hijo, que vaya a caer preso: esa cosa egoísta de los padres. También la falta de conciencia. Pero al mirar a sus hijos comprometerse, ellos tuvieron que comprometerse también. Eso en muchos casos. En el caso mío, yo estaba primero que mi hijo, metida antes que él. Y antes que mi hija."

Lesbia reacomoda a la recién nacida en sus brazos, y empieza a hablar. La otra niña, Maura, sigue con sus enormes ojos las palabras de su madre. Esta mujer de 18 años describe su trayectoria, a través del Movimiento Cristiano. Relata cómo un 21 de febrero, pegando papeletas, fue capturada junto con otro compañero. Entrega una historia —como muchas— de tortura, de violación, de corte militar, y cárcel, de decisión y de una gran capacidad de recuperación.

La muerte ha sido un común denominador en su vida: la muerte de su hermano, la muerte de todos sus compañeros de una escuadra de la cual ella era la responsable política, la muerte de su propio compañero. ¿Cómo, en medio de tanta muerte, no iba a ser preciosa e importante la vida? La vida de sus dos hijas, nacidas cada una en situación difícil, pero afirmativa de esta misma fuerza de mujer. En el primer caso: la afirmación más difícil, la de una mujer capaz de levantarse sobre la humillación de la tortura y hacer del ultraje monstruoso una nueva vida para el futuro diferente. En el segundo: la afirmación de una hija nacida del amor, pero de un padre que murió antes de conocerla acaso.

A esta mujer, plenamente integrada a pesar de estar sola con sus dos hijas pequeñas, le pregunto acerca de la participación de la mujer en general.

Comento que la participación durante la guerra ha sido enorme, pero muestro inquietud en cuanto a la situación actual de paz. Históricamente, en otros procesos revolucionarios, se ha dado el caso de los hombres capaces de aceptar una actitud de integración por parte de sus mujeres en tiempo de crisis, pero ya ganada la guerra —en una atmósfera en que los viejos valores tienden a imponerse— exigen de nuevo una actitud de servicio, una atención constante, la mujer "a mano" donde la pueda chequear y "cuidar". Lesbia me mira como si viniera de otro planeta:

"Depende. Porque si la mujer está consciente no puede haber problemas así. El marido puede protestar, puede haber un montón de hijos, un montón de problemas, pero si la mujer es consciente va a participar. Ya participa. Tiene que seguir."

Entre las entrevistadas, los casos de hijas y madres son muchísimos. Si no es la hija que da forma a las aspiraciones y la confianza de la madre, es la madre quien sabe apoyar a la hija, y quien a través de ese apoyo llega a tener otras perspectivas en su vida. En el norte, cerca de la frontera con Honduras, en la ciudad fronteriza de Ocotal, nos hablaron de Azucena del Rosario Antúnez, "la única mujer que ocupa un lugar tanto en el comité departamental del frente como en la junta local de gobierno". Al llegar al ayuntamiento, a un lado del pulcro parque central del poblado, no había pérdida: de una oficina apenas provista de lo necesario, salió a recibirnos una mujer de 37 años: sencilla, directa, sonriente. Era la única compañera y nos estaba esperando.

Azucena del Rosario ha sido maestra toda su vida, y tiene capacidad de expresión que le facilita entregar mucho en pocas palabras: "Yo participé sola en la lucha, como una madre abandonada, como una madre soltera. Tenía una niña de nueve años, y el varoncito que no había cumplido los tres todavía. Y mi niña participó como correo siendo prácticamente infante. Vigilaba las puertas

de la casa, avisaba cuando alguien llegaba, hablaba
en voz baja a veces, por la situación clandestina
que vivíamos. A esta niña yo le decía: vaya a tal
casa y pregunte por fulana de tal, con un lenguaje
en clave. Va a hablar del corte del vestido, o de un
libro... Y ella lo hacía perfectamente.

"Yo no tenía a quién dejarle mis hijos. Mis padres son un par de ancianos de 70 años. Si a mí
me hubieran contactado antes de tener a mis hijos
tal vez nunca llegara a tenerlos, y a lo mejor yo
hubiera quedado en la montaña —que era mi
deber— y no ella, mi hija, quien cayó con sólo
15 años. Su seudónimo era Verónica. O sea, que
como maduros, como adultos, nosotros teníamos
que haberle dado a nuestros hijos una patria libre, no ellos a nosotros, como ha sido..."

Conversando con Azucena del Rosario, sus palabras tenían que bastarnos por madre e hija. Verónica ya no pudo trasmitirnos su testimonio: su
voz se apagó en la montaña para alzarse más
fuerte con miles de voces que clamaban por todo
el país y para las cuales el 19 de julio fue la
respuesta esperada, aunque ellas no la iban a poder
conocer. Mas se siente la hija en la voz de la madre, y sobre todo se recoge esa conciencia de la
mujer nicaragüense, de que su participación era
obligada en la medida en que existía una comprensión cabal del compromiso juvenil.

Lo que la madre nicaragüense soportó en estos
años de lucha casi rebasa la capacidad del escri-
tor, el poder de las palabras. Son tantas y tantas
las historias. Son tantos los padres que despidie-
ron a sus hijos por la mañana y no los volvieron
a ver, o los volvieron a ver cadáveres. Basta el
testimonio de una sola madre, en este sentido. Ma-
rina Solís es trabajadora sanitaria de León. Viuda,
desde hace tiempo conoce de luchas y de golpes.
Su actividad sindical en el hospital donde laboraba
la condujo a las huelgas. Por su papel en ellas,
resultó despedida. La represión nunca le fue aje-
na. Por años mantuvo a sus cinco hijos, cosiendo
en la casa. Y siguió luchando. Sin embargo, nada

la iba a preparar para la irreparable pérdida de su hijo:

"El tenía 14 años. Tenía sus ideales, usted sabe. Yo le mandé a Matagalpa porque uno siempre quiere proteger, pues... uno sabía que de un momento a otro lo podían matar. Y así fue. Chavalos no más que eran, todos, tomaron la iglesia del Calvario, una toma pacífica. 'No te preocupés, mami, que vamos a una acción cívica no más.' Ni armas tenían. Se despidió de mí a las seis de la mañana, y a las nueve ya era cadáver mi hijo.

"Salí a la calle ese día y me dijeron que estaba rodeado El Calvario. Me fui para allá, y la Guardia venía hacia donde estábamos un poco de gente, apuntándonos, pero yo no me detuve. Seguí adelante, cuando oigo: 'A toditos los mataron.' Allí perdí el conocimiento. A unos los tiraron del campanario, a otros los tiraron por las gradas. A otros hasta sus partes les cortaron, aquello era horrible. Cuando llegamos a la morgue para reclamar los cadáveres nos hacían pagar 80 córdobas para retirarlos. 'Tienen que pagar las balas que tragaron estos hijos de la...', con palabras groseras, pues. Hasta eso: nos cobraron las balas que les habían regalado..."

Como dice la comandante Dora María Téllez: "¿Cómo no van a cambiar los valores en una familia donde se perdió lo que en definitiva más querían? ¿Qué es lo que no puede cambiar ahí? Cualquier cosa, incluso el papel de la mujer —tan arraigado—, todo puede cambiar."

Hemos hablado hasta ahora principalmente de madres e hijas de la clase obrera o pequeña burguesía, para quienes los valores vigentes y las relaciones producto de esos valores tienden a recibir un impacto mayor del cambio social. ¿Qué podemos decir de esta relación entre los miembros de la burguesía? Puesto que la juventud nicaragüense tuvo una participación tan amplia en el movimiento revolucionario, eso se hizo extensivo incluso a los jóvenes de familias burguesas. Veremos, en el capítulo que sigue, la participación de Marisol Castillo, cuya madre no pudo comprender el proceso y se fue del país. Vimos muchos casos de mujeres jóvenes incorporadas, cuyas madres mostraron distintos grados de comprensión, y hasta identificación.

En una entrevista con la compañera Martha Cranshaw, militante sandinista de gran trayectoria e hija de una familia de la alta burguesía, recogimos la siguiente historia: Martha fue capturada, torturada, mantenida mucho tiempo incomunicada, y vio a sus padres por primera vez después de esa experiencia cuando —presa— la llevaron ante los periodistas. La respuesta de su padre fue la de desconocerla.

Refiriéndose a este momento doloroso, Martha declara: "...sé que soy yo a quien le correspondía entender a mis padres, no ellos a mí. Ellos ya no me podían entender. No podían entender que yo hubiera dejado mi casa, mis comodidades para ir a buscar un mundo en el que no se sabía ni dónde iba a dormir ni dónde iba a comer. Ese tipo de cuestiones no les correspondía a ellos entenderlas. Es a nosotros que nos corresponde hacerlos entender, poco a poco, a través del ejemplo. A través de pequeñas pláticas y no forzándolos. Y si no van a entender, pues entender que ellos no entiendan. Porque lo que nosotros decimos es una cuestión de clase."

Quiero que sean las palabras de una hija, de una mujer sumamente joven, las que cierren los testimonios de este capítulo. Que arrojen una luz adicional sobre este hilo de decisión y coraje femeninos que corre de forma cada vez más profunda entre las mujeres nicaragüenses. Alexa Lugo fue guerrillera en el Frente Norte. Colaboradora desde los 12 años, milita en el FSLN desde hace unos cuantos. Es joven, recién cumplió los 18. Su edad y su condición de mujer le hacen pertenecer a ambos grupos sociales que más material humano ofrecieron al triunfo.

Entrevisté a varias mujeres con trayectorias de lucha similares, en el sentido de haberse integrado a una edad extremadamente temprana. Algunas de ellas hablan en el capítulo "Las 'compas' de verde olivo". Casi siempre fueron testimonios parcos, como si fuera difícil hacer comprender a estas compañeras que sus historias tienen importancia, algo fuera de lo común, algo que vale la pena destacar. O como si en sus cortas vidas la acción desplazara —por así decirlo— la expresividad verbal. La modestia conspira con la inocencia en contra de un despliegue de detalles. O tal vez es que realmente no conocen otra cosa la mayoría de ellas, y simplemente no lograron comprender qué es lo que hay que destacar.

A Alexa la encontré en la casa sandinista "Juan de Dios Muñoz", en Managua. Llegaba del norte para consultar una serie de problemas conectados con su trabajo en la Dirección de la Juventud Sandinista "19 de Julio", y tenía poco tiempo disponible. Además, "no estaba preparada para una entrevista". Al fin accedió a conversar un rato. Sobre un vientre de cinco meses de embarazo, los dedos de las manos se unían y se separaban. A veces apartaba un poco de pelo oscuro de la frente; me miraba como quien quiere decir: "...realmente no sé qué tiene de interés la vida mía..." Pero insistí en la importancia de saber cómo había sido su niñez, su familia, cómo se había integrado, y —si podía explicarlo— cómo enfocaba su propia participación. Y aquí, como lo más natural, está la visión de esta compañera, una de tantas y tantas hijas de esa tierra:

"Yo tenía una compañera que ya estaba organizada. Ella me platicaba y me platicaba. Mi mamá también me hablaba, así, de nuestra realidad. A esa edad, pues, uno no piensa en la represión, ni en el campesinado, ni en que hay burguesía ni proletariado. No piensa en nada de eso. Pero poco a poco, a través de esas pláticas y a través del roce con compañeras de clase obrera allí en Matagalpa, empecé a comprender.

"Cuando tenía un plato de comida, algo que a mí me gustaba, me ponía a pensar, pues, que los compañeros del reparto Schick no tenían qué comer. Y nosotros desperdiciábamos la comida. Así fueron creciendo mis ideales, de las cosas simples. La familia de nosotros ha sido bien unida siempre: mi mamá, mis hermanos... hasta que llegamos todos a organizarnos en la vanguardia.

"Las muchachas de mi edad, *púchica*, el mayor anhelo de ellas era ir a una fiesta del Club Social. Llegar a los 15 años y que 'los quince' se los celebraran en una iglesia con un Te Deum, con 15 damas... Pero para mí eso ya no tenía ningún sentido. O sea, yo no tuve una juventud como quien dice 'normal', porque para mí era el trabajo, ir a dar clases, ir a las manifestaciones, sufrir la represión de la Guardia y, últimamente, la montaña. La guerrilla.

"Ésa fue la vida nuestra. Sin juventud. Sin embargo hoy llegamos a militar en el Frente Sandinista, que eso ha sido nuestro ideal: organizarnos en la vanguardia. Los quince años míos los pasé trabajando, los dediqué al trabajo, al sueño dorado, como el de una cenicienta, ¿ves? Y después, las experiencias de la montaña, que muchas mujeres las tuvieran: las experiencias más bellas.

"Me acuerdo, hace unos años todavía, en Matagalpa, cómo era tratar de organizar a nuestras compañeras en el colegio. Porque yo estudiaba en el colegio de 'las niñas bien'. Las quisimos organizar y no se pudo porque el sistema todavía las arrastraba. Lo que pensaban era superarse para seguir explotando, superarse para obtener un título y así ganar los reales y derrocharlos en carros y vestidos nuevos, como ellas mismas decían. Pero poco a poco la juventud de Matagalpa se hizo solidaria con la causa, primeramente el sector obrero, después los otros. Ahora todos somos compañeros, todos estamos unidos. Y muchas de esas mismas muchachas también están integradas en la Juventud Sandinista. Esto es lo importante ahora. Lo demás se ha olvidado. Las ofensas están en el pasado: las páginas de la historia que la dictadura se llevó."

¿Cuáles son las conclusiones que podemos sacar de todo esto? ¿Podemos afirmar que los viejos patrones madre-hija e hija-madre han dejado de tener vigencia en la vida nicaragüense? Claro que no. El retorno a la normalidad, después de un tiempo de crisis, siempre trae consigo cierto retorno a viejos valores. Al que le fueron quitadas sus costumbres, cuando puede aferrarse a ellas de nuevo lo hace como quien se refugia en lo bien amado y conocido. Creo que la clave aquí es *conciencia*. Al que le fue quitado cierto contexto familiar por fuerzas ajenas a su voluntad, tiende a volver a él. Pero la persona que *conscientemente* escogió una manera de obrar sobre otra, lo hizo porque está afirmando algo: escoge lo que dentro de una serie de posibilidades va conformando su valorización de las cosas.

En este dramático cambio de valores y relaciones humanas, desde luego hay que diferenciar a la vanguardia de las masas. No son las mismas opciones ni la misma conciencia con que se les confrontan, para la militancia del Frente Sandinista que ha tenido todo un proceso de crecimiento y para la mujer del pueblo que obra de manera diferente en un momento dado. La militante sabe lo que hacía antes, y por qué; lo que hará ahora, y por qué. La mujer del pueblo puede que haga lo mismo, porque su instinto de clase o de lucha le dice que tiene que hacerlo. No lo ha interiorizado como giro positivo en su vida, y tal vez lo ve simplemente como sacrificio necesario y momentáneo.

Sin embargo, para la mujer de la base, como para la militante, una nueva práctica de por sí va creando nuevos valores. Ritos que antes parecían de suma importancia ya carecen de ella. De hecho, uno a veces decía: "me muero" si no me caso de blanco. . . o: "tenés que hacer lo que diga tu papá, mi hijita, o no sé lo que va a pasar". . . Pero en la montaña, en los campamentos guerrilleros, los novios se casaban caminando entre dos filas de armas cruzadas. Los votos los tomaban solemnemente, ante sus propios compañeros de lucha y no ante el cura. Y no pasó nada. Más o menos el mismo porcentaje de este tipo de casamiento como de los tradicionales fracasan o duran. A largo plazo los resultados no dependen de los ritos.

En la nueva Nicaragua, la Nicaragua sin tirano ni miedo, hay "epidemia" de embarazos. Como en revoluciones anteriores, la mujer desea reproducirse, desea traer nueva vida a un mundo que promete luz y justicia. A un mundo de esperanza. Pero —cosa interesante— no siempre encontré el embarazo contemplado dentro del marco de un matrimonio convencional. A veces el esposo no estaba presente: quizás porque cayó en la guerra, quizás porque la relación afectiva terminó, pero la mujer quiso tener su hijo, quizás porque la relación sigue existiendo pero las dos partes están trabajando en frentes diferentes. Indudablemente, en la Nicaragua de hoy, las relaciones de pareja están siendo reexaminadas. La mujer, después de lo que ha vivido y hecho, exige nuevas condiciones para esta relación que tan central resulta a la vida humana.

Pero no es sólo la relación de la pareja que adquiere nuevas dimensiones, dentro de las cuales la mujer es capaz de exigir un respeto real de parte de su compañero. Todo lo que conforma las relaciones humanas, está en tela de juicio. La relación madre-hija también muestra cambios producto de la experiencia colectiva vivida. Para la madre nicaragüense, la hija que hizo bombas de contacto, dirigió una escuadra o estuvo dos años en la montaña, ya no puede ser la "niña que no sabe lo que hace", la inmadura o la que debe estar en casa a las nueve. Sobre todo ya que esas bombas de contacto y esas escuadras sandinistas ganaron una guerra popular. Tampoco para la hija de la nueva Nicaragua, la madre puede ser la misma de antes. ¿Cómo va a pasarse por alto las cualidades de mujeres con cincuenta, sesenta, setenta y más años, capaces de haber organizado la retaguardia necesaria? Y, ¿si la hija y la madre combatieron juntas...?

APÉNDICE *

En realidad la familia ha funcionado como el lugar en el cual se realiza el aprendizaje del poder, y de la dominación. No solamente permite la reproducción de los hombres sino permite la reproducción de las clases y de las ideologías. En este sentido se puede decir que la familia ha funcionado como un Estado en chiquito en el cual la autoridad está concentrada en el padre.

Hoy todo esto es replanteado con las necesidades actuales de la nueva sociedad nicaragüense que se está construyendo. Las tareas de reconstrucción son amplias y complejas. Por lo tanto requieren del esfuerzo de todos, hombres, mujeres y niños, tanto para las labores de la producción como para las tareas de la organización, de la creación artística... Se necesitan de mecanismos de comunicación que faciliten la incorporación masiva de todos, que dupliquen las propuestas nuevas, que den lugar a la expresión, a la imaginación, a la creación.

Las mujeres deben disponer de tiempo para participar en las reuniones de la Asociación de Mujeres, para incorporarse al trabajo voluntario; los jóvenes deben de tener decisión absoluta de incorporarse a la campaña de alfabetización. La autoridad paternal no debería tener fuerza moral para impedir a sus hijos que participen en una labor tan grandiosa y necesaria para el país como lo es la cruzada de alfabetización. La participación de la familia en la reconstrucción pasa por la reconstrucción de la familia.

De hecho, si todavía no ha cambiado la manera de pensar, ya cambiaron mucho las actitudes. Asistimos a una transformación real de las relaciones padres-hijos, a un replanteamiento en el ejercicio de la autoridad paternal y es que en realidad en estos últimos dos años fueron los hijos quienes educaron a los padres.

* Documento publicado en el semanario *Poder Sandinista*, núm. 20, y republicado en la edición de *Barricada*, del domingo 9 de marzo de 1980.

Es para nosotros muy importante resaltar hoy la gran participación de nuestra juventud en la revolución popular sandinista. A través de las diversas organizaciones de la juventud del Frente Sandinista de Liberación Nacional (FER, JRN, JRS), los jóvenes de Nicaragua participaron activamente en la preparación del triunfo revolucionario.

Es también significativa la presencia de la mujer en todo el proceso a partir de la formación de AMPRONAC en 1977. Las mujeres fueron las que posibilitaron la organización de los CDC (ahora transformados en CDS), el establecimiento de botiquines y clínicas de barrios, de pulperías populares que iban a ser tan necesarias a la hora de la gran huelga insurreccional.

Y si constatamos que la Revolución nicaragüense se realizó en el barrio y no en la fábrica, podemos afirmar sin temor a equivocarnos que fueron los jóvenes y las mujeres quienes desempeñaron un papel fundamental para la toma del poder. Esto contrasta hoy singularmente con el papel que tradicionalmente la sociedad le reserva.

Nuestra sociedad está acostumbrada a funcionar y a organizarse en la vida cotidiana alrededor de valores tradicionales como:

* El reconocimiento social, o estatus. Éste se adquiere con la promoción profesional, con las posibilidades de gastos de consumo, etc..., y le confieren al hombre, al padre de familia, una gran autoridad dentro del núcleo familiar, ya que su ubicación dentro del aparato productivo confiere a la familia en su conjunto su ubicación dentro de nuestra formación social.

* El control de los centros de poder por los hombres.

* El desprecio hacia las labores, abandonadas tradicionalmente a las mujeres, dentro de la división social del trabajo que se opera en el seno de la familia.

Ahora, ¿por qué aborda este tema *Poder Sandinista*, cuyos artículos giran generalmente alrededor de los temas relacionados con la producción?

Consideramos necesario señalar en algunas oportunidades problemas relacionados con las transformaciones sociales e ideológicas que se producen en torno a las transformaciones del aparato productivo como es el caso de la reproducción de la fuerza de trabajo, los trabajadores, el elemento más esencial en la economía y la producción. En este sentido consideramos necesario elevar a nivel político el debate sobre la familia, la cual constituye una institución básica para el mantenimiento o la transformación de nuestra formación social y de las relaciones de producción.

El cambio en la base, en el sistema de las relaciones económicas, determina los cambios supraestructurales: políticos, sociales, culturales, morales, etc. En Nicaragua se produjo un cambio político que posibilita los cambios en la base, los que a su vez influyen en otra serie de cambios supraestructurales. Si estos cambios son difíciles —y en el caso de Nicaragua ya costaron 50 000 vidas, de una pequeña población de poco más de dos millones—, los cambios supraestructurales lo son mucho más.

En el caso de la mujer, esta lucha es aún más profunda y compleja. Porque ella ha sido objeto de la sociedad de clases y ha sido también objeto del hombre en un sistema de valores distorsionados donde la cosificación y la utilización de un sexo por el otro frena la condición humana de ambos.

En una lucha como la nicaragüense, que involucró de forma casi total a la población, el resquebrajamiento de valores caducos ha sido aún más brutal. El tiempo mismo se comprime y se desdobla. Ya no se buscan las viejas soluciones; los problemas se presentan agudizados pero se ensayan nuevas formas de resolverlos. A menudo se rompe lo que parecía más importante, más estable, más querido, más imprescindible. Y a menudo se pierde lo que más valor real tenía: la presencia física del amado, la realidad cotidiana del hijo. La

10. LOS CAMBIOS MÁS GRANDES

La revolución es el único factor capaz de cambiar la estructura de una sociedad. El pueblo —explotado por años— experimenta el parto doloroso y extraordinario por medio del cual deja de ser condenado a la pasividad, y comienza su largo nacimiento como sujeto activo: "arquitecto de su liberación" como proclama el himno del FSLN.

El cambio en la base, en el sistema de las relaciones económicas, determina los cambios supraestructurales: políticos, sociales, culturales, morales, etc. En Nicaragua se produjo un cambio político que posibilita los cambios en la base, los que a su vez influyen en otra serie de cambios supraestructurales. Si estos cambios son difíciles —y en el caso de Nicaragua ya costaron 50 000 vidas, de una pequeña población de poco más de dos millones—, los cambios supraestructurales lo son mucho más.

En el caso de la mujer, esta lucha es aún más profunda y compleja. Porque ella ha sido objeto de la sociedad de clases y ha sido también objeto del hombre en un sistema de valores distorsionados donde la cosificación y la utilización de un sexo por el otro frena la condición humana de ambos.

En una lucha como la nicaragüense, que involucró de forma casi total a la población, el resquebrajamiento de valores caducos ha sido aún más brutal. El tiempo mismo se comprime y se desdobla. Ya no se buscan las viejas soluciones; los problemas se presentan agudizados pero se ensayan nuevas formas de resolverlos. A menudo se rompe lo que parecía más importante, más estable, más querido, más imprescindible. Y a menudo se pierde lo que más valor real tenía: la presencia física del amado, la realidad cotidiana del hijo. La

muerte se encarga de mostrar todo, sin camuflajes.
Nacen mecanismos que ayudan a los sobrevivientes a seguir viviendo, y nace, también una nueva
escala de valores libre de intereses creados.

Corre, a través de más de ochenta entrevistas
que hicimos para este libro, una línea de creciente
capacidad de ser partícipe del cambio: tanto a
nivel "personal" como socialmente. De casi todas
las conversaciones sostenidas se podrían extraer
muestras de un nuevo encuentro entre la mujer
y su compañero de vida, la mujer y sus hijos, la
mujer y su contexto social y la mujer y su propia
condición. Queremos, aquí, dar a conocer las voces
de cuatro compañeras cuyas experiencias —aparentemente muy distintas entre sí— reflejan con
una fuerza especial este rompimiento y este nuevo
modo de bregar con el contexto social.

Melania Dávila conversó con nosotros en la salita
de su casa de tablas, en un barrio pobre de León.
Era media mañana, y dos niños de primaria —estudiando para el turno de la tarde— compartían
el único banquito, y apoyaban sus libretas sobre
una cama que evidentemente albergaba a todos.
Otra niña más pequeña jalaba las faldas de la
madre. Entre calendarios viejos, símbolos patrióti-
cos y religiosos, se destacaban dos fotos del hijo
mayor caído a los 17 años en el último mes de la
guerra. En una, los ojos de la madre miran claros
desde un rostro tempranamente decidido. En la
otra, la madre y los compañeros de lucha rodean
el féretro cubierto de una bandera rojinegra.

Melania fue prostituta desde los 13 años. Como
en la gran mayoría de los casos, a esto no la llevó
el deseo. Fue simplemente una entre muy pocas
opciones: un camino difícil y doloroso recorrido
con amargura pero nunca con resignación, hasta
que —hace siete años— el encuentro con el Frente
Sandinista de Liberación Nacional le abrió otra
posibilidad de vida —y de lucha...

MELANIA: Mi nombre legítimo es Melania Dávila, pero mi nombre anterior era "Maribel"; porque en esa vida nos cambiamos así, no poniéndonos a pensar que el físico, la cara, no los podemos cambiar. Mi familia es del lado de San Miguelito de Chontales, departamento del Río San Juan. Mi mamá se separó de mi papá cuando yo tenía seis meses de nacida, y como era tan pobre me regaló a mis tías que me daban una vida de perra. Entonces a la edad de 13 años yo me di... al diablo, pues. Porque realmente no meentía naiden,[1] ni para la pasta de dientes me daban. Me compraban ropas usadas, me mantenían humillada completamente. Me fui con un hombre, que trabajaba en el Distrito Nacional. Con ese individuo me hicieron casarme civil, de 13 años.

Le tuve dos hijos que se llaman Silvia y Francisco. Silvia me quedó a mí. Francisco me lo quitó él. Esta es la fecha y no conozco a mi hijo, que ya tiene 23 años. Me separé del padre de mis hijos porque él se metió a la Guardia. Y yo nunca jamás he aspirado a tener relaciones con ningún militar. Entonces me junté con el padre de este hijo que di a la patria. Pero él también me dio una vida de perra: que en cuando me mantenía con un ojo verde el otro lo tenía morado. Tres años amargos. Le tuve dos hijos también que son Celimo y María de los Ángeles. Con el tiempo me aburrí de aguantarle las malamatadas que me pegaba. Vivimos juntos tres años y me separé de él. Y entonces fue cuando agarré el fango, "la vida..."

Había una vecina del otro lado que me conquistó como mesera,[2] y yo me fui con ella. Porque el hombre me mantenía enllavada. Me fui realmente engañada porque la vecina ésa me dijo que iba como empleada y llegada la hora me salió con que me iba de mesera. Así fue como me dediqué... en Granada trabajé donde una doña Juana que le de-

[1] Nadie.

[2] Dependiente que atiende las mesas en un restaurante o bar.

cían "La China". Esa señora me garroteaba, me maltrataba tanto que me vine de ella, me escondía.

Nosotras trabajábamos y nos daban una fichita de papel. Después nos hacían beber. Ebrias nos quitaban esa fichita y decían que uno la perdía. Así uno no recibía ningún dinero. Nos vestían con vestidos como dicen "gallos" —usados— y cuando nos quejábamos nos daban una buena paliza.

Éramos como 15 mujeres en esa casa. Sumisas completamente. Al principio hacíamos intentos de irnos, pero como dormíamos bajo llave... era imposible. Después de Granada me vine a Managua. Me metí a un lugar que le dicen de "Doña Amparo", allí en el barrio Campo Bruce. Allí por lo menos agarraba mi plata. Pude mandar a mi hija mayor donde mi mamá; ni mi hija ni mi madre se daban cuenta de dónde yo rentaba el dinero. Hace quince años me cambié para León. Traje a mi hijo mayor —ese que di a la patria— de dos años.

Fue el Frente lo que cambió mi vida, hace siete años. Fue el Frente Sandinista. La compañera Zaida, y el compañero Abel que ya cayó. Mi casa era un buzón, allí manteníamos cajas clandestinas y todo, a pesar que nosotros éramos vecinos de una mujer de un guardia. Ella nos dijo que nos iba a denunciar por sandinistas. Entonces le dije yo: "Atrevéte a hacerlo y te vas a arrepentir. ¡Vas a saber lo que es el Frente!"

Nosotros teníamos medicinas, víveres. Pegábamos papeletas. Llenábamos cajas de comida para la montaña: avena, pinolillo, café presto: ésa era la clase de buzón que nosotros teníamos. El único problema fue cuando echaron a mi hijo preso, y tuve que pagar C$1 200.00 para la salida. "Bueno", me dice el comandante, "¿sabe por qué trajeron a su hijo preso?" "No", le digo yo. "¿No sabe que su hijo en septiembre participó en los sucesos?" "Lo ignoro", le digo. Porque uno hacía lo posible porque no supieran, porque en esos días estaban matando mucho a los muchachos. Entonces me dice: "No creo que usted no se dé cuenta de que su hijo haiga andado combatiendo en septiembre." "Pues lo ignoro", le vuelvo a repetir. "Es muy difícil que su hijo salga", me dice, "porque es sandinista". Entonces le digo: "Caramba, comandante, mi hijo no es sandinista. Por favor, entrégueme a mi hijo. Yo soy muy pobre, una triste lavandera, planchadora. Y pueden dar fe de mi persona", le digo yo, "que gano mis riales honradamente. Yo quiero que me diga por cuánto me lo dan", le digo. "Si usted quiere, dos mil córdobas." Entonces le digo yo: "Por favor, yo no tengo dos mil córdobas. Lo que puedo conseguir son mil doscientas." Las pedí prestado, y salió mi hijo. Todavía hace un mes cancelé 80 córdobas. Y mi hijo ya tiene siete meses de muerto.

Ese mismo hijo fue a combatir de nuevo en la guerra de ahora. Antes de irse me dijo: "Mamá, no se preocupe, y no bote una lágrima si yo me llego a morir. Llámese dichosa que usted entregó un hijo al Frente y a la patria. La nueva vida suponga que yo no la goce; la van a gozar mis hermanos y los demás niños que sobreviven." Tenía tan sólo 17 años. Cayó el 8 de julio, combatiendo en La Leona. Cuando iba la Guardia en desbandada del Fortín, ahí fue donde él cayó. Un domingo, a la 1:30 del día. Liberaron La Leona y allí cayó mi muchachito.

Ahora todo va a ser distinto. Ahora hasta la mujer podrá estudiar. Yo no tuve, pues, más escuela que la inteligencia mía. Con mis 39 años estoy cansada de lavar y de planchar. Quiero pasar una vida más diferente, aun bajo de estos años; represento más de la edad que tengo, por lo que he sido muy amargada. Pero hoy quiero otra cosa. De hecho todo cambia ahora. Andamos por las calles libres, sin miedo a que nos masacren. Porque no les importaba matar a niños, ancianos y quien fuera.

Yo estoy organizada, en el Frente y en la Asociación de Mujeres. Tal vez tengamos que trabajar así duro por mucho tiempo más. Pero ustedes, los más jóvenes, verán una vida distinta. Yo pienso en lo que me dijo mi hijo cuando se fue. Y les digo a las otras madres: no lloren. Cuando vemos las escuelas, cuando vemos los hospitales que van a construir, ahí en esas escuelas y en esos hospitales, estarán nuestros hijos que cayeron.

Marisol Castillo pudiera parecer de una vida totalmente opuesta a la de Melania Dávila. De hecho, hay enormes diferencias. Pero como Melania —forzada a prostituir su cuerpo en un sistema de explotación y humillación— Marisol, de no haber pasado nada en su país, probablemente hubiera seguido la vida carente de todo valor real que fue la de la alta burguesía entreguista.

Marisol tenía 18 años aquel 27 de diciembre de 1974, cuando en una fiesta ofrecida por sus padres al embajador norteamericano de turno, un comando del Frente Sandinista irrumpió en su casa. Ella, joven de la más rancia sociedad de Managua, estaba en la fiesta. Vivió la experiencia de la muerte de su padre, y con el tiempo pudo comprender que lo habían tenido que matar porque opuso resistencia al operativo.

El tiempo ha pasado veloz. A esa noche —repleta de rehenes balbuceantes y dignidad sandinista— le siguieron otras: de represión, de reflujo, de lucha, de muerte, de victoria. La casa de Los Robles es ahora una embajada. Casualmente, la entrevista con Marisol tuvo lugar el día del quinto aniversario del 27 de diciembre; y entre la conmemoración oficial y las conversaciones informales se recordaba el heroísmo de los componentes del comando, la salida de los presos políticos, la publicación de las declaraciones del Frente, un millón de dólares para la guerra necesaria, negociaciones, incidentes, historia.

La toma de posiciones, la polarización en el país tuvo también su reflejo dentro de esta familia burguesa: la madre y un hermano fueron para Estados Unidos. Las dos hijas se quedaron, y —no sin tropiezos ni dolor— cambiaron su identidad de clase por una identidad nacional y soberana. Marisol se acercó al FSLN a través del movimiento estudiantil. Empezó a militar, y se casó con Edgard Lang —sandinista también, y también proveniente de la burguesía nacional— quien iba a caer en León, en abril de 1979. Le queda un hijo de meses que amar y un país que reconstruir. Su frente actual de trabajo es dentro del ejército sandinista.

MARISOL: Mi niñez transcurrió como la de cualquier otra persona de extracción burguesa. Fue, digamos, sin ningún problema. Vivíamos aquí en Managua hasta que mi papá fue a trabajar con el BID,[3] en Washington. Estuvimos allá cinco años y regresamos. Iba al colegio, una vida con todas las comodidades. Pero si vivís en un país como el nuestro y tenés todo, te das cuenta, lo sentís. La pobreza aquí es tremenda, los barrios... vos vivís en una casa con todas las comodidades y te das cuenta cómo viven los demás.

Cuando me bachilleré en el colegio Teresiano —un colegio de monjas— trabajé en los barrios como muchos otros de mi edad. Participé en el Movimiento Cristiano de esos años. Antes del 27 de diciembre realmente no tenía ninguna integración activa. Mi compañero —que ya era Edgard Lang— simpatizaba entonces con el Frente y me hablaba. Y yo a veces me sentía un poco confundida porque no captaba ni entendía bien.

Existía el FER, y muchos estudiantes estaban integrados ya. Yo estudiaba sociología en la universidad entonces, y como te digo, empecé a acercarme. En agosto de 1975 mi compañero fue clandestino. Ya era otra cosa. Pero estoy mucho más allá del 27 de diciembre de 1974; mejor hablemos primero de aquella noche.

El 27 de diciembre se hizo una fiesta en la casa de mis padres. Yo me quedé —era temprano y tenía planes de salir con mi compañero a eso de

[3] BID, Banco Interamericano de Desarrollo.

las 10. Pero de repente oímos los tiros, y era la confusión total. Por un momento se pensaba que eran triquitracas. Alguien decía que era "la Gigantona"[4] la que estaba afuera y yo decía que no, son tiros. Y te digo, realmente me dio miedo. Me fui a meter a un baño. Todo el mundo se dispersó. Algunos se quedaron parados, otros se metieron en distintos lugares. Cuando salí del baño —y todavía no entendía muy bien qué pasaba— me pusieron contra la pared del comedor.

En el baño recuerdo que se había metido también Leonel Somoza —hijo— y José Somoza. Trataron de convencerme que no saliera de allí, pero yo sentía que tenía que salir, tenía que enterarme de lo que estaba pasando. Tenía tanto miedo, que cuando me pusieron contra la pared casi caí al suelo; me temblaban las piernas. Casi no me pude mantener de pie.

El compañero que nos guardaba allí en el comedor era el hoy comandante Hugo Torres. En aquel entonces no conocía a Hugo, pero después —recordando con él— me decía que también estaba nerviosísimo, que nos veía que temblábamos pero que no podía hacer nada. En realidad el trato siempre fue muy bueno. Germán Pomares —que era el que realmente llevaba la parte militar de la acción—, en la cara, en la expresión, en la posición que tomó se veía que era un hombre que no se iba a doblegar ante nada. Él particularmente me dio mucho miedo —su actitud, la actitud de un hombre duro— y sin embargo, cuando lo traté después, supe que era el hombre más bondadoso y bueno que he conocido jamás. Pero de nuevo me estoy adelantando; porque en el momento de la acción todo era miedo para mí. Reconocí a otro compañero —a Javier Carrión— que había sido amigo mío desde que yo tenía como diez años.

Me preguntás por la muerte de mi padre. Mi

[4] "La Gigantona", muñeca gigantesca manejada por una persona que baila dentro, utilizada en las fiestas populares de León.

papá era un hombre bastante agresivo. Siempre decía que si alguien lo atacaba, él iba a tratar de defenderse. Cuando —desde que estuve en el baño— escuchaba que alguien había muerto, en seguida pensé en mi padre. Me imaginaba que había ido a buscar un arma y que tal vez había tratado de disparar. En realidad nadie sabía con certeza que alguien había muerto, nadie más que los compañeros. Pero como no veía a mi padre por ninguna parte... bueno, pensé eso, y pensé lo mismo de mi madre. Ella había ido a esconderse en un patio, con mi hermana Patricia. Y no salieron hasta como las seis de la mañana siguiente. Pensé que todos estaban muertos.

Después de un rato de estar prisionera, pues —porque estábamos prisioneros—, se te pasa el miedo. No te importa realmente lo que pasa. En esos momentos da igual cualquier cosa. Así más o menos lo recuerdo yo. Porque no fue hasta el día 29 que nos dimos cuenta de todo claramente. Y desde luego, si se te muere alguien que querés lo sentís y todo, pero como todo es acelerado, es algo difícil de explicar... Creo que me di cuenta cabalmente de lo que había pasado cuando leí el comunicado que sacó el Frente. Entonces hay una serie de emociones de pronto. Y son emociones encontradas.

Fijate, puedo decir que nunca culpé a los compañeros por la muerte de mi padre. Porque yo sabía que era un hombre agresivo, y que en cualquier situación política algo similar le podría haber pasado. Para mi hermana Patricia, que tenía 17 años, era un poco más difícil que para mí, pero logró comprender con el tiempo. Pero mi hermano, que tenía tres años menos que yo, nunca iba a comprender. Ni mi madre. Ellos se fueron, están en Washington; hasta el momento no comprenden y quién sabe si llegarán a comprenderlo.

Mirá, llega un momento en la vida de la gente en que tus ideas políticas te hacen separar de ciertas cosas. Así tiene que ser. Realmente no fue difícil para mí, no lo fue. Poco a poco yo iba teniendo una meta, que era que la Revolución triunfara, y mi familia pasaba entonces a segundo lugar. Antes la Revolución que la familia; antes que nada.

¿Después del 27 de diciembre? Pues iba acercándome al Frente, como te dije. En 1976 ya era colaboradora. Mi compañero fue a la montaña, y yo me fui a Washington, a terminar mi carrera universitaria. Allí en Estados Unidos formamos un comité de solidaridad. En 1977 eran las manifestaciones, las huelgas, las tomas de diferentes lugares. Y la represión empezó a ser más dura. En 1978 ya trabajé aquí, como mensajera, como chofer de compañeros. Repartíamos papeletas, transportábamos compañeros heridos o enfermos. Yo ya militaba, y trabajaba también organizando diferentes células. Ya en el 78 me entregué de lleno, y a medida que van pasando los meses la responsabilidad era mayor. Las condiciones del país exigían más trabajo. Teníamos que comunicarles a nuestros compañeros que el Frente era realmente la vanguardia. Era un trabajo más bien difícil, porque la represión era fuerte.

Edgard había caído preso en noviembre de 1977, y salió con el golpe al Palacio en agosto de 1978. Yo pido permiso para ir a Panamá a verlo; no sabía realmente cómo era la situación. Nos quedamos allá hasta febrero del 79. En ese tiempo nuestro trabajo consistía básicamente en conseguir el apoyo internacional. Hicimos una conferencia en septiembre. Pasábamos compañeros que iban clandestinos al país. Cada día aumentaba más el trabajo. Coordinamos con los comités que habían en otros países para ver cómo llevar las tareas en conjunto y que el mundo oyera la situación de Nicaragua. Cuando la insurrección de septiembre, estábamos todavía en Panamá.

Mi compañero ingresó al país de nuevo en febrero de 79, yo en marzo. Él se integró al frente occidental y yo aquí en Managua. Ya estaba embarazada, la barriga me crecía más. Empecé a trabajar directamente con el comandante Joaquín

Cuadra: transportábamos radios, hicimos contactos con los distintos grupos dentro del país.

Una cosa interesante en todo esto es que yo entré al país legal, entré por el mismo aeropuerto "Las Mercedes", y aunque pasé una semana de enfriamiento que le llamamos, para ver la situación de vigilancia, nunca sentí que me estuvieran siguiendo. Reportaba a los compañeros por teléfono diario, les decía que estaba normal la situación, y entonces me pusieron a trabajar.

Mi compañero cayó en abril, el 16 de abril, en León. Lo trajimos para Managua, aquí se hizo el entierro. Íbamos gritando consignas y todo —y era una cosa difícil porque la represión estaba terrible— pero no pasó nada. Yo tenía entonces cuatro meses de embarazo.

¡El 19 de julio fue un día inolvidable! Todos fuimos a la plaza a ver a los compañeros de todas las columnas que estaban entrando a Managua. Avanzaban los distintos frentes, y fue realmente emocionante ver a muchos compañeros que estaban vivos, que habían logrado sobrevivir. Sentí la falta de mi compañero, pero la Revolución no se hubiera podido hacer sin que cayera tanta gente.

Yo ya tenía siete meses de embarazo, estaba entusiasmada con mi gran barriga. Pero creo que para todos los revolucionarios ése fue un día de gran emoción, porque parecía mentira que después de tanto luchar hubiéramos triunfado. Porque hubo momentos en que realmente lo veíamos difícil, ¿no?, los bombardeos, la Guardia... Hubo veces que el triunfo parecía algo increíble. Todos sabíamos que lo íbamos a alcanzar algún día, pero...

A los pocos días, del triunfo me integré al ejército. Ahora trabajo de responsable de cuadros dentro de la sección de personal de cuadros. Mi hija tiene tres meses y se llama Martina. Mi compañero se llamaba Edgard Martín, entonces Edgarda se oye espantoso: le puse Martina. Está conmigo aunque casi no la veo. La Revolución tiene que ser primero que los hijos, que la familia. Y nosotros tenemos un país que reconstruir...

En la apartada costa atlántica del país, en la ciudad de Puerto Cabezas y por las minas de Siuna, nació y creció una niña que tres décadas más tarde iba a ser conocida como la legendaria "monja de Siuna". Dorothea Wilson es oriunda de una parte de Nicaragua que siempre ha sido aislada, abandonada, de vida difícil. Allí se habla inglés o misquito más que el español; allí los crímenes de Somoza eran a veces tan remotos como la salud o la plena integración nacional. Y por allí no pasó la guerra.

Dorothea es ahora la única mujer en la Junta Local de Gobierno en Puerto Cabezas. Fuimos allí a hablar cn ella. La seguimos en sus tareas habituales que ese día incluían bregar con un problema de distribución de alimentos, asistir a una reunión de planificación de la cruzada de alfabetización y atender a varios asuntos en el ayuntamiento. La entrevista finalmente pudo hacerse a las 11:30 p. m., en una casa llamada "la 28", situada en la playa.

No era posible olvidar que esas mismas arenas fueron utilizadas en 1961 para el envío de tropas mercenarias a Playa Girón, en Cuba. "La 28" fue uno de los muchos retiros que tenía Somoza por el país; ahora albergaba —en estilo de dormitorio— a los integrantes de la Junta, a los compañeros del comité departamental del Frente y a varios técnicos de radio cubanos que en esos días terminaban el proyecto de llevar la radio nicaragüense a la costa.

La historia de la vida de Dorothea es la de otro cambio profundo. De no haberse citado el pueblo nicaragüense con su liberación, ¿esta negra fuerte, sonriente y de mirada clara seguiría tras los muros de un convento?

DOROTHEA: Nací aquí en la zona norte de Zelaya, segunda cabecera departamental, en Puerto Cabezas. Somos siete hermanos. Mi papá tiene más de 35 años trabajando en las minas, es minero; y mi mamá fue doméstica.

Como muchas niñas nicaragüenses estudié en colegio católico, de monjas, y por tener ese acercamiento con las religiosas un día de tantos decidí integrarme a la comunidad: las Carmelitas del Divino Corazón de Jesús. Allí estuve dos años de noviciado. Trabajé en comisiones, al lado de los pobres, me gustaba la catequesis y trabajar en las obras sociales.

Al principio fue bien duro, porque siendo una persona muy activa, al entrar en la vida contemplativa me sentí un poco frustrada. Me acostumbré algo, pero después decidí abandonar el convento e integrarme más bien al trabajo social directamente, trabajo con la población. Especialmente con los campesinos. Salí del convento en 1974.

Yo tenía 24 años entonces. Con las cinco compañeras que salimos juntas del convento, iniciamos una nueva forma de vida secular: una vida religiosa, partidaria, comunitaria. Nuestro trabajo fue principalmente en la montaña, con la mujer campesina, algo así como promoción humana. Como nos tocó la zona norte de Zelaya —Zinica, Sofana, Boca de Piedra, Pimienta—, fuimos a dar directamente a la zona guerrillera.

Durante dos años continué en la vida religiosa, pero como manto y por la facilidad que teníamos de movilizarnos y trabajar en la montaña. No llevábamos hábitos ni velos ni nada de eso ya; simplemente nos llamaban misioneras, "las misioneras", y así pudimos movilizarnos por la zona. La Guardia había irrumpido en toda esa parte, y no hubiera sido posible nuestra labor de otra forma.

Pero nos llegaron a conocer demasiado, aun así, y entonces llegó el momento decisivo, o sea, cuando teníamos que tomar la opción: o continuábamos en la vida religiosa o teníamos que meternos ya y seguir con la guerrilla. Porque los contactos con los campesinos eran tantos que ya estábamos completamente quemadas. Entonces me metí en la guerrilla.

Yo ya tenía militancia en el Frente Sandinista. Incluso desde antes, cuando todavía mantenía el

manto religioso. Fue entonces que bajamos al compañero Henry Ruiz —el comandante "Modesto"— y
lo sacamos a la ciudad. Hicimos una gira de una
semana junto con el compañero que pasaba como
seminarista con nosotros. Iba a una reunión que
tenía la dirección nacional del FSLN en ese momento.

Después trabajé como correo para el comandante "Modesto". Entre la montaña y el exterior. En
la guerrilla mi seudónimo era Luisa, y en el exterior
Elena. Hice cuatro viajes hacia Costa Rica y Panamá. Mis viajes los hice por vuelo siempre, nunca
por tierra. Traía la correspondencia directamente
a la montaña, y también trasladaba material bélico, radiotransmisores y muchas otras cosas.

Los "embutidos" eran magníficos: se embutía
en potes de pintura, bien compacto con los radios en el fondo. Ocupábamos los bustos del Corazón de Jesús —que estaban hechos de una especie de yeso— muy fáciles para descomponer. Allí
metíamos las radios, los micrófonos y los radiotransmisores. Pasábamos FAL, Galil, armas cortas,
municiones en cantidades tremendas, en papeles
de regalos navideños; los pasábamos fácilmente,
por avión, utilizando aviones de LANICA.

En general la colaboración de los religiosos, sobre todo en ciertas zonas, fue tremenda. Porque
el correo del exterior, directo a la montaña, lo
hacían solamente los religiosos. Conocí en Chiriquí
y en el propio Panamá a hermanas, a compañeras
religiosas y también a los padres Paulinos, que
100% colaboraron. Inclusive exponían sus vidas
para cumplir con las tareas que el compañero Tomás Borge o Henry Ruiz les encomendaban. Hasta
tareas peligrosísimas, que iban con dudas de que
si podían regresar de nuevo.

Cuando el ataque a las minas, el 28 de mayo
de 1979, éramos como 60 compañeros. Nos siguieron muchos estudiantes y profesores. Se hizo una
marcha de 150, 200 personas en retirada, después
de atacar las tres minas. Y la experiencia fue bastante intensa. Hubo compañeros que no aguanta-

ban; cayeron 57. Hubo una emboscada de la Guardia y tuvimos que refugiarnos detrás de los árboles más grandes que podíamos encontrar en la montaña. También la situación de hambre que sufríamos: teníamos que comer maquenque, que es una especie de palma. A veces sólo tuvimos cinco granitos de maíz crudo cada uno, con un poquito de sal. O pisote, congo, danto.[5] Sufrimos situaciones así por semanas.

Mi padre estaba en esa misma zona, entonces se dio cuenta de mis actividades. Mi madre no. Pensaba que seguía como religiosa, y que estaba en una gira normal. Del convento éramos tres que seguíamos hasta el final. Una de las otras compañeras está en la Junta local y es representante del Frente Sandinista allá en Siuna. La otra regresó a la comunidad y ahora forma nuevas candidatas que están ingresando. Y yo estoy aquí en Puerto Cabezas, en la Junta de Gobierno. Represento el Frente Sandinista, y soy coordinadora general de la Junta aquí.

En este lugar tenemos mucho trabajo, muchísimo. Aquí Somoza decía que tenía su bastión, su baluarte, que esto era su fortaleza, que inclusive por aquí iba a atacar, a entrar la contrarrevolución. Por eso nuestro trabajo tiene que ser intenso, fuerte. Tenemos que darle a la gente su tierra, su semilla, y a partir de allí podemos hablar, y sandinizar al pueblo. Un 75% de esta zona es misquito: toda la parte del Cabo Gracias, Waspán...

Fíjate que aquí no se luchó, no se escuchó ni un tiro. Aquí cuando entramos ya la Guardia había huido. El comandante estaba en manos de los curas; ya estaba refugiado. Las armas las tenía el pueblo. Entonces el pueblo entregó las armas, y entramos. Tomamos el comando. Estuvimos allí en la base militar, y aquí la población ha sido —por

[5] El pisote es un animalito de monte, el congo es un pequeño mono aullador, y el danto un cerdo de monte similar al jabalí pequeño. La comida que se encuentra en la guerrilla.

150 años— marginada, discriminada, separada completamente del Pacífico.

Allí en el Pacífico los compañeros preguntaban cómo era aquí, que si la gente todavía andaba desnuda, que si se necesitaba pasaporte para viajes hacia esta zona. Es decir, aquí hay selva virgen, aquí las fuentes de trabajo van a ser inmensas y hay una gran prioridad por parte de nuestro Gobierno de Reconstrucción Nacional para esta zona. Hay un proyecto de planificación especial, específico para esta zona, para levantar la producción. Porque todas las facilidades las tenemos: el campo, el ganado, todo tenemos. Entonces se va a impulsar un trabajo aquí tremendo.

Yo dejé el hábito completamente, desde el momento en que me integré a la guerrilla. Pero me preguntás si sigo siendo creyente. Pues por ahorita, sí. Es que estoy en un proceso. Estoy estudiando y analizando, y leyendo bastante...

En la oficina de la comandante guerrillera Mónica Baltodano, trabaja una joven de 21 años. Sencilla, fuerte, de presencia modesta y ojos dulces. Carmen Azucena Rodríguez Prado fue policía en el régimen somocista. Entró muy joven al cuerpo "del orden", con la idea de trabajar con delincuentes. Le llamaba la vocación social. Rápidamente se dio cuenta de que dentro del cuerpo policial de Somoza había un campo para la represión, para la brutalidad, mas no para la obra caritativa. Pero ya era tarde.

Mónica conoció a Carmen en la cárcel. Mónica estaba presa; Carmen era de la Guardia. El contacto entre las dos significó para esta policía una toma de conciencia y, finalmente, su reclutamiento por el Frente Sandinista. Quizás —de las cuatro voces que componen este último capítulo del libro— la de ella refleja el cambio más dramático. Carmen Azucena no pasó simplemente de policía a militante revolucionaria, sino que además bregó con la difícil tarea de luchar por dos años desde adentro de uno de los cuerpos represivos más brutales del continente.

CARMEN AZUCENA: Mi familia, se puede decir, era de medianos recursos: mi padre es profesor, director de un colegio, y mi madre, ama de casa. Somos 11 hermanos y yo soy la número 10, la penúltima. No es que escogí la policía, realmente, es que mirá: yo estaba en tercer año y necesitaba seguir estudiando. Porque mi papá ya no vivía con nosotros. Y mi mamá... pues yo tenía que empezar a ayudar en mi casa, pero también quería seguir estudiando. En todos los trabajos me solicitaban por lo menos ser bachiller, ¿ve?, pero en la Guardia no. Dijeron que con el básico se podía, y, además, se podía seguir estudiando, ganando sueldo, pues. Que nos iban a ayudar. Entonces yo pensé en mi mamá, y pensé también que aquello iba a ser otra cosa. Me metí al curso, que duró un año.

Eso fue en el 75. Aprendíamos tráfico, investigación, trato con el público, una serie de cosas. Me recibí en el 76 y empecé a trabajar. Al principio estuve en tráfico, después en la oficina de narcóticos, en la oficina de investigación. Así, pues, pasamos por todas las oficinas, por todas las dependencias. Necesitaban gente que tuvieran ciertos conocimientos del magisterio para trabajar en el juzgado tutelar de menores —que ese año se inició—, entonces a cinco compañeras las sacaron para eso, y entre ellas iba yo.

Yo tenía ilusiones con esos chavalitos —son los que andan en los mercados, oliendo "pega"[6] y todo eso. Nosotros éramos custodias, los llevábamos al hospital, los curábamos, les dábamos clases, pues. Y yo tenía mis ilusiones, ¿ve?; yo había pasado de mi casa al aula; no sabía... Y a uno le decían lo que realmente debe de ser un policía, o sea, alguien que ayuda al pueblo, que lo protege. Entonces fue

[6] Una forma de inhalar narcótico: oliendo una sustancia de goma.

una cosa demasiado brusca para mí, el cambio que yo sentí. El trato que veía.

En la oficina de investigaciones me exigían que maltratara a la gente, pues, y yo no me atrevía, no me sentía con valor de levantarle la mano a alguien. Y entonces fue cuando comencé a ver las injusticias que estaban haciendo, que realmente era injusto como trataban a los prisioneros. Hasta los mismos menores, a los chiquitos los maltrataban. Yo no podía aceptar eso.

Cuando capturaron a los prisioneros, a nosotros nos daban las mujeres para que les sacáramos las cosas, ¿ve? A nosotras nos exigían que las golpeáramos, porque según ellos era la única forma... Mirá: yo nunca pude. Tuve hasta un problema por eso, porque un día el coronel Zamora —que era de investigación en ese tiempo— me dejó sola en una oficina con una persona, con una prisionera, pues, para que le sacara "la verdad". Era una doméstica y decían que había robado un dinero. "Quiero oírte", me dijo, "y quiero oírla gritar". Me dio una manguera para que le pegara.

Entonces yo la senté a la señora y le dije: "Mire lo que me están dando, yo no puedo, es mejor que diga...", yo tratando más o menos, a ver si podía. Pero la señora se puso a llorar, que no había sido, que no sé qué... El coronel Zamora me regañó, que yo no servía, pues. Nosotras nos quedábamos una semana en cada sección. Entonces me dijo: "Te vas a quedar dos semanas más, para que aprendás a ser una buena policía." Y llamó a otras dos para que la obligaran a decir. Y a mí me dejó ahí en la oficina, mirándoles. Cuando miré la forma en que la golpeaban, ¡qué horrible! Salí llorando...

A Mónica la tenían en Matagalpa, ¿ve?, y las custodias las cambiaban cada 15 días o un mes. Se hacía una lista, y teníamos que ir. A mí me tocó para octubre, el primero de octubre. Éramos dos. Dormíamos en la misma cárcel y nos turnábamos: un día una y el otro día la otra. Pero como yo no tenía a nadie conocido en Matagalpa, los días libres míos ahí me quedaba, y así fue que Mónica empezó a hablarme.

Primero me preguntó por qué estaba en la Guardia, que qué me había gustado, que si no sabía las injusticias que se hacían. Y yo le dije el motivo por el cual entré, y que realmente no había sabido hasta que estuve con ellos. Ella me dijo que estaba presa porque luchaba para que se fueran los Somoza y no hubieran tantas injusticias, que fuéramos libres. Yo llegué a admirarla enormemente, porque era horrible todo lo que sufría. Me contó lo que le habían hecho cuando la agarraron presa. Admiraba su valor. Porque, estar allí, por sus ideales... Porque estaba consciente de las cosas y no le importaba sacrificarse ella con tal de que fuéramos libres algún día.

Yo soy una persona que siente el dolor ajeno. Y yo discutía siempre con los otros guardias, a los que cuidaban los muchachos, porque los golpeaban. Y les decía que no los trataran así. Hasta me llegaron a poner "la mamá" porque yo era la única que los defendía. Pero Mónica me decía que era cierto que yo defendía a los muchachitos pero sólo a los que estaban allí adentro. Me comenzó a contar casos de lo que la Guardia hacía en las montañas y realmente me quedé asustada. Casos horribles, que jamás me los hubiera imaginado, pues. Entonces empecé ya a tomar conciencia...

Cuando tomé la decisión tuve que manejarme con una discreción tremenda. Porque mire: si a mí me hubieran descubierto haciendo lo que hacía, me hubieran matado. Y también tenía mis problemas en la calle. Porque cuando a mí me miraban de uniforme los del Frente también me podían matar. No le podía decir a nadie "yo estoy trabajando con ustedes". Tenía que cuidarme de las dos partes.

En mi familia también era horrible. Mi papá es somocista, y uno de mis hermanos fue oficial de la Guardia. Y hacia el final se dieron cuenta de que yo estaba con el Frente. Leíamos los comunicados, pues, y materiales de estudio, y yo metía todo eso debajo de la cama en mi casa. Y mi mamá, un día,

arreglando la cama, lo encontró. A mí no me dijo
nada pero habló con mi hermana mayor, sacaron
sus conclusiones, y lo enseñaron a mi otro hermano también, al teniente. Pero él ya sabía.

Al principio yo trabajé como correo solamente;
después sacaba insignias, uniformes, armas, municiones... Y un día llegó mi hermano a mi casa y
me dijo que a mí ya me tenían fichada en la Seguridad, que si no me habían agarrado era porque
no querían hacerlo en ese momento, porque querían ver a quién yo entregaba las armas, pues. Él
me preguntó el nombre de la persona que recibía
las armas.

Entonces yo le dije que desde el momento que
yo había tomado la decisión de luchar, yo sabía
los riesgos que iba a correr. Que era absurdo que
me pidiera eso, porque él sabía que no se lo iba
a decir. Porque así como él tenía sus ideales, yo
también tenía los míos. Que era horrible nuestra
situación porque éramos hermanos, pero que nosotros no podíamos dejarnos morir por otros, o sea
que yo no me iba a restringir de todo lo que pienso
simplemente porque él siguiera su carrera. Que él
viviera su vida pero que a mí también me tocaba
vivir la mía. Sucedió eso, pues, esa presión. Pero
por lo menos no me delató.

En 1978 tuve que salir de la policía, porque ya
era demasiado peligroso. Ya que nos preparába-
mos para la insurrección. Mi responsable me dijo
que buscara cómo pedir la baja, porque estando
allí sería problema, pues. Podría pasarme algo. Y
además, ya estaban empezando a descubrirme. El
15 de mayo me dieron la baja del cuerpo policial, y
pasé la insurrección y la guerra en un lugar llamado
La Pedrera, ahí en Chinandega. Tenía tareas principalmente de enfermera.

Pero antes pasó algo que nunca voy a olvidar. Un
incidente que me marcó realmente. Fue una vez
que nos mandaron de orejas a una manifestación
que salió de la UNAN. Esa manifestación recorrió
la UCA y se fue para el CES —una universidad privada. Nos mandaron a todas las policías vestidas

de civil para ver quiénes llevaban armas, quiénes eran los más grandecitos como les dicen ellos, quiénes eran los más gritoncitos... o sea, delatar, informar la situación que había.

Yo me quedé en la parte de atrás, ¿ve? Iban gritando consignas. Una compañera llevaba la bandera, y no şé por qué, pero la dejó. Entonces un compañero me agarró a mí. Me dice: "Llevá la bandera." Creía que era estudiante. "No", le digo. Tenía otra policía a la par. "¡Cómo que no!, me dice, y me da la bandera, una punta de la bandera. Era la última de la fila, y atrás venían todas las patrullas. Eran de otros batallones, de otras secciones, y a mí no me conocían, pues. Pero ahí venían.

Empezamos a caminar. "¡Gritá, compañera!", me decía. "¡Gritá las consignas!" Y la policía a mi lado: "Prado, dejá la bandera. Mirá que no sé qué..." Porque sabía —y yo también— que en el CES estaba programada la captura de los estudiantes, o sea, los iban a topar. Iban a llegar unas patrullas allí y ellos no iban a poder avanzar, y con las patrullas que venían atrás, se iban a encontrar topados. Entonces ella me decía: "Prado, tenemos que salirnos, dejá la bandera..." "Bueno", le digo, "ahí me jalás cuando lleguemos".

Entonces dieron la orden de salida de nosotros —de la policía— pero en lo que me iba a salir, ya nos topaban, nos tiraban bombas lacrimógenas y todo, esa policía me jaló pero me jaló también una compañera estudiante: "¡No, compañera, que unidos no nos pueden hacer nada!" Fue horrible la situación, te das cuenta, todo el mundo corriendo, las bombas, los balazos, y las capturas... Entonces la compañera esa me agarró cuando a mí me iban a pegar. Venían con sus culatazos y ella me abrazaba y le pegan a ella. Horrible fue, yo no podía ver por las bombas y todo, y yo buscando cómo salir, porque teníamos que salir... Y ella allí recibiendo todos los golpes que me iban a dar a mí.

Como me habían visto con la bandera, se ensaña-
ban conmigo. Y esa compañera me abrazó, pues,
imaginate. El guardia se dio gusto conmigo, me
golpeó, me volvió a meter. Por un lado las muchachas me agarraron, por otro por fin me agarró
un policía que sabía quién era yo... y me sacó,
haciéndome chistes de cómo me habían golpeado,
pues. "Pero vos tenés la culpa. No te saliste", que
no sé qué. Y agarraron a todos los estudiantes y
los metieron en un bus.

Pero lo realmente horrible fue cuando llegamos
a la central. Nos mandan a las policías que vayamos a registrar a las mujeres que habían, pues
—las estudiantes— y a mí me toca ella, la misma
muchacha que me había defendido. Fue terrible.
Ella no me dijo nada. Sólo se quedó mirándome,
pero no me dijo nada. Se le veía el odio, pues.
Imaginate: ella me había defendido, había sentido
todos los golpes que eran para mí, y después darse
cuenta que yo era policía. Nunca he vuelto a ver
a esa compañera, y a veces camino y deseo verla.
Para poderle decir, ya que se puede. Porque todo
lo dulce de la cara que tenía se le quitó cuando
miró que yo era policía.

papel ediciones crema de fábrica
de papel san juan, s. a.
impreso en editorial melo, s. a.
av. año de juárez 226, local d - méxico 13, d. f.
cinco mil ejemplares más sobrantes para reposición
12 de diciembre de 1980